CATALOGUE

DE LA

CURIEUSE ET INTÉRESSANTE COLLECTION

Composant le Cabinet

De feu M. le Baron Charles DE VÈZE

TABLEAUX & DESSINS

DE DIVERSES ÉCOLES

ET

ESTAMPES

DES ÉCOLES

ITALIENNE, ALLEMANDE, FLAMANDE & HOLLANDAISE

ET PRINCIPALEMENT

ÉCOLE FRANÇAISE XVIIIe SIÈCLE

DONT LA VENTE AUX ENCHÈRES PUBLIQUES AURA LIEU

HÔTEL DES COMMISSAIRES-PRISEURS,

RUE DROUOT, N° 5,

Salle n° 3, au 1er étage,

Le Lundi 5 Mars 1855, pour les Tableaux & Dessins, & le Mardi 6 et les quatre jours suivants, pour les Estampes, heure de midi

Par le ministère de Me **DELBERGUE-CORMONT**

Commissaire-Priseur, rue de Provence, 8,

Assisté pour les Tableaux de M. **FRANÇOIS**, Expert,

rue de la Victoire, 20,

Et pour les Dessins et Estampes, de M. **VIGNÈRES**,

Marchand d'Estampes, quai de l'École, 30,

Chez lesquels se distribue le présent Catalogue.

EXPOSITION PUBLIQUE

Le Dimanche 4 Mars, dans la salle n° 1 et 3, de midi à 4 heures.

PARIS

MAULDE & RENOU

IMPRIMEURS DE LA COMPAGNIE DES COMMISSAIRES PRISEURS

Rue de Rivoli, 144

1855

CATALOGUE

DE LA COLLECTION

DE M. LE BARON C. DE VÈZE

CATALOGUE

DE LA

CURIEUSE ET INTÉRESSANTE COLLECTION

Composant le Cabinet

De feu M. le Baron Charles DE VÈZE

TABLEAUX & DESSINS

DE DIVERSES ÉCOLES

ET

ESTAMPES

DES ÉCOLES

ITALIENNE, ALLEMANDE, FLAMANDE & HOLLANDAISE

ET PRINCIPALEMENT

ÉCOLE FRANÇAISE XVIIIe SIÈCLE

DONT LA VENTE AUX ENCHÈRES PUBLIQUES AURA LIEU

HOTEL DES COMMISSAIRES-PRISEURS,

RUE DROUOT, N° 5.

Salle n. 3, au 1er étage,

Le Lundi 5 Mars 1855, pour les Tableaux & Dessins, & le Mardi 6 et les quatre jours suivants, pour les Estampes, heure de midi.

Par le ministère de Me **DELBERGUE CORMONT**,
Commissaire-Priseur, rue de Provence, 8,

Assisté pour les Tableaux de M. **FRANÇOIS**, Expert,
rue de la Victoire, 20,

Et pour les Dessins et Estampes, de M. **VIGNÈRES**,
Marchand d'Estampes, quai de l'École, 30,

Chez lesquels se distribue le présent Catalogue.

EXPOSITION PUBLIQUE

Le Dimanche 4 Mars, dans la salle n° 1 et 3, de midi à 4 heures.

PARIS

MAULDE & RENOU

IMPRIMEURS DE LA COMPAGNIE DES COMMISSAIRES-PRISEURS

Rue de Rivoli, 114

1855

ORDRE DES VACATIONS.

Lundi 5 Mars. — Dessins et Tableaux.

Mardi 6 et jours suivants. — Les Estampes et le soir s'il y a lieu.

Au commencement de chaque Vacations il sera vendu plusieurs lots de doubles ou de division.

On commencera à 1 heure précise.

CONDITIONS DE LA VENTE.

Elle sera faite au comptant.

Les acquéreurs paieront, en sus des adjudications, cinq centimes par franc applicables aux frais.

ABRÉVIATIONS.

B. épr.	belle épreuve.
T. B. épr.	très-belle épreuve.
M.	marge.
G. M.	grande marge.
Epr.	épreuve.
B. avec M.	belle épreuve avec marge.
m.	mauvais état.
Front.	frontispice.
fig.	figures.
l'adr.	l'adresse.
p.	pièces.
H.	hauteur.
L.	largeur.
Mil.	millimètres.
diff.	différentes.
pl.	planches.

M. Vignères faisant la Vente se chargera des commissions.

NOTICE

SUR

M. LE BARON CH. DE VÈZE.

M. Jean-Charles-Chrysostome Pecharman, Baron de Vèze est né à Toulouse en 1788. Encore fort jeune, il étudia la peinture à Paris et se livra tout entier à son goût pour les beaux-arts. Chargé de dessiner les monuments de la France pour le grand ouvrage de M. Delaborde, il voyagea longtemps, parcourut les villes les plus remarquables par les curiosités qu'elles renfermaient et s'initia de cette manière à tout ce que les beaux-arts y avaient produit. Plus tard il visita l'Italie, ce complément de toutes les vies artistiques et fortifia ses connaissances par la vue des productions de tous les grands maîtres de ce pays. On peut dire que M. le baron de Vèze réunissait en lui ce qui fait le véritable amateur.

Appelé par Monseigneur le comte d'Artois en 1814 comme secrétaire de ses commandements, il salua la Restauration de toutes ses sympathies. Nommé plus tard gentilhomme de la chambre de sa majesté Charles X, il fut toujours l'homme aimable qu'on connaissait, s'occupant d'art dans ses moments de loisir, et correspondant avec tous les artistes qui trouvèrent en lui un ami, et un défenseur enthousiaste. La révolution de 1830 mit fin à ses fonctions, et fidèle à la reconnaissance, M. de Vèze rentra dans la vie privée, avec ses convictions et son dévoûment à la famille frappée par le malheur. Il se livra alors tout entier à ses études, s'entourant de ses livres, de ses estampes, de ses tableaux et formant pour ainsi dire un sanctuaire où il se trouvait le plus heureux des hommes.

Esprit vif et plein de vigueur, il allait feuilletant les livres et colligeant les ouvrages qui pouvaient augmenter ses connaissances. Son goût le portait vers les artistes du dix-huitième siècle, vers les coloristes étrangers, vers les graveurs à l'eau-forte, dont le travail si fin, si gracieux reproduit l'artiste tout entier. Il fit lui-même quelques essais à l'eau-forte, se remit à la peinture, et compléta de cette manière le goût déjà si délicat qu'il avait pour les beaux-arts. Plein d'enthousiasme pour tout ce qui était beau, son langage fleuri, spirituel entraînait vers lui, et en l'écoutant parler beaux-arts, on devenait amateur malgré soi et désireux d'étudier cette partie de la science humaine qui renferme tant de bonheur. Aussi M. de Vèze était-il en relation avec tous nos artistes éminents, et on trouvait toujours en lui un causeur charmant, un esprit profond, et

une complaisance toute aimable à aider de ses lumières quiconque s'adressait à lui.

M. le Baron de Vèze avait voulu réhabiliter cette école du dix-huitième siècle si longtemps méconnue et cependant si gracieuse. Il avait entrepris un long travail à ce sujet, et bientôt un catalogue raisonné des œuvres de Boucher, Watteau, Pater, Lancret, etc , etc., de ces charmants amateurs du même siècle, eaux-fortistes si fins, aurait paru et aurait jeté la lumière sur toutes ces beautés encore inconnues, mais sa mort tout à fait inopinée a laissé ces travaux inachevés, et c'est une perte pour les amateurs qui se trouvent privés de tous ces renseignements réunis pendant trente ans de recherche.

Nous offrons aujourd'hui au public le catalogue des estampes, des tableaux et des dessins (*) composant le cabinet de M. le Baron de Vèze, dans lequel les amateurs trouveront de véritables trésors pour tout ce qui concerne l'école française du dix-huitième siècle. Nous avons dû respecter, autant que possible, le classement qu'avait adopté l'illustre défunt, faisant cette observation pour les personnes qui trouveraient la forme de ce catalogue en dehors des habitudes ordinaires ; M. de Vèze avait pour but de réunir les œuvres des maîtres pour en faire des catalogues collectifs particuliers, soit comme

(*) La vente des Livres sur les Arts et autres, et des Autographes aura lieu le 12 mars et jours suivants, salle Sylvestre, rue des Bons-Enfants, n. 28.

peintres, soit comme graveurs. On trouvera donc dans ce travail, les œuvres de Van Dick, Jordaens, Rubens, Lancret, Watteau, etc., portés à leurs numéros respectifs et non disséminés, avec les noms des artistes qui les ont gravés.

Nous n'entreprendrons pas de désigner aux amateurs tout ce qui est intéressant dans ce Catalogue, nous les engageons seulement à le parcourir avec attention, bien persuadés qu'ils y trouveront un grand nombre de pièces belles et curieuses tant par la rareté que par la conservation. A côté des Tiepolo, des Vandick, des Jordaens, des Rubens, ils rencontreront les Abraham Bosse, Boissieu, Boucher, Chardin, Fragonard, Gillot (l'œuvre provenant de M. de Bachaumont), Lancret, Loutherbourg, Pater, Pierre, Rivalz, Roqueplan et Watteau, etc.; ajoutons à tous ces noms ceux des amateurs du dix-huitième siècle, les Carmontelle, Foulquier, de la Live de Jully, duchesse de Luynes, marquise de Pompadour, Watelet, etc., etc., recueils de costumes et livres à figures. On verra enfin que cette collection est une des plus remarquables qui ait encore été mise en vente sur l'école française.

Lundi 5 Mars Tableaux et Dessins	4,425	75
Mardi 6	2426	..
Mercredi 7e	1458	..
Jeudi 8	2085	25
Vendredi 9	3008	..
le soir	2110	..
Samedi 10	3117	..
soir	7050	50
Mardi soir salle Silvestre	1367	50
	27,048	00

-502

DÉSIGNATION

DES TABLEAUX.

1 — BERTIN. Paysage avec animaux.

2 — BLONDEL. Sujet de l'Histoire romaine.

3 — BOGUET. Vaches près d'une forêt.

4 — BOUCHER. Esquisse.

5 — CHARDIN. Nature morte.

6 — DAVID. Le Serment des Horaces. — Aquarelle.

7 — DAVID. Laocoon.

8 — DEMACHY. Architecture avec figures.

9 — DEMARNE. Une femme et sa fille demandant l'aumône.

10 — DESPORTES. Têtes de cerf.

11 — DROLING. Une jeune femme donnant des cerises à un enfant.

12 — ÉCOLE DE DAVID. Esquisse.

13 — ÉCOLE ESPAGNOLE. Portrait de Philippe IV.

14 — ÉCOLE FRANÇAISE. Esquisse.

15 — ÉCOLE D'ITALIE. Repos de la Vierge.

16 — ÉCOLE MODERNE. Grisaille, réunion de personnages dans un intérieur.

17 — ÉCOLE DU TITIEN. Portrait d'un savant.

18 — FRAGONARD. Bacchante.

19 — GÉRICAULT. Sujet historique en grisaille.

20 — INCONNU. Louis XVIII à l'armée de Condé.

21 — INCONNU. Costumes des Gardes françaises. — Gouache.

22 — JORDAENS. Portrait de Von Ort.

23 — LAGRENÉE. La Peinture.

24 — LAGRENÉE. Diane et ses Nymphes.

25 — LAIRESSE (G.). Sujet mythologique.

26 — LAJOUE. Scène dans un parc.

27 — LEBEL. Offrande à Vénus.

28 — LE BRUN (Mme VIGÉE). Portrait de M. de Calonne.

29 — LEPRINCE. Jeune femme pinçant de la guitare.

30 — MIGNARD. Portrait de la princesse de Conti.

31 — PIERRE. Cour de ferme.

32 — P. G. (MONOGRAMME). Sujet religieux.

33 — REMBRANDT (d'après). Réunion de personnages.

34 — RESTOUT. Assuérus. Esquisse.

35 — RESTOUT. Sujet mystique.

36 — RESTOUT. La Communion.

37 — RUBENS (d'après). Portrait de Marie de Médicis.

38 — COLMENE. Sujet mystique.

39 — SUBLEYRAS. Scène d'intérieur.

40 — SUBLEYRAS. Esquisse.

41 — TAUNAY. Paysage.

42 — TAUNAY. Joli fixé. 27

43 — TIEPOLO. Esquisse. 2 pièces 150

44 — TINTORET (le). Portrait d'homme. Montaigne 7-50

45 — TINTORET (d'après le). Portrait de l'artiste. 16

46 — VERONÈSE. Jésus et la Samaritaine. 50

47 — ~~VERONÈSE~~ (d'après). Sujet historique. Tintoret 28

48 — WATTEAU. Scène galante. 40

49 — WATTEAU (d'après). Scène dans un parc. 50

50 — Sous ce numéro, tous les articles omis, plusieurs gouaches du temps de Louis XIV. des toiles et des tableaux de différents maîtres que le temps n'a pas permis de cataloguer, et un grand nombre de cadres dorés, dont plusieurs sculptés.

V.XXV — Poterlet d'après Rembrandt 27

V.C. — Baigneuse 71

Vanloo ~~enfant~~ 71

Lancret, Poussin, (Genre de) 11

2 Esquisses 14-50

22 — 1 Esquisse

DÉSIGNATION

DES DESSINS

ÉCOLE ITALIENNE.

1 — BRANDI (GIACINTO). Jésus-Christ ressuscitant le fils de la veuve de Naïm. In-fol. en larg., à la plume, lavé de bistre. Très-beau dessin.

2 — BUONARROTI (MICHELAGNOLO). Une femme enlevée par un Centaure. In-4 en larg., à la plume, lavé et rehaussé de blanc sur papier jaunâtre. Beau dessin, qui nous paraît cependant postérieur à Michel-Ange.

3 — CANTARINI (SIMONE). Deux études sur une feuille, pour une Adoration des Bergers. In-fol. en larg., à la plume et lavé de bistre. Beau dessin qui est malheureusement fatigué.

4 — CARRACCI (AGOSTINO). L'Atelier : six personnes occupées à dessiner d'après un modèle présumé en face, à la sanguine. A cet article est jointe : La gravure à l'eau forte, par Fréd. Hillemacher, avant et avec la lettre, chine et blanc.

5 — CARRACCI (ANNIBALE). Hercule et le Centaure Nessus. In-fol. en larg., à la plume et lavé d'encre de Chine.

6 — CARRACCI (Luigi). Deux saints dans un paysage. In-fol. en larg., au crayon rouge et lavé de bistre.

7 — DONDUCCI (GIDAN ANDREA). L'Assomption de la Vierge. In-fol. en haut., à la plume, lavé de bistre. Très-beau dessin provenant de la collection de Richard Hudson.

8 — FERRI (CIRO). Un Saint recevant la communion de la main des Anges. In-4, en haut., au crayon rouge, signé et daté de Rome, 1680.

9 — MAZZUOLI (FRANC.). Étude de guerriers et de cavaliers. In-4 en haut., à la plume et lavé de bistre. Beau dessin qui a fait partie du cabinet du prince de Conti.

10 — Étude de trois bustes et de quatre figures debout. In-4 en haut., beau dessin, d'une plume fine et spirituelle, portant la marque de deux amateurs.

11 — MOLA (PIETRO FRANCESCO). Sujet tiré de l'Histoire romaine; on remarque au milieu de la composition un homme assis auquel on présente une coupe. In-4 en larg., à la plume et lavé de bistre.

12 — MUTIANO (GIROLAMO). Jésus-Christ frappé de verges. In-fol. en haut., à la sanguine.

13 — PALMA VECCHIO. Le Christ couronné d'épines. In-8 en larg., à la plume et lavé de bistre.

14 — RICCI (SEBASTIANO). Le Jugement de Salomon. In-fol. en larg., à la plume, lavé de bistre.

15 — SALIMBENI (VENTURA). Les Docteurs de l'Eglise. In-fol., à la plume et lavé de bistre. Beau dessin; il a souffert.

16 — TIEPOLO (Gioan Domenico). Dessins et croquis divers, à la plume, au bistre et à la sanguine. 20 p. Cet article sera divisé.

17 — TURCHI (Alessandro). Composition allégorique pour un plafond. In-fol. en haut. A la plume et lavé d'encre de Chine.

18 — VANNUCCHI (Andrea). La Vierge et l'Enfant Jésus adorés par les Anges. In-4 en larg., à la plume, lavé de bistre et rehaussé de blanc.

19 — VASARI (Giorgio). Devise; le Cheval de Troie, avec cette légende : *Extremo svb mense laborat*. In-4 en larg., à la plume et lavé de bistre.

ÉCOLES HOLLANDAISE ET ALLEMANDE.

20 — ABERLI. Vue de Suisse. In-fol. en larg., à l'aquarelle. Joli dessin.

21 — BLOEMAERT (Abraham). Cérès se vengeant des paysans de Lycie. In-4 en larg., à la plume et lavé.

22 — BLOEMEN (J. Franc. Van). dit Horizonti. Paysage dans lequel on remarque à droite un Berger gardant son troupeau. In-fol. en larg., à la plume et lavé d'encre de Chine.

23 — DYCK (Daniel van den). Groupe d'enfants faisant des libations. In-fol. au crayon rouge.

24 — JORDAENS (J.). Les Vendeurs chassés du Temple. In-fol. en larg. Beau dessin lavé.

25 — La Multiplication des pains. In-fol. en larg. Dessin à la pierre noire, à la sanguine et lavé.

26 — Saint Paul prêchant à Athènes. In-fol. en larg. Dessin à la pierre noire et à la sanguine, légèrement lavé.

27 — Les Idoles renversées. In-fol. en larg. Dessin à la pierre noire et à la sanguine, légèrement lavé.

28 — Sujet religieux, composition allégorique, de vingt figures. In-fol. en haut. Dessin capital, à la sanguine et lavé.

29 — Antoine et Cléopâtre. In-fol. en haut. Beau dessin à la plume et lavé.

30 — Une servante debout; un homme assis et endormi. Deux études in-fol. en haut.

31 — Une chèvre debout, étude. — Une main, étude. — Le Satyre et le paysan, dessin moderne, d'après un tableau de J. Jordaens, 3 p.

32 — QUELLINUS (J. Erasme). Groupe de huit enfants. In-fol. en larg., aux crayons de couleur, sur papier gris. Beau dessin qui a été aussi attribué à Ant. Van Dyck.

33 — WIT (Jacob de). Groupe de trois enfants sur des nuages. In-4 en haut., à la plume, lavé d'encre et de bistre, sur papier blanc, signé.

34 — Trois enfants jouant auprès d'un Therme de Silène. In-4 en haut., à la plume, lavé de bistre et rehaussé de blanc, sur papier blanc. Joli dessin.

ÉCOLE FRANÇAISE.

35 — BOQUET. Vestris en Mars. In-fol. en haut., lavé, avec un dessin un peu plus ancien représentant Mlle Camboy.

	1.		
Dessins			
37	Boucher tête de femme M. J. Walles	41	50
53	Ducreux Amblard	1	..
76	Le Moine Combaux p. Rheims	1	..
	13 dessins de M. de Neyze	8	..
~~Tableaux~~ Tableau	Baigneuse M. Willot	71	..
	Cadre fleurdelysés M. le Vte Baillon	2	..
3	Carpacy Hist. de St Ursule Villot	39	..
7	Goya Ledard	10	..
10	Marieschi volume de Venise Villot	28	..
16	Salvator Rosa	1	..
17	Easton Dumesnil	2	..
19	2 à 14 Tiepolo Villot	25	..
37	7 Vandick	9	50
37	8 Erasme	2	25
37	21 ~~Penelope~~ Devos	1	
	57 Baillie Charles 1.	2	
	88 C. p.	2	
	92 Carmona Guzman	1	
	123 Daullé Van Dick	1	
	136 Earlom Arenberg	10	
		257	50

	2			
		257	50	
37	138 Earlom Charles 1er	1	50	
	150 Folkema Gustave adolp. Delaf.	3	..	Vhig.
	156 Gall. Henriette Lorraine 2e Etat	1	..	
	160 Caie	1	50	
	201 Isabelle d'autriche / 202 Franck / 203 Hondius } Hondius	3	..	
	219 / 220 } Isabelle Cl. Eug. M. Renouvier	1	..	
	255 Wollaston M. Creux	1	..	
	263 M. Lasne Jabach M. Dumesnil	11	..	
	275 Comtesses M. Creux	48	..	
	286 Lemon Renouvier	3	50	5
	306 Meyssens Charles 1.	1	50	
	339 Pilotti Titti Creux	1	..	
	340 Van Goyen	1	..	
	341 Langlois de Poilly	1	..	
	347 Berghe	2		
	349 Bruyant	1		
	354 Marie de Medicis Soleil	9		
	372 Rubens	1		
	377 Segers	5	50	
	380 Gustave adolphe Creux	1	..	
		356	..	

36 — BOUCHARDON (Edme). La Musique, composition de 4 figures. In-fol. en larg., au crayon rouge.

37 — BOUCHER (François). Tête de femme vue de trois quarts et tournée vers la gauche. In-fol. en haut., au pastel. Très joli dessin, d'une grande fraîcheur.

38 — Une femme assise, tenant un portrait soutenu par un petit génie. In-4 en haut., au crayon brun, avec une contre épreuve d'un autre dessin.

39 — Sujet tiré de Rodogune, tragédie de P. Corneille. In-4 en haut., à la sanguine.

C'est d'après ce dessin que Mme la marquise de Pompadour a gravé une eau-forte; elle est de la même grandeur en contre partie et se trouve en tête d'un volume imprimé chez elle dans l'aile droite du château de Versailles.

On rencontre aussi quelquefois cette pièce dans le recueil in-4 de ses estampes, 2e édition.

40 — Deux Amours jardinant. In-8 en larg., croquis à la plume.

41 — Hercule et Omphale, Vénus à sa toilette, Mars et Vénus. 3 petits dessins in-8 en larg. grisaille, destinés à être exécutés en dessus de porte. On lit au-dessus de chacun : Pour Mme la marquise de Pompadour.

42 — Partie supérieure d'une allégorie représentant la naissance du duc de Bourgogne, commandé par Mme de Pompadour pour le château de Bellevue. In-fol. en larg., à l'aquarelle.

43 — CARMONTELLE (L.-C. de). Portrait de la femme du chevalier Rivalz. 1765. Ovale, à la mine de plomb.

44 — CHARDIN (Jean-Baptiste-Siméon). Servandoni et sa famille en 1745. Très gr. in-fol. en larg., aux crayons de couleur. Signé *à son ami J. B. S. Chardin*, 1745.

45 — COYPEL (Antoine). Vénus et Adonis. In-fol. en larg., à la plume et lavé.

46 — COYPEL (Nicolas). Des Amours cherchant à percer un cœur de leurs flèches. In-fol. en larg.

47 — CRISSÉ (le comte Turpin de). Vue du golfe de Naples. In-fol. en larg., à la sépia.

48 — DECAMPS. Le garde-chasse breton. In-4. Dessin à la mine de plomb, très soigné.

49 — Paysage dans lequel on remarque des moissonneurs se reposant près d'une meule de foin. In-fol. en larg.

50 — DELACROIX (Eugène). Étude d'homme debout et tenant une canne de la main gauche. In-4 en haut., à la mine de plomb.

51 — Trois croquis de têtes sur une feuille. On remarque au-dessus de l'un ces mots : *Portrait d'Eugène Delacroix, fait par lui-même*. In-4 en haut.

52 — DE MARNE. Halte à la porte d'une auberge. In-4 en larg., à l'encre de Chine.

53 — DUCREUX. Portrait d'Amblard, concierge du Musée. In-fol. en haut., au fusain, sur papier gris.

54 — FORBIN. Vues prises dans la campagne de Rome. 3 p. in-fol. en larg., à la sépia et à la mine de plomb.

55 — FORT (Théodore). Deux chevaux de roulage arrêtés près d'un chêne. In-fol. en larg., à l'aquarelle. Beau dessin.

56 — FOSSE (Charles de la). Apollon et Daphné. In-4 en haut.., lavé. 4-50

57 — FRAGONARD (Honoré). Bélisaire demandant l'aumône. In-4 en larg., au crayon noir rehaussé de crayon blanc, sur papier bleu. 12

58 — Groupe d'Amours. In-4, à la plume et lavé de bistre. 6-50

59 — Sujet tiré de l'histoire romaine. In-fol. en larg., à la plume et lavé de bistre. Belle composition. 3-25

60 — GAMELIN. Deux sujets de batailles. Ronds, in-4, à la plume et lavés. 7-50

61 — Deux portraits d'hommes. Ronds, in-8, lavés d'encre de Chine, sur vélin. 5-

62 — GÉRICAULT. Plusieurs académies d'hommes sur une feuille. In-4, à la plume et lavé. 32

63 — GIGOUX (Jean). Tête coiffée d'un casque. In-8, en haut.

64 — GREUZE (Jean-Baptiste). Marche de Silène. Grand in-fol. en larg, à l'encre de Chine. Composition capitale dans laquelle on compte douze personnages. 48.

65 — HUET. Vache se reposant. In-fol. en haut., à la pierre noire sur papier blanc. 7-50

66 — HUTIN (Charles). Projet de fontaine; une Nymphe versant de l'eau dans une conque soutenue par un Triton et deux enfants. In-4 en haut., à la plume lavé de bistre. 5-50

67 — ISABEY. (Eugène). Vue d'une plage. In-4 en larg., à la sépia. Signé et daté, 1823. 15-

68 — ISABEY (J.). La procession. In-8 en haut., à la sépia. Signé et daté, 1823. 26

69 — JACQUAND (Claude). Saint Bonaventure refusant le chapeau de cardinal. In-4 en haut., à l'encre de Chine.

70 — JOYANT. Vue prise à Venise. In-4 en haut., lavé à l'encre de Chine.

71 — LAFITTE. Diane chasseresse et une allégorie. 2 sujets, l'un à la plume et lavé, l'autre à la pierre noire.

72 — LAGRENÉE. Saint Paul et saint Barnabé refusant de sacrifier aux idoles. In-fol. en larg., lavé de bistre et rehaussé de blanc.

73 — LALLEMAND. Paysage dans le genre de Ben. Castiglione. In-fol. en larg., à la plume, lavé d'encre de Chine.

74 — LE BARBIER l'aîné. Satyre couché dans un paysage; à côté de lui est un enfant. In-fol. en larg., à la plume et lavé d'encre de Chine. Signé.

75 — LE BARBIER. Orphée et Eurydice. In-4 en haut., à l'encre de Chine.

76 — LE MOINE (Jean-Baptiste). Dessin pour un tombeau. In-fol. en haut., à la pierre noire et rehaussé de blanc, sur papier gris.

77 — LE POITEVIN (E.). Deux rébus sur une feuille. On y remarque le fameux rébus : *Récompense honnête au rapporteur d'un chien*. In-4 en larg., à la mine de plomb. Signé et daté, 1843.

78 — PERNET. Ruines romaines dans le genre des paysages de Pannini. Gr. in-fol. en larg., à l'aquarelle.

79 — MALLET. Le sérail. In-fol. en larg., à la plume et lavé de bistre.

80 — NATOIRE (Charles). La Vierge et l'Enfant Jésus. In-fol. en haut., à la pierre noire légèrement lavé et rehaussé de blanc, sur papier bleu.

81 — Deux femmes à l'une desquelles un enfant présente une coupe. In-fol. en haut., à la pierre noire, rehaussé de crayon blanc, sur papier bleu. Joli dessin.

82 — OUDRY (Jean-Baptiste). Deux livres d'esquisses renfermant 102 dessins faits de 1713 à 1716, au bistre rehaussé de blanc, sur papier gris. On lit en tête du premier : *Ovdry. Liure dans le quelle ge designé tou se que gé peint.* 2 vol. in-fol. en larg., couverts en veau brun.

Recueil fort intéressant ne renfermant presque que des portraits; on y remarque Mlle de Montargis, Bourgois, sculpteur; Roettiers fils, le marquis d'Espinoy, le marquis et la marquise de Puységur, M. de Nicolaï, M. Le Bœuf, horloger; la famille de M. le duc de Noailles, J.-B. Oudry, etc., etc.

83 — POUSSIN (Nicolas). Paysage. In-fol. en haut., à la plume, lavé d'encre.

84 — ROBERT (Hubert). Ruines au milieu desquelles conversent des paysans et des femmes, les uns assis, les autres debout. Tr. gr. in-fol. ovale en larg., à la plume et à la sanguine, lavé de bistre.

85 — ROQUEPLAN ([illegible]). Carte de visite à l'aquarelle, signée au verso.

86 — SCHNETZ (Victor). Buste d'aveugle, *Cieco di Santa M. Maggiore*. In-4., en H. à la mine de plomb, signé.

87 — SUBLEYRAS (PIERRE). Donner à manger à ceux qui ont faim; sujet mystique. In-fol. en larg., à la sanguine.

88 — THIENON (C.) Les Baigneuses, paysage. In-4. en larg., à la sépia.

89 — TRAVIÈS. Etudes d'oiseaux. 4 p.

90 — VAUQUELIN (le chevalier de). Page de la grande écurie du Roy.

Ruines d'un monument romain, avec quatre colonnes doriques cannelées, site animé de 8 figures orientales. In-fol. à la plume, signé et daté 1769.

91 — VERNET (HORACE). Atelier d'un maréchal ferrant, composition de 5 figures. In-4. en H., à la sépia. Joli dessin

92 — Croquis et portraits. 3 sujets à la mine de plomb, à la sépia et à l'aquarelle.

93 — VEZE (J. CHARLES CHRISOSTÔME, PECHARMANT Baron de). Le château de la Rochefoucauld. In-4. en larg., à la sépia. Joli dessin.

94 — Croquis à la mine de plomb, à la sanguine, à la sépia et à l'aquarelle. P. de divers formats.

95 — Esquisses et croquis à la mine de plomb, à la plume, à l'aquarelle et à l'huile. Cet article sera divisé.

ÉCOLE ANGLAISE.

96 — BONINGTON (R.-P.) Le château de Fénélon, en Périgord. In 4. en larg., à l'aquarelle.

97 — Caricatures, portraits et paysages. 5 croquis à la mine de plomb, au pastel et à l'aquarelle.

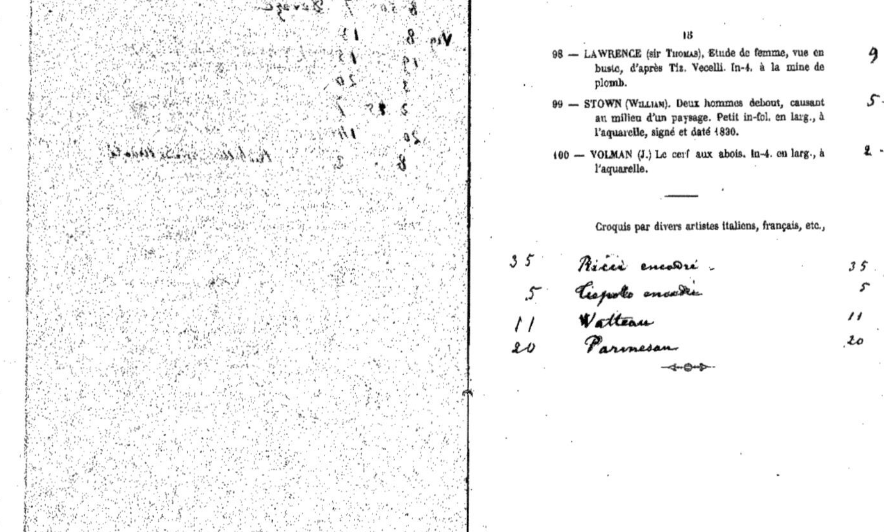

98 — LAWRENCE (sir THOMAS). Étude de femme, vue en buste, d'après Tiz. Vecelli. In-4. à la mine de plomb. 9

99 — STOWN (WILLIAM). Deux hommes debout, causant au milieu d'un paysage. Petit in-fol. en larg., à l'aquarelle, signé et daté 1830. 5 - 50

100 — VOLMAN (J.) Le cerf aux abois. In-4. en larg., à l'aquarelle. 2 - 50

Croquis par divers artistes italiens, français, etc.,

35 Ricci encadré 35
5 Tiepolo encadré 5
11 Watteau 11
20 Parmesan 20

3

	Report (Messieurs)		356	..	
37	408-409-410	Méaume	3	..	
	416 10 pièces		2	75	
	419 Somer		1		
	461 Charles Ier Roy	Puibue [?]	16	..	
	512 portraits de l'acad. Sandrart Octogone		3	75	
40	Goltzius Swanenburg [?]	6 de Dresde [?] / 26 [illegible]	7		
44	4 Jordaens Jupiter	De la Garrette [?]	14	..	Danlos [?]
	5 Junon surprenant Jupiter		6	50	Nig
	33 Le roi boit		2	75	
	37 La folie est chat [?]		10	50	mich. [?]
	38 La femme au hibou		6	50	
45	~~35~~ Moor	Villot	10	50	
47	~~[illegible]~~ Renner [?]	Villot	8	50	au Os. [?]
49	6 Ophovius	Villot	18	..	Clebier [?] Nig.
	5.7. Lindes [?]	Villot	16		
	15 le fils de Rubens		2		
	27 5 Portraits		1		
	35 Isabelle Claire	Renouvier	1		
			486	75	

		Messieurs Report	486	75
49	49. Jouinet Henri IV.	M. Villot	1	..
	53 54 Isabelle	Renouvier	1	50
	63 Kniff Arundel	Villot	1	..
	73-74. 76. 87.		5	..
	106-107		1	50
	111. le chapeau de paille	Villot	4	
	118 Silvestre	Meaume	3	
	126. ver Cruys	Villot	5	
	130 Isabelle	Renouvier	1	
	131 Isabelle d'Este	Villot	6	50
	132 Leon X		1	50
55	Maison des Rubens	(Villot)	32	
65	Wingaerde	Ledard	3	75
69	agimont	Dumesnil	4	..
96	5 Clairaut		2	..
	7. Fontanay	Villot	10	..
	11 Mozart	Villot	40	..
	14 Trudaine	Lazariette	7	..
	15. Voldner		3	
108	Contad Venus et l'amour	Ledard	1	75
			621	25

			621	25	
126	Eberts 4. 5	Ledard	5	50	
146	Lalive de Jully	Villot	19	..	
	Paysages 13 p.		5	..	
	Elemens		1	..	
	47 Paysage Fraussil Watelet		1	50	
	50 La Marquise d'Etampes	Villot	24	50	
	60 Montcalm		4	..	
149	4 Mlle le Doulceur	Villot	14	50	Damlos
168	Pompadour manière noire	Dumesnil	8		Nisy
182	Sergent Mlle Colombe de Fitz James		12	..	
183	Thiers	de Bouillé	17	..	250
192	Wartel		1	50	Jui ch.
197	anonymes Lithographies		1	..	
199	Audran Montfaucon	Delazariette	4	50	5.
204	Baudouin	Mr Bodener	41	..	van Os. 5.
214	20 Boissieu les moines au bain	Creuzé	20	..	Mlehier
215	Boissieu neveu d'ap. Lenain	M. Chaugffen	4	..	Nig.
217	Mort de Lazare	Mr Taschereau	11	..	
	Les oeuvres de Miséricorde	Taschereau	87	..	
	Le Mari et la femme battant	Taschereau	13	..	
			866	25	

DÉSIGNATION

DES ESTAMPES.

ÉCOLE ITALIENNE.

1. **Bella** (Stef. della). Sujets divers. 12 p.
2. **Canaletti** (Ant. Canal, dit), peintre. Son œuvre en 31 p., et 2 p. signées *B. B. detto Canaletto.*
3. **Carpacy** (Victoris), 1491. Histoire de Ste-Ursule, gravée par de Pian et Galimberti, d'après ses tableaux qui sont à Venise à l'église St-Jean et St-Paul. 9 p. gr. in-fol. T. B. G. M.
4. **Castiglione** (Benedette). L'entrée dans l'arche. T. B. (B. 1). Lazare. T. B. (B. 6). La Vierge à genoux près de la crèche (B. 7). Fuite en Egypte (B. 12). L'invention des corps de St-Pierre et St-Paul. T. B. (B. 14). Pan et Olympe (B 15). Fête de Pan (B. 16). Pan assis vis-à-vis d'un vase (B. 18). La Mélancolie. T. B., ou plutôt la Sorcière (B. 22). La femme dans les ruines (B 26). 10 p. Pourra être divisé.
5. **Gandolphi** (Gajetan). Tête de vieillard tenant un chapelet des deux mains et regardant à gauche au ciel. T. B.
6. **Ghisi** (Georges), dit Mantuan. Portrait de Michel-Ange Buonaroti.
7. **Goya** (D. Francesco), peintre espagnol.
   Moenippus. Homme en chapeau et manteau, debout, dirigé à droite. T. B. épr. G. M.

8. **Leoni** (Octavio), peintre. Son portrait gravé par lui-même, 1625. T. B. épr. in-8.

9. **Maratte** (Carlo), peintre. La Ste-Vierge et la Madeleine (B. 6). 2 épr., l'une avant l'adresse de Billy. B.

10. **Marieschi** (d'après Michel). Magnificentiores selectioresque Urbis Venetiarum prospectus. *Venetiis*, 1741, in-fol., d.-rel. mar., 22 pl. grav. par divers.

11. **Mengardi** (J. Batta). L'ange empêchant Abraham de sacrifier son fils. T. B. M.

12. **Morghen** (Raphaël), graveur. Portrait de Canova, sculpteur, profil à gauche, ovale, in-4. T. B. épr., toute M.

— Le Dante, ovale in-8, et carré in-4. B. épr. M. 3 p.

13. **Palma** le jeune (J.), St-Jérôme et St-François adorant Jésus (B. 21).

14. **Parmesan** (fac-simile de dessins d'après). Un vol. cartonné. 31 p.

15. **Rosa,** 1789. Chèvre debout à gauche près de deux moutons et une chèvre couchés, en hauteur. T. B.

16. **Rosa** (Salvator), peintre. Albert compagnon de St-Guillaume (B. 2).

Le Héros endormi près du fleuve (B. 23). 2 p.

17. **Testa** (Pietro), peintre. Son portrait dessiné et gravé par lui. In-4.

1er état : *Franco Collignon, formis.*

2e état : *Arnoldo van Westerhout, formis.*

TIEPOLO (Jean-Baptiste)

Peintre, né à Venise en 1692, mort à Madrid en 1769, a gravé à l'eau forte :

18. — **Vari Capricci**. Caprices variés, inventés et gravés, publiés en 1785. Titre d'un cahier de 10 p. en travers. Chaque p. est un groupe de figures.

(1) 2 fig. Cavalier prêt à monter à cheval.
(2) 2 fig. Femme, petit satyre, chèvre.
(3) 3 fig. Homme debout tenant un bouclier.
(4) 4 fig. Jeune soldat tenant un drapeau.
(5) 5 fig. Jeune homme avec chaînes aux bras.
(6) 3 fig. Femme debout appuyée sur l'urne.
(7) 3 fig. Philosophe debout avec livre sous le bras.
(8) 8 fig. Jeune homme assis le bras droit sur un vase.
(9) 4 fig. Deux guerriers et deux femmes.
(10) 8 fig. Et la mort gardien des tombeaux. 11 p.
— (11) Satyre à grandes cornes entre deux figures dirigées à droite.
(A) Copie du même. Contrepartie.
(12) Vieillard en buste tenant un enfant, avec n. 24 en haut, à droite. 3 p.

Groupes de figures en hauteur.

— (13) 4 fig. Famille de satyre près la pyramide.
(14) 3 fig. Famille de satyre, au hibou sur le perchoir.
(15) 8 fig. Femme assise écoutant l'homme barbu. 2 épr., l'une avant le n. 3.
(16) 6 fig. Philosophe regardant un serpent qui entre dans un vase. 2 épr., 1 avant n. 5.
(17) 6 fig. qui regardent des serpents à terre.
(18) 3 fig. Famille à la tête de vache et au hibou.
(19) 3 fig. Famille avec un âne.
(20) 4 fig. Le pâtre vu de dos avec sa gourde.
(21) 3 fig. homme barbu montrant le serpent.
(22) 4 fig. homme tenant un bâton avec serpent.
(23) 2 fig. homme tenant la chaîne d'un singe.
(24) 8 fig. le Pulcinella à droite.
(25) 4 fig. regardant des ossements qui brûlent.
(26) 3 fig. avec un cheval, et hibou.
16 p. Pourra être divisé.

— (27) Adoration des Mages, composition en hauteur, petit in-fol. 1re épr. B.

2e état, avec no 3, A gauche, en haut et à droite, 25. B. épr. toute M. 2 p.

D'après Jean-Baptiste Tiepolo, en travers.

— (a) 8 fig. dont un Satyre à gauche près d'un vase.

(b) 9 fig. dont une femme nue dormant, et buste de Satyre à gauche. 2 p. faisant pendant.

(c) Les Arts aux pieds du trône d'un empereur romain. gravé par Giac Leonardis. 1706.

(d) Le Convive de Nabal et le Christ tombant sous la croix, 2 p. gravées par P. Monaco.

(e) Fuite en Égypte, en hauteur, gravé par Bérardi.

(f) Assomption, plafond rond, gravé par Wagner.

(g) Couronnement de la Vierge, très grand plafond ovale en hauteur, gravé par F. Chiarottini. 8 p. Pourra être divisé.

19. **Tiepolo** (Jean-Dominique), fils de Jean-Baptiste, peintre, a gravé à l'eau-forte d'après lui et d'après son père.

(1) Têtes d'étude tirées des diverses compositions. 70 p. avec et sans numéro.

(2) Vierge de douleur, petite p.

(3) Saint Vincenzo Fererio, buste à gauche.

(4) Saint Jérôme Œmilien à genoux, dirigé à gauche.

(5) Saint Jérôme Œmilien debout, dirigé à droite, distribuant à des gens à genoux.

(6) Fuite en Égypte, dirigée à droite.

(7) Saint François de Paule, dirigé à droite, le bras gauche levé.

(8) Malade sur un chariot, un saint qui est à gauche va le guérir.

(9) Vénus et l'Amour, en haut à gauche, apparaissant à Énée, sans aucuns noms.

(10) Mise au Tombeau faisant partie d'un Chemin de Croix.

(11) Frontispice, allégorie religieuse et artistique armoride.

(12) Plafond arrondi haut et bas, 3 fig. dont un ange tenant une couronne de la main gauche.

(13) Plafond, martyre de saint Étienne. 2 épr. dont une avant le nº 32, à gauche.

(14) Plafond, Diane et Zéphire, nº 35, à gauche. 14 p. Pourra être divisé.

(15) Collection de la Fuite en Égypte. 30 90 Leclerc

2) Titre armorié, la Renommée, dirigée à droite, au-dessus du château de Frawenberg.
3) Titre gravé, *idde pittoresche*, 1753, etc., etc.
4) Saint Joseph, à droite entre.
5) L'Ange à droite arrange l'âne.
6) L'Ange à gauche conduit l'âne.
7) Ils passent sous une voûte à gauche.
8) L'Éternel les regarde fuyant à droite.
9) Adoration des Anges et Chérubin à gauche.
10) A gauche, saint Joseph ayant panier sur le dos.
11) A droite, saint Joseph regarde le chevrier.
12) Saint Joseph entre la Vierge et l'Ange à gauche.
13) Adoration des Anges à genoux à droite.
14) L'Ange à gauche approche la barque.
15) Ils vont entrer dans la barque à droite.
16) Ils entrent dans la barque à gauche.
17) La barque passe près des cygnes à droite.
18) Débarquement, l'âne à gauche.
19) Adoration, concert d'Anges à droite.
20) Passant près d'un obélisque à gauche.
21) Descendant la colline, des moutons à gauche.
22) La statue à gauche se brise.
23) Le repos, l'âne à gauche.
24) L'Ange à gauche conduisant la Vierge.

19

25) Saint Joseph conduisant l'âne chargé, à droite.

26) Deux Anges à droite soutiennent la Vierge.

27) Ils sont à gauche, la foule passant sous une voûte à droite.

26 p. toutes marges et un double, groupes n° 7 et n° 24, en contre-partie; en tout 29 p.

12 50 Rochoux — (16) Planches d'études, Chimères, masques et deux poissons vers la droite.

(17) Autre avec armures et étendards romains, avec n° 7 en haut à droite.

(18) Autre, bande de masques de Satyres avec carquois, à droite et n° 7 aussi. 3 p.

(19) Les deux amants parlant aux bergers sous la grange, 4 fig. sans aucuns noms.

(20) Grand plafond, le char d'Hercule traîné par quatre Centaures dirigés à gauche. 5 p.

Pièces gravées par Jean-Dominique,
d'après Jean-Baptiste Tiepolo.

Pièces en travers.

80 Danlos — (a) Quatre fig. et une tête de chien à droite.

(b) Deux Tritons apportant des richesses à une reine appuyée sur un lion à gauche. T. B.

(c) Les saints de la famille Crotta, composition de 13 fig. T. B.

(d) Deux planches, n° 7, études de bouffons nains vus par derrière et tête de lion à droite.

(e) Vus par devant, avec chien épagneul à droite. T. B. G. M.

(f) Plafond, lutte entre l'Ange blanc et noir du bien et du mal, n° 2. T. B. G. M.

(g) Plafond presque ovale, la Renommée à gauche au-dessus d'un guerrier appuyé sur un lion. Épr. avant le n° 37.

(h) Plafond ovale, femme, le bras gauche levé, se tenant à une colonne.

(i) Autre, le Génie plane à gauche, et à droite l'Envie terrassée par un petit Amour.

(j) Deux pièces rondes, les trois Vertus théologales, l'Espérance à droite, et

(k) pour pendant trois autres femmes, dont la Richesse à droite. T. B. G. M.

Pièces en hauteur.

(l) Tarquin à droite, voulant poignarder Lucrèce, pièce ovale.

(m) Deux pièces très longues, 2 fig. orientales dirigées à gauche, 3 fig., homme assis parlant à une femme au fond à gauche.

(n) Saint François, à genoux à gauche, adorant la Vierge et Jésus sur des nuages, 5 fig. et 2 Chérubins, petite pièce cintrée.

(o) Deux sujets sur la même planche, fuite en Égypte passant un pont vers la droite, et dans une barque dirigée par l'Ange à droite.

(p) La Vierge, soutenue par des Anges, plane au-dessus de deux saints, dont un debout à droite appuyé sur une grande épée. P. cintrée

(q) La Cène, Jésus de profil à droite, cintrées. 2 épr., l'une avant le n° 21, à droite.

(r) Baptême d'un personnage barbu dirigé à droite, n° 25 à gauche.

(s) Martyre d'une sainte dont les seins sont sur un plat tenu par un page à droite; cintrée. 3 épr. avant et avec le n° 26 à gauche, et avec le n°   à droite.

(t) Saint à cheval, tenant un étendard, donne de l'épée sur le cou d'un nègre à droite, n° 27 à gauche.

(u) Sainte Rose de Lima tenant Jésus près d'une autre

sainte couronnée d'épines à droite, à gauche religieuse tenant une petite croix, cintrée.

(v) Trois saints et une sainte qui est assise avec deux chérubins à gauche près d'elle, cintrée.

(x) Évêque, la main droite élevée, prêchant le peuple, cintrée.

(y) Plafond, à droite un homme s'agenouille devant la Vierge et Jésus planant à gauche. 2 épr. dont 1 avant toutes lettres. 30 p. Pourra être divisé.

D'après Jean-Dominique Tiepolo.

— Scènes de marchands d'orviétans, bonne aventure, etc., à Venise, avec personnages masqués. 4 p. numérotées, gravées par Christ. dell' Aqua.

20. **Tiepolo** (Laurent), frère du précédent, a gravé d'après son père :

Pièces en travers.

(1) Deux vieux guerriers à droite entraînent un jeune homme que la douleur d'une femme retient. 1er état avant toutes lettres T. B. G. M.

— 2e état. La planche coupée du bas, la marge n'a plus que 10 mil. Il s'y trouve *Joannes Batta Tiepolo inv pinx. Laurentius Tiepolo filius del. et inc.*, n° 13. B. G. M.

(2) Deux vieux guerriers derrière une balustre à gauche, regardent deux amants qui se mirent. Pendant du précédent, n° 14. B. G. M.

Pièces en hauteur.

(3) Saint à gauche, tenant le pied coupé d'un coup de hache, d'un homme étendu à terre. 1re épr. avant la planche coupée, mais avec n° 22 à gauche.

— 2e état. La marge du bas réduite à 14 mil. T. B. G. M.

Tiepolo

6

			866	25
218	6 Boucher Enfant dormant	M. Villot	10	..
	8 Livre de figures	M Villot	30	..
	9 à 10 la petite reposée	(M. Villot 15)	21	..
	12 Enfant Berger	Villot	8	..
	18 Andromede 5 pièces	Villot	41	..
	21 Portrait d Natteau	M. Soleil	22	..
	22 Buste de femme	Villot	4	..
	23 15 Têtes	Villot	26	..
	26 15 Etudes d'Enfans	Villot	20	
	27 10 figures de Dames	Villot	20	
	28 10 figures d Dames	Villot	19	
	30 10 Dames Courtoisies	Villot	30	
	32 Pierrot etc	De la Jonnitte	15	
	42 Les Saisons	Villot	21	
	c. d. 3 pièces Jeune homme	Villot	16	
	m. Groupes d'enfans	Villot	9	
×	n Les Buveurs de lait 5 p. 2/50		11	50
	u 15 pièces en Rouge	Villot	28	..
	u 20 pièces en Rouge		31	..
233	Challe	Villot	5	
			1253	75

Lithor / Vo

7

			1253	75
234	Chardin Copies	(Vivandière M. Lepulin)	15	
243	Coypel Maroulle	M. Dammont	3	25
247	~~249~~ 249 voir page 10			
251	Descourtis	M Clem de Ris	50	..
253	page 10			
255	Drevet		5	50
256	Ducerceau 3 pièces		11	50
	Ducerceau Volume	Bibliothèque d Gen	295	..
263	Edelinck		10	..
270	Floding Roslin		5	..
272	Mlle Gerard	M. Villot	30	..
	Fanfon	Villot	18	50
276	page 10			
287	Gilberg	moi	1	50
293	Greuze	Villot	65	..
294	Grignon	Lajarriette	4	50
298	Hallé	M. Beauviller	6	..
301	Hillemacher		23	..
304	Huet son portrait	(Villot 5)	5	50
305	fils		2	..
307	Huquier Openort	M. Berard	10	..
308	— fils	M Hardouin	4	50
316	Joyant	Villot	14	..
			1833	50

Cochon / Cochon / Moreau / Moreau / Lebreton

(4) Dieu plane au-dessus de Jésus porté par des Anges, saint Joseph à gauche derrière la Vierge à genoux, cintrée. B. G. M. nº 24.

Grandes pièces.

(5) Sainte à droite, implore Dieu qui plane à gauche, pour des pestiférés, nº 33 à gauche.

(6) Plafond presque ovale, allégorie, un grand chien noir est à gauche, nº 39.

(7) Grand plafond, le char de Vénus dirigé à gauche, où est nº 41.

(8) Autre, la Renommée dirigée à droite, au bas d'une pyramide, nº 43 à gauche. 10 p. Pourra être divisé.

21. **Titien** (d'après). Portrait de *Philippus. Secundus* en pied, gravé par Mogalli. In-fol. Rare et curieux.

22. **Vinci** (Léonard de).
Portraits différents, gravés et lithographiés, 15 p.
Mona Lisa, 3 p.
Pièces d'après ses tableaux, 5 p.
Croquis par M. le Baron de Vèze, 6 p.
Fac simile du dessin du Louvre, 3 épr. différentes par Caylus et Paul Chenay.
Léonard de Vinci mourant dans les bras de François Ier, 3 p.; en tout 35 p. Pourra être divisé.

23. Sujets divers d'après Michel Ange, Titien, etc. 44 p.

24. — Paul Véronèse, etc., 18 p.

25. Galerie de l'archiduc, gravée par L. Vorsterman, et autres d'après Basan, Giorgion, M. Ange, Palme Tintoret, Titien, Véronèse, têtes et portraits. 33 p.

26. — Sujets divers, Vierges, sujets religieux et autres. 59 p.

27. Vues de Florence et autres lieux de la Toscane. 1 vol. oblong in-fol. 51 p.

28. Basilique de Saint-Marc, à Venise. 1761, chez Ant. Zatta, 1 vol. grand in-fol., texte, cartonné.

ÉCOLES FLAMANDE, ALLEMANDE ET HOLLANDAISE.

29. **Bartsch** (Adam), né à Vienne, 1757, — 1821, auteur d'un grand nombre d'ouvrages sur les arts, a gravé à l'eau-forte.

— Garçon entrant dans une chambre avec un chien, suivi d'une fille. T. B. épr. (L. B. 359) avant la lettre.

— Vierge et Jésus, d'après Guerchin, d'après un dessin. — Bœuf couché.

— Tête de femme de profil, dessinée à Paris, 1784, et gravée à Vienne, 1785. 4 p. Pourra être divisé.

30. **Bega** (Corneille). Le chanteur (B. 27), 3 épr. La mère (28). La mère et son mari (30) B. M. 5 p.

31. **Berghem** (Nicolas). La vache qui s'abreuve, 2e état. (B. 1) et 6 autres p. par et d'après lui.

32. **Bischop**, d'après divers maîtres italiens, 6 p.

33. **Bolswert** (S. A.), Vierge, Jésus et sainte Catherine. B. épr. et Descente de croix, 2 p.

34. **Both** (Jean). Le Pont de pierre (B. 5), le Muletier (6), le Trajet (7), les Deux vaches au bord de l'eau, (8), 5 p.

35. **Cabel** (Van der Cabel). Le Mendiant (B. 28).

36. **Coelmans** (Jacques), né à Anvers. Portraits de la famille Boyer, seigneurs d'Aiguilles, et Conrad Rüton, 6 p.

DYCK (Anton van)

Peintre et graveur, né à Anvers en 1599, mort à Londres en 1641.

Pièces gravées par Anton van Dyck lui-même.

37. (1) La Sainte Vierge et l'Enfant Jésus. La Sainte Vierge est à mi-corps, tournée vers la droite et tient l'Enfant

Jésus debout devant elle. H. 133 millim. L. 116 millim. Cette p. qui ne porte aucune indication, ne nous paraît pas de Van Dyck, mais d'un autre élève de Rubens, dont la pointe était moins spirituelle et moins vive; elle est, du reste, fort belle. En la laissant ici, nous avons respecté le classement de M. de Vèze.

— (2) Le Christ au roseau. 5ᵉ état, avant l'adr. de Le Bas.

— La même estampe. 7ᵉ état, l'adr. de Le Bas effacée.

— (3) Le Titien et sa maîtresse, d'après Tiz. Vecelli. 3ᵉ état, avec la lettre, mais avant le nom du Titien à la gauche du bas et l'adr. *A. Bon enfant excu.*, au milieu. B.

— La même estampe. 4ᵉ état, avec l'adr. *A. Bon enfant excu.*

— La même estampe. 5ᵉ état, l'adr. effacée.

— (4) *Breughel (Ioannes)*, dit de Velours. 4ᵉ état, rare, avec l'adr. de Gillis Hendricx; le fond couvert de tailles. B. avec M.

— La même estampe. 5ᵉ état, les lettres *G. H.* effacées. 4 épr. de diff. tirages.

— (5) *Breughel (Petrus)*, dit le Drôle. 5ᵉ état, les lettres *G. H.* effacées. 2 épr. de tirages diff. B.

— (6) *Cornelissen (Antonius)*..... in-fol. 5ᵉ état, terminé par L. Vorsterman, les lettres *G. H.* effacées.

— (7) *Dyck (Ant. Van)*. 3ᵉ état, la pl. terminée par Jacq. Neeffs, avec l'adr. de Gillis Hendricx; l'année 1645 effacée.

— (8) *Erasmus*. 4ᵉ état, l'adr. *G. H.* effacée.

— (9) *Franck (François)*. 4ᵉ état, rare, avec l'adr. de Gillis Hendricx et le nom **VRANX**. T. B. avec M.

— La même estampe. 6ᵉ état. Les lettres *G. H.* effacées. 2 épr. de tirag. diff.

— (10) *Le Roy (Philippus, Baro)*. 5ᵉ état, la pl. terminée. T. B. avec M.

— (11) ***Momper*** (*Judocus de*). 3e état, rare, avec l'adr. *G. H.* B. avec M.

— La même estampe. 4e état, les lettres *G. H.* effacées.

— (12) ***Momper*** (*Ivdocus de*) répétition. In-fol. 5e état, les lettres *G. H.* effacées.

— (13) *Noort* (*Adamus van*)..... 3e état, rare, avec l'adr. *G. H.* Belle épr.

— La même estampe. 4e état, l'adr. *G. H.* effacée.

— (14) *Pont* (*Paulus du*). 6e état, l'adr. *G. H.* effacée. 2 épr. de tirage diff.

— (15) ***Suellinx*** (*Joannes*). 1er état, très-rare, avant la lettre. B. avec M.

— La même estampe. 5e état, l'adr. *G. H.* effacée.

— (16) ***Snyders*** (*Franciscus*). 3e état, rare, avec l'adr. *G. H.* B. avec M.

— La même estampe. 4e état, l'adr. *G. H.* effacée.

— (17) ***Sutermans*** (*Iustus*). 3e état, rare, avec le nom écrit *CITERMANS* et l'adr. *G. H.*

— La même estampe. 5e état, l'adr. *G. H.* effacée. 2 épr. de tirage diff.

— (18) *Triest* (*...D. Antonius*). 5e état, l'adr. *G. H.* effacée B. avec M.

— (19) *Vorstermans* (*Lucas*). 1er état, très-rare, avant la lettre. B., mais doublée et restaurée.

— La même estampe. 4e état, rare, avec l'adresse *G. H.* Belle épr.

— La même estampe. 5e état, l'adr. *G. H.* effacée.

— (20) *Vos* (*Guilielmus de*). 2e état, très rare : la partie éclairée de la poitrine et le bras droit seulement au trait. — T. B.; la M. coupée.

— La même estampe. 3e état : la planche terminée par S. à Bolswert; avec l'adresse *G. H.* — Fatiguée.

— La même estampe. 4e état : l'adresse *G. H.* effacée.

— (21) *Vos* (*Paulus de*). 1er état, de la plus grande rareté :

avant la l.; il n'y a de gravé que la tête, le collet et une partie du fond. — T.-B. avec M.

— La même estampe. 4e état, rare : la planche retouchée par S. à Bolswert; avec l'adresse *G. H.*

— La même estampe. 5e état; l'adr. *G. H.* effacée.

— (22) *Wael* (*Ioannes de*). 4e état, rare : avec l'adr. *G. H.*

— La même estampe. 5e état : l'adr. *G. H.* effacée.

— (23) *Wouwer* (*Dominvs Ioannes vanden*)... In-fol., 4e état, retouché par P. Pontius : les lettres *G. H.* effacées.

PORTRAITS

Gravés ou lithographiés d'après Ant. van Dyck.

— **Ardell** (James Mac).

— (24) *Buckingham* (*Georges Duke of*), *with his Brother*... 1752. In-fol. en H.

— (25) *Southampton* (*Rachel Countess of*)... 1758. Gr. in-fol. en H. — T. B. avec M.

— **Armstrong** (Cosmo).

— (26) *Carignan* (*Thomas-Francis Prince of*). 1821. In-12.

— (27) *Charles Ier king of England*. 1821. In-12.

— (28) *Le Roy* (*Philippe*). 1821. In-12.

— **Aubert** (Michel).

— (29) *Charles-Emmanuel, duc de Savoie*... In-8. Avec l'adr. d'Odieuvre.

— La même estampe. L'adr. effacée.

— (30) Brouwer (A.), Crayer (G. de), Dyck (Antoine van), Franck (Fr.), Jordaens (J.), Mirevelt (Mich.), Rombouts (Th.), Rubens (P.-P.), Schut (Corn.), Seghers (Dan.), Sneyders (Fr.), Uden (L. Van), Wildens (J.), Zegers (G.). — 14 p. gravées pour la vie des peintres, de d'Argenville.

— **Aubry** (Peter).

— (31) *Aremb. et Aigremontan.* (*Albertvs Princeps Barbancon comes*). ovale in-4.

— (32) *Austriacus (Ferdinandus), cardinalis*... Ovale in-4.

— (33) *Sauoye (L... Thomas-François de)*. Ovale in-8.

— **Audran** (Jean).

— (34) *Jones (Inigo)*, entouré de figures allégoriques dessinées par W. Kent. Gr. in-fol.

— (35) *Rubens (Pierre-Paul)*, d'après un dessin de J.-M. Nattier. Tr. gr. in-fol. *Se vend à Paris chez G. Duchange*.

— **Baillie** (William).

— (36) *Gevartius (.. Gaspar)*. 1773. In-fol.

— **Balechou** (Jean-Joseph).

— (37) *Crillon (Le brave)*. In-8.

— **Ballin** (Peter de).

— (38) *Arembergha (Albertus... Princeps comes)*... à cheval. Gr. in-fol. *Petrus de Balliu fecit et excudit*. B.

— (39) *Carlylensis (Lucia-Percye, comes)*... Petit in-fol. *Ioannes Meysens excudit Antverpiæ*. T. B.

— La même estampe. Les mots *Ioannes Meysens* effacés.

— (40) *Morelanus (Anthonius-Bovrbonius, comes)*... Pet. in-fol. *Ioannes Meysens excudit Antverpiæ*.

— La même estampe. Le nom *Ioannes Meyseus*, effacé.

— (41) *Vrfeivs (Illvstrissimus Honorivs)*... Pet. in-fol. *Ioannes Meysens excudit*. B.

— La même estampe. L'adresse de Meysens effacée.

— **Bannerman** (Alexander).

— (42) *Digby (Sr Kenelme)*. In-8.

— (43) *Dyck (Antony Van), Jones (Inigo), Steenwyck (Henry)*. 3 p. gr. in-4, gravées pour les œuvres de Walpole.

— **Baron** (Bernard).

— (44) *Carnarvon (Robert Earl of)*. 1770. Gr. in-fol. avant la l.

— La même estampe. Avec la l.

— (45) *Carnarvon (Anne-Sophia-Marchioness of)*... 1770. Gr. in-fol. avant la l.

— La même estampe. Avec la l.

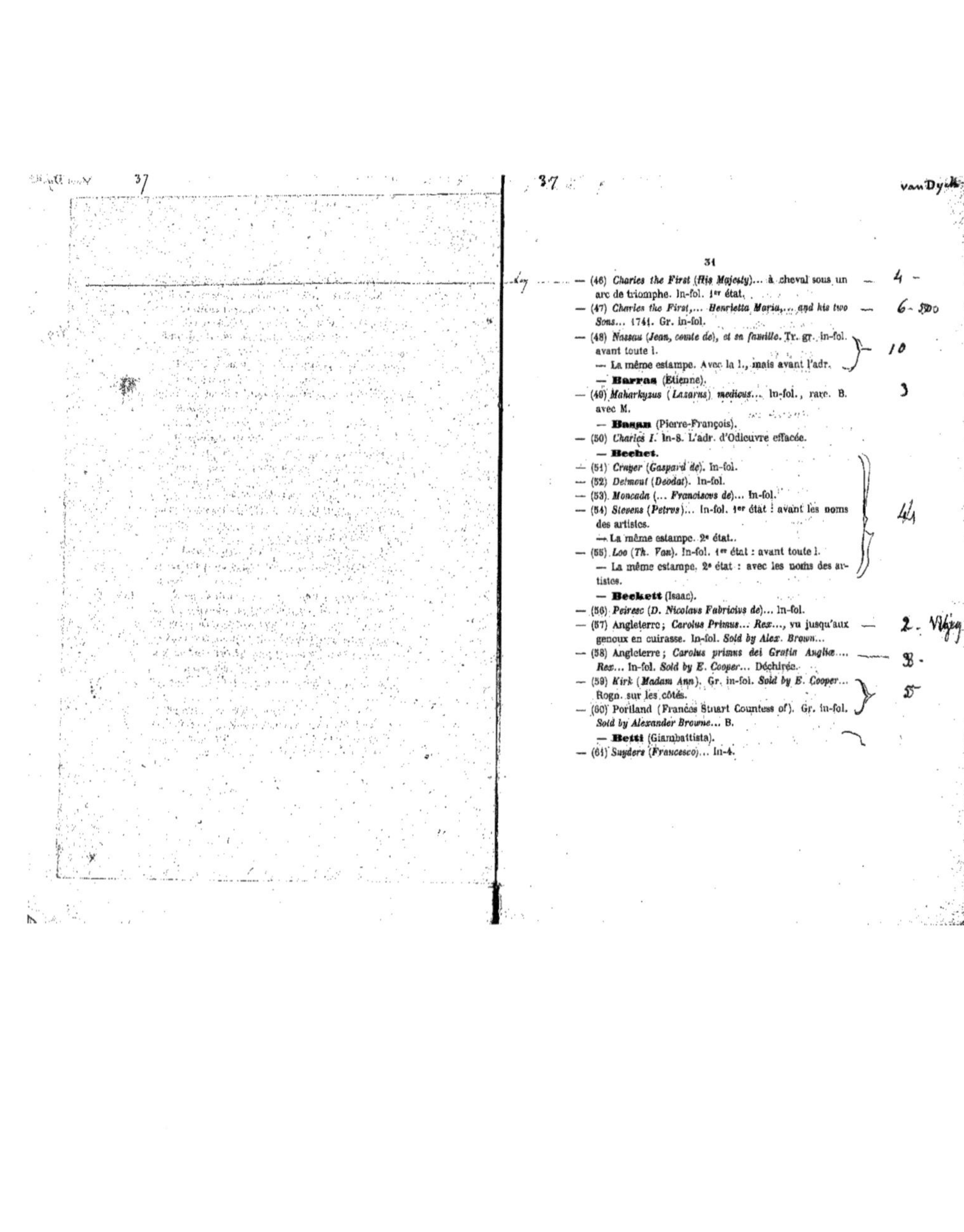

— (46) *Charles the First (His Majesty)*... à cheval sous un arc de triomphe. In-fol. 1er état.

— (47) *Charles the First,... Henrietta Maria,... and his two Sons*... 1741. Gr. in-fol.

— (48) *Nassau (Jean, comte de), et sa famille.* Tr. gr. in-fol. avant toute l.

— La même estampe. Avec la l., mais avant l'adr.

— **Barras** (Étienne).

— (49) *Maharkyzus (Lazarus) medicus*... In-fol., rare. B. avec M.

— **Basan** (Pierre-François).

— (50) *Charles I.* In-8. L'adr. d'Odieuvre effacée.

— **Bechet.**

— (51) *Crayer (Gaspard de)*. In-fol.

— (52) *Delmont (Deodat)*. In-fol.

— (53) *Moncada (... Franciscvs de)*... In-fol.

— (54) *Stevens (Petrvs)*... In-fol. 1er état : avant les noms des artistes.

— La même estampe. 2e état.

— (55) *Loo (Th. Van)*. In-fol. 1er état : avant toute l.

— La même estampe. 2e état : avec les noms des artistes.

— **Beckett** (Isaac).

— (56) *Peiresc (D. Nicolavs Fabricivs de)*... In-fol.

— (57) Angleterre ; *Carolus Primus... Rex...*, vu jusqu'aux genoux en cuirasse. In-fol. *Sold by Alex. Brown*...

— (58) Angleterre ; *Carolus primus dei Gratia Angliæ... Rex*... In-fol. *Sold by E. Cooper*... Déchirée.

— (59) *Kirk (Madam Ann)*. Gr. in-fol. *Sold by E. Cooper*... Rogn. sur les côtés.

— (60) Portland (Frances Stuart Countess of). Gr. in-fol. *Sold by Alexander Browne*... B.

— **Betti** (Giambattista).

— (61) *Snyders (Francesco)*... In-4.

— (62) *Suttermans* (*Giusto*)... In-4.

— (63) *Vouet* (*Simon*)... In-4.

— **Bichard** (Jean-Baptiste).

— (64) *Stalbent, peintre*... D'après un dessin de N. Le Mire. Gr. in-fol.

— **Birrell** (A.)

— (65) *Aremberg* (*Albert, prince*), d'après un dessin de S. Harding. In-4. 1er état : avant le nom du dessinateur.

— La même estampe. 2e état.

— **Blackberd** (C.)

— (66) Rubens (P. P.), sur un frontispice. In-4.

— **Blackmore** (John).

— (67) Homme drapé dans un manteau et tourné vers la gauche. Gr. in-fol. *R. Sayer Excudit.*

— **Bleeck** (Peter van).

— (68) *Quesnoy* (*Francesco di*)... 1751. In-fol.

— **Blot** (Maurice).

— (69) *Dyck* (*Van*), d'après un dessin de J.-B. Wicar. In-fol.

— **Blotelingh** (Abraham).

— (70) *Mirabelle* (*Marquis de*). In-fol. B.

— **Boissieu** (Jean-Jacques de).

— (71) Portrait d'homme tourné vers la droite, d'après un tableau du cabinet de M. Sève, à Lyon. 1770. 2 épr. de tirage différent, avec une copie en contrepartie. 3 p.

— **Bolswert** (Schelte à).

— (72) *Aremberg* (*Albertus Princeps Com.*)... In-fol. 1er état, extrêmement rare, avec l'adr. *Mart. Vanden Enden excudit,* et les fautes : Barbansom et Aeigromontan. Légèrement roguée.

— La même estampe. 4e état : les lettres *G. H.* effacées.

— (73) *Barbo* (*Ioannes Baptista*). In-fol. 1er état : très rare, avant le nom du graveur et avec l'ad. *Mart. Vanden Enden excudit cum privilegio.*

— La même estampe. 4e état : les lettres *G. H.* effacées.

— (74) *Bravwer* (*Adrianvs*). In-fol. 3e état rare : avec l'ad. *Mart. Vanden Enden excudit cum privilegio.* B. avec M.

— La même estampe. 6e état : les lettres *G. H.* effacées.

— (75) *Dyck* (*Maria Ruten... Vxor Antonii Van*)... In-fol. 3e état : les lettres *G. H.* effacées.

— (76) *Ertvelt* (*Andreas van*)... In-fol. 2e état : les lettres *G. H.* effacées.

— (77) *Lipsivs* (*Ivstvs*). In-fol. 4e état : les lettres *G. H.* effacées.

— (78) Orléans (Marguerite de Lorraine, duchesse d'). In-fol. 4e état : les lettres *G. H.* effacées.

— (79) *Pepyn* (*Martinus*)... In-fol. 4e état : les lettres *G. H.* effacées.

— (80) *Vranox* (*Sebastianvs*)... In-fol. 4e état : les lettres *G. H.* effacées.

— **Bonnefoy.**

— (81) Charles Ier, accompagné du marquis d'Hamilton. In-fol. *A Paris, chez Tessari...*

— (82) Henriette, reine d'Angleterre et ses enfants. *A Paris, chez Tessari...*

— **Boulonois** (Esme de).

— (83) *Bravwer* (*Adrianus*), *Callot* (*Iacobus*), *Coberghe* (*Vencesias*), *Mirevelt* (*Michael*), *Crayer* (*Gaspard de*), *Lipsius* (*Justus*), *Rombouts* (*Theodorus*), *Rubbens* (*D. Petrus-Paulus*), *Ryckart* (*Martinus*), *Segers* (*Gerardus*), *Vouet* (*Simon*), 11 p. in-4, grav. pour l'*Académie* de Bullart.

— **Boutrois** (Philibert).

— (84) Snyders (N.), sous le titre : *Un Portrait d'homme*, in-4. Musée Filhol, no 641.

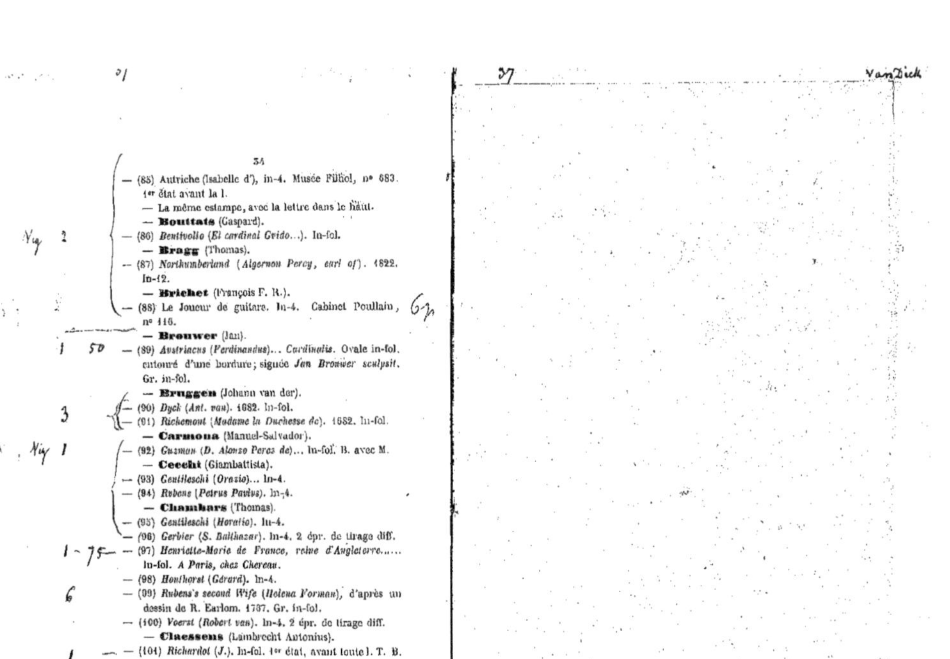

— (85) Autriche (Isabelle d'), in-4. Musée Filhol, nº 683. 1er état avant la l.

— La même estampe, avec la lettre dans le haut.

— **Bouttats** (Gaspard).

— (86) *Bentivolio* (*El cardinal Guido*...). In-fol.

— **Bragg** (Thomas).

— (87) *Northumberland* (*Algernon Percy, earl of*). 1822. In-12.

— **Brichet** (François F. R.).

— (88) Le Joueur de guitare. In-4. Cabinet Poullain, nº 116.

— **Brouwer** (Jan).

— (89) *Austriacus* (*Ferdinandus*)... *Cardinalis*. Ovale in-fol. entouré d'une bordure; signée *Jan Brouwer sculpsit*. Gr. in-fol.

— **Bruggen** (Johann van der).

— (90) *Dyck* (*Ant. van*). 1682. In-fol.

— (91) *Richemont* (*Madame la Duchesse de*). 1682. In-fol.

— **Carmona** (Manuel-Salvador).

— (92) *Guzman* (*D. Alonzo Perez de*)... In-fol. B. avec M.

— **Cecchi** (Giambattista).

— (93) *Gentileschi* (*Orazio*)... In-4.

— (94) *Rubens* (*Petrus Paulus*). In-4.

— **Chambars** (Thomas).

— (95) *Gentileschi* (*Horatio*). In-4.

— (96) *Gerbier* (*S. Balthazar*). In-4. 2 épr. de tirage diff.

— (97) *Henriette-Marie de France, reine d'Angleterre*...... In-fol. *A Paris, chez Chereau*.

— (98) *Honthorst* (*Gérard*). In-4.

— (99) *Rubens's second Wife* (*Helena Forman*), d'après un dessin de R. Earlom. 1787. Gr. in-fol.

— (100) *Voerst* (*Robert van*). In-4. 2 épr. de tirage diff.

— **Claessens** (Lambrecht Antonius).

— (101) *Richardot* (*J.*). In-fol. 1er état, avant toute l. T. B.

— La même estampe. 2e état.

— **Clouet** (Albert)

— (102) *Dick* (*Antoine van*). In-4.

— **Clouet** (Pierre).

— (103) *Hollandiae* (*Henricus-Riché-Comes*). In-fol. 2e état, rare : avec l'adr. *Gillis Hendricx excudit.*

— (104) *Lamen* (*Christophorus van der*). In-fol. B. 10 - 50

— (105) *Rogiers* (*Theodorus*)... In-fol. 1er état, avant l'adr. *Jacobus de Man exc.*

— La même estampe. 2e état, avec l'adr. 2

— (106) *Scribanius* (*R. P. Carolus*)... In-fol.

— (107) *Wake* (*D. Anna*). In-fol. 1er état, avant la lettre, avec les noms *Ant. Van Dyck pinxit*, à gauche, et *Petrus Clouwet sculpsit*, à droite. 3 50

— La même estampe. 2e état, avec la lettre. 1 50

— **Colombini** (Cosmo).

— (108) *Iordaens* (*Giacomo*)... In-4.

— **Compagnie** (Jean-Baptiste).

— (109) Charles Ier, accompagné du marquis d'Hamilton. In-fol. 2

— (110) Angleterre; *Henrietta Maria, Regina Comitantibus Carolo principe Valliae, et Jacobo Eboraci Duce.* In-fol.

— **Cook** (Henry).

— (111) Charles Ier, debout, en grand costume. Copie de l'estampe de Rob. Strange. In-fol. avant la lettre. 5 50

— **Cooke** (George).

— (112) *Snyders.* In-12.

— **Cooper** (Richard).

— (113) *Charles prince of Wales, James duke of York, princess Mary, princess Elizabeth, and princess Anne; Children of King Charles the First*, 1762, in-fol. en L. 6

— **Corner.**

— (114) *Dick* (*Sir Anthony*). In-4.

— (115) *Snyders* (*Francis*). 1810, in-4.

— (116) *Stalbent* (*Adrian*). 1816, in-4.

— (117) *Vouet (Simon)*. In-4. 1er état, avant la lettre.

— **Coster** (David).

— (118) *Hans (Frans)*. In-4. *G. Blok excudit.*

— **Crüger** (Théodore) ou Ver Cruys.

— (119) Homme vu jusqu'aux genoux, la main gauche appuyée sur une table et tenant de l'autre son chapeau et ses gants. In-fol. Ce portrait a été attribué aussi et avec plus de raison à Michel Mirevelt.

— **Danckerts** (Cornelis).

— (120) *Maria de Medicis*... Ovale in-4.

— **Daret** (Pierre).

— (121) *Cusance (Béatrix de)*... Ovale in-4.

— (122) *Nassau (Frédéric-Henry de)*. 1653, ovale in-4.

— **Daullé** (Jean).

— (123) *Vandeik (Antoine)*... In-8. 1er état, avant toute l.

— La même estampe. 2e état, avec la lettre et l'adr. d'Odieuvre.

— **Delff** (Wilhelm van).

— (124) *Mirevelt (Michael)*... In-fol. 3e état, les lettres *G. H.* effacées.

— **Delegorgue-Cordier** (Jean).

— (125) Dyck (Portrait de van). In-8. Musée Filhol, no 113.

— **Demarteau** (Gille).

— (126) Cachiopin (Jacques de), tourné vers la droite, d'après un dessin. 1773, in-fol.

— **Dennel** (Antoine-François).

— (127) Charles Ier (la Famille de)... In-fol.

— **Denon** (Dominique-Vivant).

— (128) Wael (les frères), en buste. In-fol.

— **Dequevauvillers** (François-Jacques).

— (129) Marie de Médicis. In-4.

— **Desrochers** (Etienne).

— (130) *Bentivoglio (Gui)*. In-8. 1er état, avant toute l.

— La même estampe, 2e état, avec la l.

— **Dévéria** (Achille).

— (131) Dyck (Maria Ruten, femme de Van). In-fol.

— **Diamaer** (H.-F.).

— (132) *Miræus* (*Aubertus*). In-fol.

— **Doo** (George-T.).

— (133) *Gevartius*. 1830, in-fol.

— **Duncan** (Andrew).

— (134) *Geest* (*Cornelius Van der*). 1822, in-12.

— **Dunkarton** (Robert).

— (135) *Wharton* (*lady Philadelphia*). 1781, gr. in-fol. B. avec marge.

— **Earlom** (Richard).

— (136) Aremberg (le duc d') à cheval. 1783, gr. in-fol. avant la l. B.

— (137) *Chalouer* (*Sir Thomas*), d'après un dessin de George Farington. 1778, in-fol. B. avec M.

— (138) *Charles the Fifth*, emperor of Germany. In-fol.

— (139) *Richmond* (*James Stuart, duke of*). 1773, tr., gr. in-fol.

— **Ehrenreich** (Johann-Benjamin).

— (140) Homme vu en buste, de trois quart et tourné vers la gauche. 1781, in-4.

— **Engleheart** (Francis).

— (141) *Arundel* (*Thomas Howard, earl of*). 1821, in-12. *Proof*.

— (142) *Eynden* (*Hubert Vanden*(. 1822, in-12.

— (143) *Gusman* (*Diego-Philip de*). 1821, in-12.

— (144) *Pont* (*Paul de*). 1821, in-12. *Proof*.

— (145) *Willeborts Boschaerts* (*Thomas*). 1821, in-12. *Proof*.

— **Eredi** (Benedetto).

— (146) *Steenwych* (*Enrico*). In-4.

— **Everaerts** (J.), lithographe.

— (147) *Dyck* (*Antoine Van*). In-fol.

— **Finden** (F.).

— (148) *Jordaens (Jacob)*. 1824.

— **Fiquet** (Étienne).

— (149) Crayer (Gasp. de), Dyck (Ant. Van), Rombouts (Théod.), Rubens (P.-P.). 4 p. avant le texte au verso.

— Brouwer (Adr.), Crayer (Gasp. de), Jordaens (Jacq.), Rombouts (Théod.), Wildens (J.). 5 p. avec le texte au verso.

— **Folkema** (Jacob).

— (150) Suède; Gustave-Adolphe, roi. In-8. 1er état, avant toute l.

— **Freeman** (S.).

— (151) *Bedford (Anne Carre, countess of)*. 1824, in-4.

— **Gaillard** (Robert.

— (152) *Orléans (Gaston de France, duc d')*. In-4, l'adr. d'Odieuvre effacée.

— **Galle** (Corneille), le vieux.

— (153) Wolfart (Artus). In-fol. 3e état. Les lettres G. H. effacées.

— **Galle** (Corneille), le jeune.

— (154) Autriche; *Ferdinandus III, Imperator*. In-fol. 2e état. Le nom *Io. Meyssens* effacé.

— (155) Autriche; *Maria Austriaca, Ferd. III, uxor*. In-fol. 1er état, avec l'adr. *Io. Meyssens excudit. Antverpiæ*. A° 1649.

— (156) Lorraine; *Henrica Lotharingiæ, principissæ Phalsburgæ*. In-4. 1er état, avec l'adr. *Ioannes Meyssens excudit*.

— La même estampe, 2e état. Le nom *Ioannes Meyssens* effacé.

— (157) *Marselar*. In-fol. 1er état, avant le mot *Consil*. à la fin de l'inscription autour de l'ovale.

— La même estampe, 2e état.

— (158) *Meissens* (*Ioannes*). In-fol. 2e état, avec le nom du graveur, qui était précédemment au milieu, reporté à droite.

— (159) *Papenheim* (*Godefridus-Henricus-Comes de*). In-fol. 1er état, avec l'adr. *Ioan. Meyssens excudit.* T. B.

— La même estampe, 2e état, le nom *Ioan. Meyssens* effacé.

— (160) *Taie* (*Dominus Engelbertus*). In-fol. 1er état, avec l'adr. *Ioannes Meyssens excudit. Antuerpiæ.*

— La même estampe, 2e état. Le nom *Ioannes Meyssens* effacé.

— **Gaywood** (Robert).

— (161) *Dyck* (*Maria Ruten, uxor Antonij Van*). In-fol. *P. Stent excudit.*

— (162) *Harvey* (*Elisabetha*). In-fol. *P. Stent excudit.* Rare et B.

— (163) *Lemon* (*Margverite*). In-fol. *P. Stent excudit.* R. et B.

— **Green** (Valentin).

— (164) *Danby* (*Henry Dauvers Earl of*), d'après un dessin de Josiah Boydell. 1775, tr. gr. in-fol.

— (165) *Jones* (*Inigo*), d'après un dessin de Farington. 1771, in-4.

— (166) *Wharton* (*Sr Thomas*), d'après un dessin de Josiah Boydell. 1775, tr. gr. in-fol. 2 épr., l'une faible, l'autre déchirée dans un angle.

— **Gucht** (Michael Van der).

— (167) *Dyke* (*Sr Anthony Van*). In-4.

— (168) *Littleton* (*Edwardus*). In-4.

— **Gunst** (Peter Van der).

— (169) *Carliste* (*Lucy, countes of*). Tr. gr. in-fol.

— (170) *Carye* (*Margarett Smith, Married to Sr Thomas*). Tr. gr. in-fol.

— (171) *Charles the First*. Tr. gr. in-fol. 1er état, avan l'adresse de Boydell.

— La même estampe, 2e état, avec l'adresse de Boydell.

— (172) *Chaworts (Patricius, lord vicount)*. Tr. gr. in-fol.

— (173) *Chesterfeild (Anne, countess of)*. Tr. gr. in-fol.

— (174) *Cromwell (Olivier)*. In-8. P. rognée sur la gauche.

— (175) *Goodwin (Arthur)*. Tr. gr. in-fol.

— (176) *Henrietta-Maria, Omeen of Great Britain*. Tr. gr. in-fol.

— (177) *Grandisson (William Villiers, vicount)*. Tr. gr. in-fol.

— (178) *Wharton (Jane, Daughter and Heiress of Arthur Godwin, married Philip lord)*. Tr. gr. in-fol.

— (179) *Whartons (Philadelphia and Elisabeth)*. Tr. gr. in-fol. 1er état, avant l'adresse de Boydell.

— La même estampe. 2e état, avec l'adr. de Boydell.

— **Guttenberg** (Heinrich).

— (180) *Charles-Quint (Portrait de)*, d'après un dessin de J.-B. Wicar. 1790, in-fol. 2 épr., l'une avant la l. et avec les noms des artistes tracés à la pointe, l'autre avec la l.

— **Harding.**

— (181) *Carnarvon (Lord)*. In-8. *Publied by I. Herbert*, 1794.

— **Harrewyn** (Franz).

— (182) *Mirœus (Aubertus)*. In-8.

— **Hibbart.**

— (183) *Sweden (Gustavus-Adolphus, king of)*. In-4.

— **Hoey** (Franz Van den).

— (184) *Austria (Ferdinandus), Eccl. cardinalis*. In-4. *Franciscus Hoeius ex.*

— **Holl** (William).

— (185) *Rubens (portrait of)*. In-4 en larg.

— **Hollar** (Wenceslas).

— (186) Angleterre; *Carolus II. D. 5. Britannini, Rex*. Pet. in-fol. *Io. Meyssens excudit*. T. B.

37

			1833	50
324	1 Lancret Thomassin	Lajarriette	10	..
	7 Sallé		20	..
	10 à 13 5 pièces	Mr Leblond	26	..
	18 à 19 2 pièces	M. Meaume	11	..
	34 5 pièces	Leblond	29	..
	37 Contes de la fontaine		40	50
	~~d°~~	~~Leblond~~	~~82~~	~~50~~
	38, le parties du jour	Leblond	34	..
	39 les Saisons	Leblond	70	..
	43 recreation g^{de} Marge	Leblond	21	..
	49 Les 4 ages	Leblond	61	..
	reduction en petit.		17	..
325	Larmessin		1	25
326	Michel Lasne	Mr d'auffay	4	50
	Michelleau	Berard 11/		
328	Lebas		1	50
	3 portraits		1	..
342	Lenfant Blasser	Mr Berard	16	..
345	Leu (Th. de) 4 p.	Mr Comberousse	27	..
346	Liotard son portrait	Mr Soleil	4	50
	le chat Malade	Mr Soleil	60	..
			2288	75

37 Van Dyc

			2288	75
347	Liottier Suffren	Mr Lajarriette	2	50
353	Lubin	21		
354	Malbeste	Mr Watelet	7	..
360	Mellan	4-75		
364	Mongez	Mr de Lajarriette 6/	7	..
368	Moreau, Choiseul	Mr Villot	8	50
372	Nanteuil Perefixe		1	..
385	Pierre Demarteau ep.		5	50
392	Raffet Napoleon	Mr Gihaut	4	25
398	Rivalz 15 p.		10	..
399	J. P. Rivalz		6	..
404	Roullet Lully		3	..
412	Silvestre Paris		8	..
414	Poissy			
	d° G^{de} pce	Mr Creux	11	50
	Plaisirs de l'ile enchantée	Meaume	31	..
425	Coutant d'Ivry (Mr Berard 15)		16	..
437	10 portraits Watteau	Mr Berard	20	..
	9. fig. de Modes 1er Etat	Mr Villot	80	..
	96 fenetres			
	193-194 8 arabesques	Mr Berard	30	..
	201 - Paravent de 6 f.	Mr Berard	23	..
	211 - 212 - 213.	M Berard	15	50
	229 - Ecrans	Berard		
	10 pieces Etudes de femmes		10	..
	14 pieces dont le Singe		5	
			2593	50

— (187) *Arundelliæ (Alathea Talbot, etc. Comitissa)*. 1646, in-fol. *Ioh. Meyssens excudit*. B.

— (188) *Arundeliæ (Thomas-Howard, Comes*... 1646, in-fol., 1er état : avec l'adr. *I. Meyssens exc. Antuerpiæ*.

— La même estampe. 2e état : l'adr. de Meyssens effacée.

— (189) *Carolus Ludovicus D. G. Comes Palatinus ad Rhenum*... 1646, in-fol. 1er état, avec l'adr. *H. Van der Borcht excu.*

— La même estampe. 2e état, l'adr. effacée.

— (190) *Dyck (Ant. Van)*, tenant un soleil. In-4, avec une copie gravée en Allemagne. 2 p.

— (191) *Harvey (... Elisabetha)*... 1646, in-fol. *H. Van der Borcht iunior exc.* T. B.

— (192) *Hollar (Wenceslas)*, dans un cartouche d'ornements. 2 p., l'une de 3e état, avant la l. gravée pour Odieuvre, l'autre de 5e état, avec la l., mais l'adr. d'Odieuvre effacée.

— (193) *Jones (Ignatii)... Effigies* in-4.

— (194) *Maldervs (Ioannes) Episcopus* 1645. In-fol. 1er état : avec l'adr. *Ioannes Meysens excudit.*

— La même estampe. 5e état : les mots *Ioannes Meysens* effacés.

— (195) *Portlandiae (Hieronymus Westonius Comes)*... 1645, *Ioannes Meysens excudit.*

— (196) *Portlandiæ (... Maria Stuart Comitissa)*.... 1630, in-fol. *Ioannes Meysens excud. Antuerpiæ.* T. B.

— (197) *Richmond (.... Elisabetha Villiers Ducessa de Lenox et)*... Pet. in-fol. *Ioannes Meyseas ex. Antuerpiæ.*

— La même estampe, 2e état : les mots *Ioannes Meysens* effacés.

— (198) *Wael (Lucas et Cornelius de)*... 1646, in-fol. *I. Meysens exc.*

— (199) *Wyngarde (Franciscus Van den)*. Pet. in-fol.

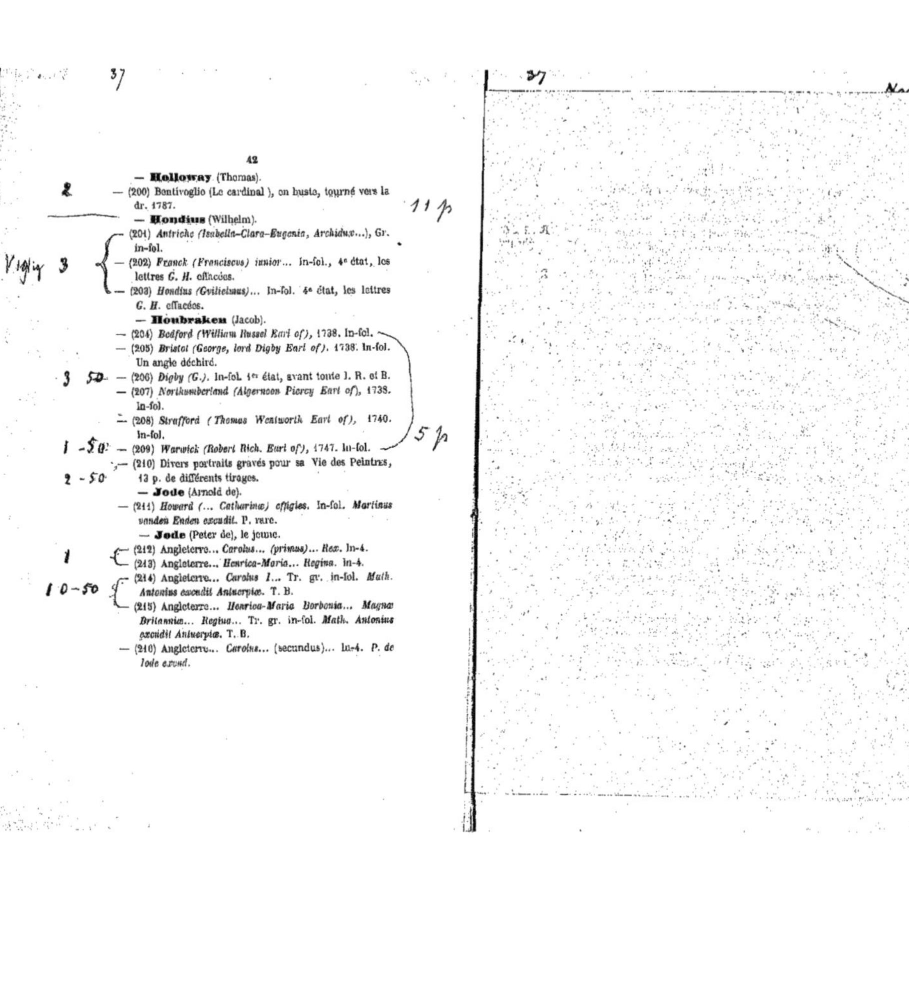

— **Holloway** (Thomas).

— (200) Bentivoglio (Le cardinal), en buste, tourné vers la dr. 1787.

— **Hondius** (Wilhelm).

— (201) *Autriche (Isabella-Clara-Eugenia, Archidux...)*, Gr. in-fol.

— (202) *Franck (Franciscus) iunior...* In-fol., 4e état, les lettres *G. H.* effacées.

— (203) *Hondius (Gvilielmus)...* In-fol. 4e état, les lettres *G. H.* effacées.

— **Houbraken** (Jacob).

— (204) *Bedford (William Russel Earl of)*, 1738. In-fol.

— (205) *Bristol (George, lord Digby Earl of)*. 1738. In-fol. Un angle déchiré.

— (206) *Digby (G.)*. In-fol. 1er état, avant toute l. R. et B.

— (207) *Northumberland (Algernoon Piercy Earl of)*, 1738. In-fol.

— (208) *Strafford (Thomas Wentworth Earl of)*, 1740. In-fol.

— (209) *Warwick (Robert Rich. Earl of)*, 1747. In-fol.

— (210) Divers portraits gravés pour sa Vie des Peintres, 13 p. de différents tirages.

— **Jode** (Arnold de).

— (211) *Howard (... Catharinæ) effigies*. In-fol. *Martinus vanden Enden excudit*. P. rare.

— **Jode** (Peter de), le jeune.

— (212) Angleterre... *Carolus... (primus)... Rex*. In-4.

— (213) Angleterre... *Henrica-Maria... Regina*. In-4.

— (214) Angleterre... *Carolus I...* Tr. gr. in-fol. *Math. Antonius excudit Antuerpiæ*. T. B.

— (215) Angleterre... *Henrica-Maria Borbonia... Magnæ Britanniæ... Regina...* Tr. gr. in-fol. *Math. Antonius excudit Antuerpiæ*. T. B.

— (216) Angleterre... *Carolus...* (secundus)... In-4. *P. de Iode excud.*

— (217 (*Aremberg (Albertus Princeps Comes)*... In-4, 2 épr. de tirage diff.

— (218) Autriche... *Maria-Ferdinandi III Vxor*... In-4.

— (219) Autriche (Isabelle-Claire-Eugénie d'), avec des figures allégoriques dessinées par N. Vander Horst pour un frontispice in-fol.

— (220) Autriche... *(Vera effigies Isabellæ-Claræ-Eugeniæ)*. In-4. P. de Iode ex.

— (221) Autriche; *Serenissimus Princeps Ferdinandus*..... Ovale in-8, 1er état, avant le cartouche carré autour de l'ovale.

— La même estampe, 2e état, avec le cartouche, mais avant la retouche au burin.

— La même estampe. 3e état, avec la retouche.

— (222) Autriche; *Serenissimus Princeps Ferdinandus*.... Ovale in-4. 1er état, avant le cartouche carré autour de l'ovale.

— La même estampe. 2e état, avec le cartouche.

— (223) Autriche; *Serenissimus Princeps Ferdinandus*..... In-fol. 1er état, avec l'adr. *Ioannes Meysens excudit*.

— La même estampe. 2e état, le nom *Ioannes Meysens* effacé.

— (224) *Bazan (... Don Alvar). March.* de Ste-Cruc. In-4.

— (225) *Blois (D. Iohanna de)*. In-fol. *Gillis Hendricx excudit*.

— (226) *Colomna (D. Carolus de)*... in-4. *P. de Iode excudit.*

— (227) *Cosantin (Beatrix)*... In-fol. 1er état, avec l'adr. *Ioannes Meyssens excudit Antuerpiæ.*

— (228) *Coster (Adam de)*... In-fol. 3e état, avec l'ad. *G. H.* R. et B. avec M.

— La même estampe. 4e état, l'adr. *G. H.* effacée.

— (229) *Espagnes (Philippe 4me, Roy des)*. In-fol. *Brusselles, par Pierre Cocus.*

— (230) Espagne; *Elisabetha Borbonia, Hispaniarum, Regina.* In-4.

— (231) France; *Maria de Medicis*. In-4. *P. de Iode excudit.*

— (232) *Gvsman* (*Iacobvs Philippvs de*). In-4. *P. de Iode excudit.*

— (233) *Halmalivs* (*Pavlvs*). In-fol. 2e état, avec le nom du graveur et l'adr. *Mart. Vanden Enden excudit.* R. et B. avec M.

— La même estampe, 4e état, les lettres *G. H.* effacées.

— (234) *Iode* (*Petrus de*), *ivnior*. In-fol. 1er état, avec l'adr. *G. H.* — B. avec M.

— La même estampe, 2e état; les lettres *G. H.* effacées.

— (235) *Iordaens* (*Iacobvs*). In-fol. 4e état, les lettres *G. H.* effacées.

— (236) *Liberti* (*Henricvs*). In-fol. B. avec M.

— (237) *Marcqvis* (*Gvilielmvs*). *Antverp. Med.-Doct.* In-4. 2 épr. de tirages différents.

— (238) *Mello* (*Franciscvs de*). In-4. *Pet. de Iode exc.*

— (239) *Moncada* (*Franciscvs de*). Ovale, in-8. 1er état, avant le cartouche carré autour de l'ovale. B., sur parchemin.

— La même estampe, 2e état, avec le cartouche.

— (240) *Montfort* (*D. Ioannes de*). In-fol. 1er état, avec l'adr. *Ioannes Meyssens excudit Antuerpiæ*. B.

— (241) *Nassav* (*Fred.-Henry, comte de*). In-4.

— (242) *Nassav* (*Emelia, comtesse de*). 1638, in-4.

— (243) *Nassau* (*Iean, comte de*). In-4.

— (244) *Nole* (*Andreas Colyns de*). In-fol. 4e état; les lettres *G. H.* effacées.

— (245) Orléans; *Gaston de Francia, dux Avrelianensis.* In-4. *Petr. de Iode excudit.*

— (246) *Papenheim* (*Godefroy-Henry, comte de*). In-4.

— (247) *Poelenbovrch* (*Cornelivs*). In-fol. 5e état; les lettres *G. H.* effacées.

— (248) *Pvteanvs* (*Erycivs*). In-fol. 2e état, avec le nom du graveur et l'adr. *Mart. Vanden Euden excudit.*

— La même estampe, 4e état; les lettres *G. H.* effacées.

— (249) *Robertvs, filivs Frederici, comitis palatini Rheni.* In-4. *P. de Iode excudit.*

— (250) *Savoye* (*Thomas de*). In-4.

— (251) *Simons* (*Qvintinvs*). In-fol. 2e état, avec deux lignes de texte.

— (252) *Tserclaes Dom. Tilli.* (*Ioannes, com. de*). In-fol. 1er état, avec l'adr. *Martin VandenEuden excudit*; avant les points après les mots *Baro, Heeswyck et Dynter.* T. R. et B.

— La même estampe, 3e état, avec l'adr. *G. H.*

— La même estampe, 4e état; les lettres *G. H.* effacées.

— (253) *Tvldenus* (*Diodorvs*). In-fol. 1er état, avec l'adr. *Mart. Vanden Euden excudit* avant le nom du graveur. T. R. et B.

— La même estampe, 3e état, avec l'adr. *G. H.*

— La même estampe, 4e état, l'adr. *G. H.* effacée.

— (254) *Vrphe* (*Genovefa d'*). In-fol. 1er état, avec l'adr. *Mart. Vanden Euden excudit*; avec le mot *Havere* corrigé ensuite en *Havre*. T. R. et B.

— La même estampe, 4e état; les lettres *G. H.* effacées.

— (255) *Wallest* (*Albert. dux. Fritland. Com.*) In-fol. 2e état, avec l'adr. *G. H.* — R. et B.

— La même estampe, 3e état; les lettres *G. H.* effacées.

— **Jonxis** (Peter-Heinrich).

— (256) *Rubens.* In-4.

— **Ladmiral** (Jan).

— (257) Divers portraits, copies de ceux de Houbraken, pour une édition de *la Vie des Peintres* de Karl van Mander. 10 p.

— **Laudon** (Charles-Paul).

— (258) Divers portraits in-8. 21 p.

— **Langlois** (François), dit Ciartres.

— (259) *Charles, roy de la Grande-Bretagne*. Gr. in-fol. *F. L. D. Ciartres excudit*. T. B.

— (260) *Henriette-Marie, royne d'Angleterre*. Gr. in-fol. *F L. D. Ciartres excudit*. B.

— **Langlois** (Pierre-Gabriel).

— (261) Langlois (François), dit Ciartres, *Le joueur de Musette*. Gr. in-fol. 1er état, avant la l.

— La même estampe. 2e état, avec la l. et l'adr. *A Paris, chez Basan*.

— **Larmessin** (Nicolas de).

— (262) Dyck (A. Van), Ruten (Marie), Digbi (Kenelmus), Poirèsc (H.-F. de), Willeborts (Th.). 5 p. grav. pour l'Académie des Sciences, de Bullart.

— **Lasne** (Michel).

— (263) *Jabach* (*Everadi*). 1652, in-fol. B.; légèrement roguée.

— (264) Lumague (Marc-Antoine). Pet. in-fol. B.

— **Lauwers** (Nicolas).

— (265) *Blancalcio* (*Frai Lelio*). In-fol. 2e état, avec les mots : *Cath. Ma. a Cons.* et l'adr. *G. H.* R. et B. avec M.

— La même estampe. 4e état; les lettres *G. H.* effacées.

— **Leeuw** (Johann Van der).

— (266) *Ferdinand, cardinal infant*. In-8.

— (267) *Isabelle-Claire-Eugénie* (*L'infante*). In-8.

— **Le Grand** (Louis).

— (268) Livens (Jean). Pour la *Vie des Peintres*, de Descamps. In-8 en larg.

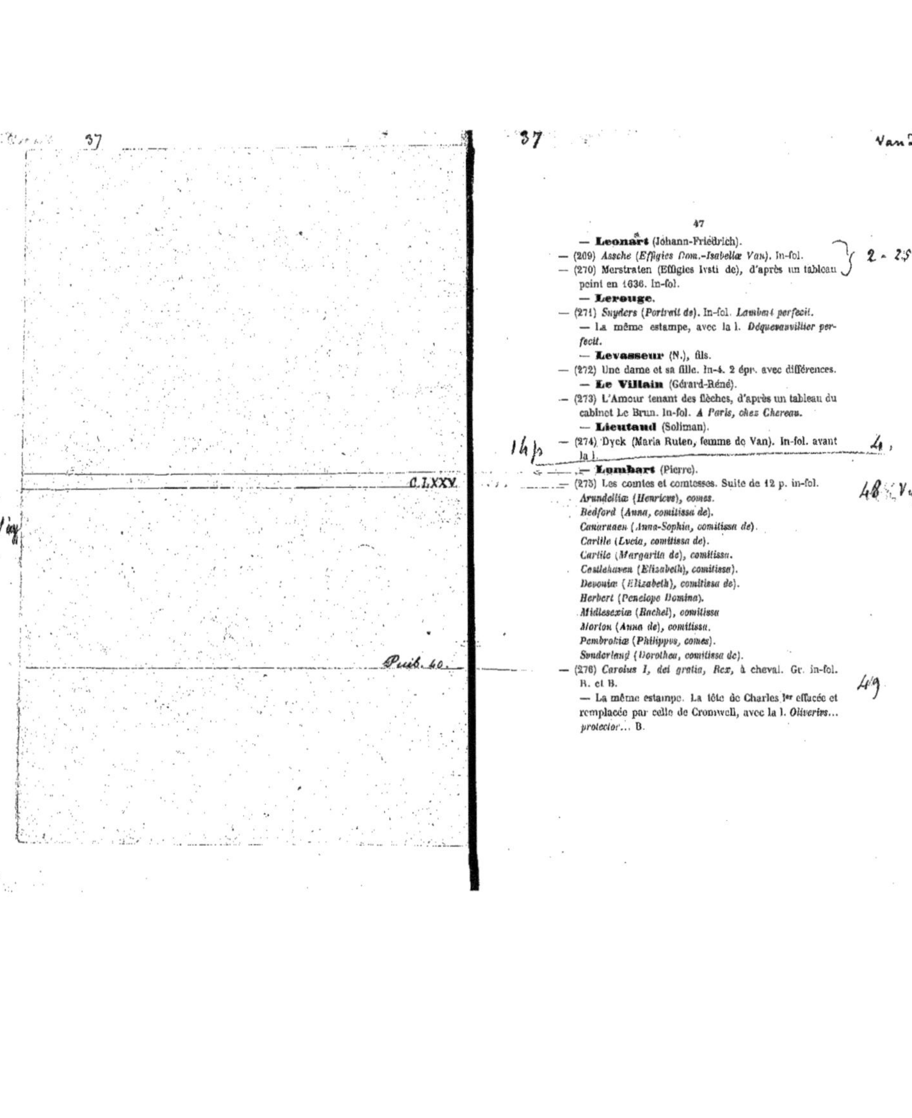

— **Leonart** (Johann-Friedrich).

— (269) *Assche* (*Effigies Dom.-Isabellæ Van*). In-fol.

— (270) Merstraten (Effigies Ivsti de), d'après un tableau peint en 1636. In-fol.

— **Lerouge.**

— (271) *Snyders* (*Portrait de*). In-fol. *Lambert perfecit.*

— La même estampe, avec la l. *Déquevauvillier perfecit.*

— **Levasseur** (N.), fils.

— (272) Une dame et sa fille. In-4. 2 épr. avec différences.

— **Le Villain** (Gérard-René).

— (273) L'Amour tenant des flèches, d'après un tableau du cabinet Le Brun. In-fol. *A Paris, chez Chereau.*

— **Lieutaud** (Soliman).

— (274) Dyck (Maria Ruten, femme de Van). In-fol. avant la l.

— **Lombart** (Pierre).

— (275) Les comtes et comtesses. Suite de 12 p. in-fol.

Arundelliæ (*Henricvs*), *comes.*
Bedford (*Anna, comitissa de*).
Canarvaen (*Anna-Sophia, comitissa de*).
Carlile (*Lvcia, comitissa de*).
Carlile (*Margarita de*), *comitissa.*
Castlehaven (*Elizabeth*), *comitissa*).
Devoniæ (*Elizabeth*), *comitissa de*).
Herbert (*Penelope Domina*).
Midlesexiæ (*Rachel*), *comitissa*
Morton (*Anna de*), *comitissa.*
Pembrokiæ (*Philippvs, comes*).
Sunderland (*Dorothea, comitissa de*).

— (276) *Carolus I, dei gratia, Rex,* à cheval. Gr. in-fol. B. et B.

— La même estampe. La tête de Charles Ier effacée et remplacée par celle de Cromwell, avec la l. *Oliverivs... protector...* B.

— (277) *Oliverius Cromwell*, vu jusqu'aux genoux, dirigé à droite; derrière lui, un page. In-fol. *Tho. Hinde excudit.*

— **Lommelin** (Adrien).

— (278) *Arenbergiæ* (*Maria, comes*). In-fol.

— (279) *Austriacvs* (*Princeps Ferdinandvs*). In-fol. *Gillis Hendricx excudit.*

— (280) *Bisthoven* (*R. P. Ioannes Baptista de*). In-fol. 2ᵉ état, avec 3 lignes de texte.

— (281) *Bolswart* (*Scelte a*). In-fol. *Gillis Hendricx excudit.*

— (282) *Faille* (*D. Alexander della*). In-fol. 1ᵉʳ état, avec l'adr. *Gillis Hendricx excudit.*

— La même estampe. 2ᵉ état, avec l'adr. *Jacobus de Man exc.*

— (283) *Faille* (*R. P. Ioannes Carolvs della*). In-fol. 2ᵉ état, avant l'adr. de *Jac, de Man.*

— (284) *Hontsum* (*Zegerus Van*). *Canonicus ecclesiæ Antverpiensis.* In-fol. *G. Hendricx excudit.*

— (285) *Howard* (*Catharina*). *Effigies.* In-fol. *G. Hendricx excudit.*

— (286) *Lemon* (*Margareta*), In-fol.

— (287) *Le Roy* (*D. Jacques*), *dedicabat Ægidius Hendricx. Anno* 1654. In-fol.

— (288) *Marselaer* (*D. Fredericvs de*). In-fol. 1ʳᵉ état, avant les contretailles sur le papier que le personnage tient à la main.

— La même estampe. 2ᵉ état, avec les contretailles.

— (289) *Vos* (*Pavlvs de*). In-fol.

— (290) Homme tourné vers la gauche (peut-être Jacques II); sa main droite est appuyée sur sa poitrine; dans le fond, une colonne. In-fol. *Jacobus de Man.*

— **Louys** (Jan).

— (291) *Sauoia* (*Franciscus-Thomas de*), *princeps de Carignan.* Gr. in-fol. *P. Soutman effigiavit et excud.* B.

— (292) *Spinola (Ambrosius)*. Gr. in-fol. *P. Soutman effigiavit et excud.* T. B.

— **Lubin** (Jacques).

— (293) *Vouet (Simon)*. In-fol.

— **Lucien** (Jean-Baptiste).

— (294) Rombouts (Th.), Wildens (J.), etc. 3 p. grand in-fol.

— **Lutma** (Abraham).

— (295) *Rubbens (Petrus-Paulus)*. In-fol. *Jacobus de Man* 2e état; le nom *Abr. Lutma* effacé.

— **Macret** (Charles-François-Adrien).

— (296) Portraits inconnus. 2 sujets sur une planche gravée pour la galerie d'Orléans. 3 états différents.

— (297) Portrait d'un homme. In-fol., terminé par Viel.

— **Marcenay de Ghuy** (Antoine).

— (298) *Berghe (Henri, comte de)*. 1767, in-fol., no 28 de l'œuvre. *A Paris, chés l'auteur.*

— (299) *Charles Ier, roi d'Angleterre*. In-4.

— (300) Jacques II, roi d'Angleterre. In-4, no 19 de l'œuvre. 3 états différents.— Avant la l., avec la l., à l'eau-forte et avec la l. au burin.

— **Marie** (Reynaud).

— Vouet (Simon). In-fol.

— **Masquelier** (Claude-Louis), fils.

— (302) Bentivoglio (Le cardinal), en pied. Planche gravée pour le Musée Filhol. 3 états, à l'eau-forte, avant la l. et avec la l.

— **Massard** (Jean), le père.

— (303) Charles Ier et sa famille. 1784, gr. in-fol.

— (304) Richardot (Le président), avec son fils. In-fol. 2 états, avant la l. et avec la l.

— **Mellan** (Claude).

— (305) *Bentivolus (Guido S. R. E., cardinalis)*, en buste dans un ovale. In-4.

— **Meyssens** (Johann).

— (306) *Carolus, rex*. In-fol. *Ioan. Meysens excudit*.

— (307) *Ee* (*D. Franciscus Vander*). In-fol. 1er état, avant la deuxième ligne et avec les mots : *Ioannes Meysens fecit et excudit*.

— La même estampe. 2e état ; les mots : *Ioannes Meyssens* effacés.

— (308) *Gerbier* (*Balthasar*). In-4. *Ioan. Meyssens excudit*.

— (309) *Rubens* (*Petrus-Paulus*). In-4. *I. Meyssens exc*.

— (310) *Rvten* (*Maria*), *uxor D. Antoine Van Dyck, eques*. In-fol. P. gravée en 2 pl. *Ioan. Meysens fecit et excud*.

— (311) *Snyders* (*François*). In-4. *Io. Meyssens exc*.

— **Miger** (Simon-Charles).

— (312) *York* (*le duc d'*), d'après un dessin de Vandenberg. Pl., grav. pour la galerie d'Orléans. 2 états, avant et après la lettre.

— **Mogalli** (Cosmo).

— (313) *Carolus Quintus*, d'après un dessin de Franc. Petrucci. Tr. gr. in-fol.

— **Moncornet** (Balthazar).

— (314) Divers portraits, in-8 et in-4. 30 p. dont plusieurs d'états différents.

— **Morghen** (Raffaello).

— (315) Moncada (Le marquis de). Gr. in-fol.

— (316) *Moncada* (*Imago equestris Francisci de*) .. 1793, gr. in-fol.

— **Morin** (Jean).

— (317) *Bentivolvs* (*Gvido*)... In-fol. (R. D. 43). T. B.

— (318) *Bossu* (*Honorine de Grimberghe, comtesse de*), *etc*. In-fol. (R. D. 55). B.

— (319) Bossu (Honorine de Grimberghe, comtesse de). In-fol. (R. D. 56). 1er état, avec le nom du peintre.

— (320) Chrystin (N.) In-fol. (R. D. 51). T. B.

— (321) Lemon (Marguerite). In-fol. (R. D. 62). 2e état, avec les noms des artistes.

— **Mougeot** (Jean-Joseph).

— (322) Anonyme, *Portrait* 1er, d'après un dessin de Gallier. In-fol. 2 états, avant et après la lettre.

— **Natalis** (Michel).

— (323) *Ligneana* (*Ernestina princeps*)... In-fol. 2e état, l'ad. effacée.

— **Neeffs** (Jakob).

— (324) Barlemont (... Maria Margareta de)... In-fol. 1er état, avec l'ad. *Iocs Meyssens exc.* B.

— La même estampe. 2e état, l'adr. effacée.

— (325) *Crayer* (*Gaspar de*)... In-4. *Joan. Meyssens excudit.*

— (326) *Rychort* (*Martinus*)... In-fol. 2e état, les lettres *G. H.* effacées.

— (327) *Tassis* (*Antonius de*)... In-fol. 2e état, les lettres *G. H.* effacées.

— **Nicolle** (Adolphe).

— (328) Charles Ier, en buste. 1831, in-12. 2 épr., l'une sur papier de Chine, l'autre sur papier blanc.

— **Norblin de la Gourdaine** (Jean-Pierre).

— (329) Coster (Adam de). In-8.

— (330) Seghers (Gerard). In-8. P. marquée, 3 *juin* 1785.

— **Normand** (Charles).

— (331) Bentivoglio (le cardinal). In-8, extrait de Landon.

— **Paulis** (Andreas de).

— (332) Vecelli (Tiziano) et sa maîtresse. Copie réduite de l'eau forte de Van Dyck. In-4, rogné.

— **Pauquet** (Jean-Louis-Charles).

— (333) *Charles Ier, roi d'Angleterre.* In-8, terminé par Duparc. 2 épr., l'eau forte et la planche terminée.

— **Pazzi** (Antonio).

— (334) *Vandick* (*Antonio*)..., d'après un dessin de Gio. Dom. Ferretti. In-fol.

— **Pesne** (Jean).

— (335) Langlois (François), dit Ciartres. In-fol. B. mais rogné.

— **Picart** (Bernard).

— (336) *Charles Ier*, 1724. In-4.

— (337) *Jacques Ier*, 1724. In-4.

— **Picchianti** (Gio. Domenico).

— (338) *Bentivoglio* (*cardinal Guido*), d'après un dessin de Fran. Petrucci. Gr. in-fol.

— **Piloty** (Ferdinand).

— (339) Tilli (le comte de). In-fol.

— **Ploos Van Amstel** (Cornelis).

— (340) Goyen (Jan Van), d'après un dessin. In-4. Extraite de Josi.

— **Poilly** (Nicolas de).

— (341) Langlois (François) dit de Chartres. In-8. 1er état, avant la lettre.

— La même estampe avec la lettre et l'indication de la page du dictionnaire de Basan. *Tom. 2e, page* 100.

— **Polanzani** (Felice).

— (342) Callot (J.), Coberger, Delmont (Deodat), Eynden (H. Vanden), Galle (Th.) Gentileschi (Or.), Jode (P. de), Jones (Inigo), Lievens (J.), Snellinx, Snyders (Fr.), Stevens (P.), Triest. 13 p. avec un front. 1er état, avant les nos, plus 7 p. avec les nos.

— **Pontius** (Paul).

— (343) *Arenbergivs* (*Maria...... Comes*)..... 1645. In-fol. 1er état, avec l'ad. *Ioannes Meyssens excudit Antuerpiæ*. B.

— (344) *Avstriacvs* (*Ferdinandvs*)... *Cardinalis*. Gr. in-fol. 2e état, *Gillis Hendricx excudit Antuerpiæ*. R.

— La même estampe. 3e état, l'ad. effacée.

— (345) *Daelen* (*Henricvs Van*)... In-fol. 4e état, les lettres, *G. H.* effacées.

— (346) Bazan (... Don Alvar.)... In-fol. 4e état, les lettres *G. H.* effacées.

— (347) *Berghe* (..... *Henricvs Comes Vanden*).... Gr. in-fol 3e état, avec l'ad. ***Bon Enfant excu.*** à gauche de la M., le mot ***catholici*** effacé après ***Cum Priuilegijs Regis.***

— (348) *Breuck* (*Iacobus de*)... In-fol. 4e état, les lettres ***G. H.*** effacées.

— (349) *Bruyant* (*Nicolaus*) *astrologus*... In-4. ***Io Meyssens excudit.***

— (350) *Colvmna* (*Dom Carolvs de*)... In-fol. 3e état, avec l'ad. *G. H.* — B. avec M.

— La même estampe. 4e état, les lettres ***G. H.*** effacées.

— (351) *Crayer* (*Gaspar de*)... In-fol. 5e état, les lettres ***G. H.*** effacées.

— (352) *Dyck* (*Anthoine Van*)... In-4. ***Io. Meyssens excudit.***

— (353) Dyck (Van) et Rubens, entourés de différents accessoires dessinés par Erasme Quellinus. Gr. in-fol. en larg. ***Franc. Huberti excudit Antuerpiæ.*** B

— (354) *Franciæ* (*Maria de Medices Regina*)... In-fol. 2e état, avec l'ad. ***Mart. Vanden Enden excudit...*** T. R. et B.

— La même estampe. 4e état, les lettres ***G. H.*** effacées.

— (355) *Trockas Perera et Pimentel* (.... *Emanuel*)... In-fol. 3e état, les lettres *G. H.* effacées.

— (356) *Goest* (*Cornelius Vander*)... In-fol. 4e état, les lettres ***G. H.*** effacées.

— (357) *Gerberius* (*D. Balthazar*)... In-fol. 3e état, avant l'ad. de P. Stent. R.

— La même estampe. 4e état, avec l'ad. ***P. S. excudit,*** sous les armes.

— (358) *Gerartivs* (.. *Casperius*)... In-fol. 4e état, avec l'ad. ***G. H.***

— La même estampe 5e état, les lettres ***G. H.*** effacées.

— (359) *Gvsman* (... *Don Diego Philippvs de*)... In-fol. 1er état, avec l'ad. ***Mart. Vanden Enden excudit....*** T. R. et B.

— La même estampe. 3e état, les lettres ***G. H.*** effacées.

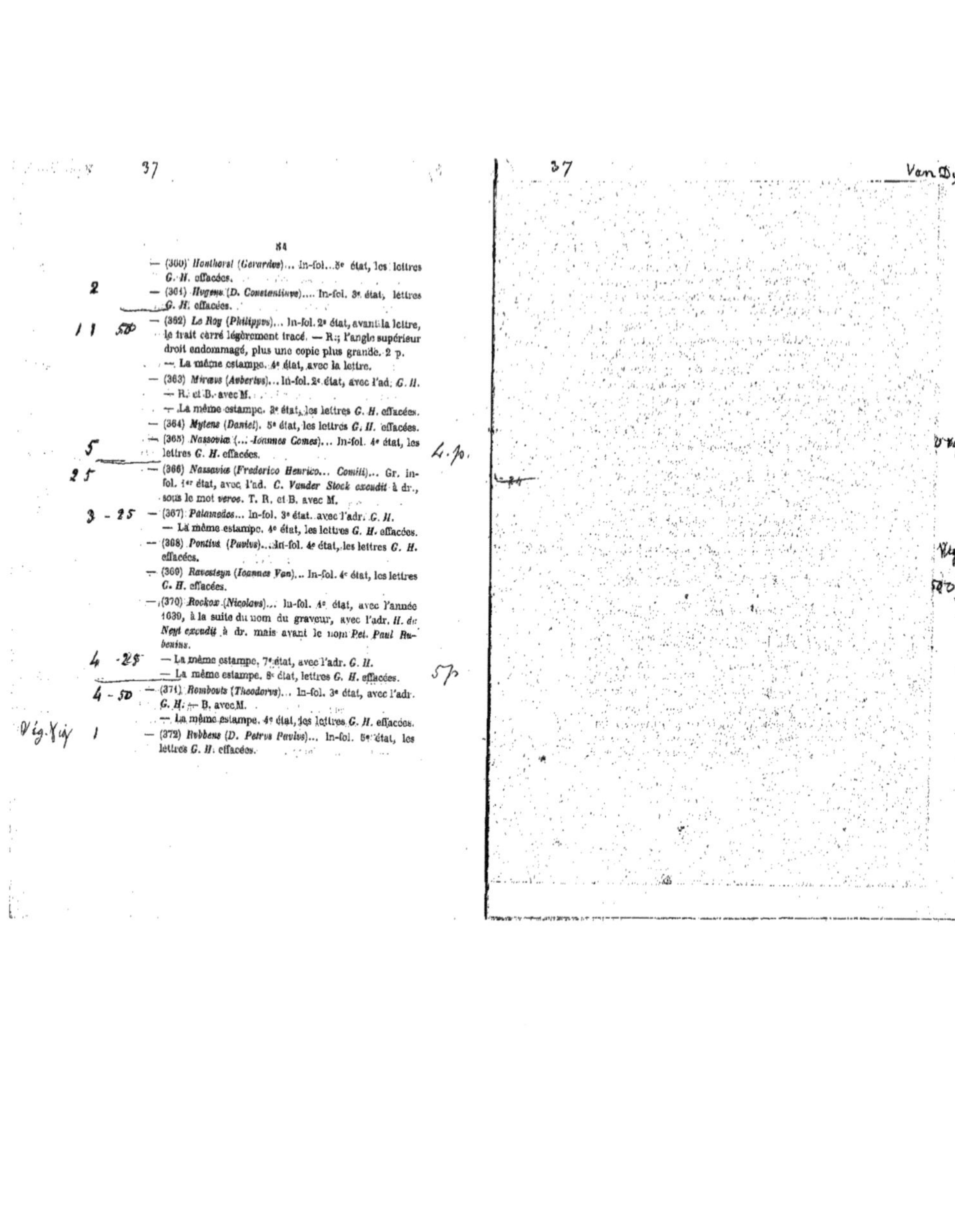

— (360) *Honthorst (Gerardus)*... In-fol... 8e état, les lettres *G. H.* effacées.

— (361) *Hugens (D. Constantinus)*.... In-fol. 3e état, lettres *G. H.* effacées.

— (362) *Le Roy (Philippus)*... In-fol. 2e état, avant la lettre, le trait carré légèrement tracé. — R.; l'angle supérieur droit endommagé, plus une copie plus grande. 2 p.

— La même estampe. 4e état, avec la lettre.

— (363) *Miræus (Aubertus)*... In-fol. 2e état, avec l'ad. *G. H.* — R. et B. avec M.

— La même estampe. 3e état, les lettres *G. H.* effacées.

— (364) *Mytens (Daniel)*. 5e état, les lettres *G. H.* effacées.

— (365) *Nassoviæ (... Ioannes Comes)*... In-fol. 4e état, les lettres *G. H.* effacées.

— (366) *Nassaviæ (Frederico Henrico... Comiti)*... Gr. in-fol. 1er état, avec l'ad. *C. Vander Stock excudit* à dr., sous le mot *veros*. T. R. et B. avec M.

— (367) *Palamedes*... In-fol. 3e état. avec l'adr. *G. H.*

— La même estampe. 4e état, les lettres *G. H.* effacées.

— (368) *Pontius (Paulus)*... In-fol. 4e état, les lettres *G. H.* effacées.

— (369) *Ravesteyn (Ioannes Van)*... In-fol. 4e état, les lettres *G. H.* effacées.

— (370) *Rockox (Nicolaus)*... In-fol. 4e état, avec l'année 1639, à la suite du nom du graveur, avec l'adr. *H. du Neyt excudit* à dr. mais avant le nom *Pet. Paul Rubenius*.

— La même estampe, 7e état, avec l'adr. *G. H.*

— La même estampe. 8e état, lettres *G. H.* effacées.

— (371) *Rombouts (Theodorus)*... In-fol. 3e état, avec l'adr. *G. H.* — B. avec M.

— La même estampe. 4e état, les lettres *G. H.* effacées.

— (372) *Rubbens (D. Petrus Paulus)*... In-fol. 5e état, les lettres *G. H.* effacées.

— (373) *Sabaudia* (... *Franciscus Thomæ a*)... Gr. in-fol. 1er état, avant l'adr. *Gillis Hendricx excudit Antv.*

— La même estampe. 2e état, avec l'adr.

— (374) *Sabaudia* (... *Franciscus. Thomas a*)... In-fol. 3e état, les lettres *G. H.* effacées.

— (375) *Scaglia* (*Cæsar Alexander*)... In-fol. 2e état, avec l'ad. *Mart. Vanden Enden excudit*... et le mot *Regens* à la fin du 2e vers. T. R. et B. avec M.

— La même estampe. 6e état, les lettres G. H. effacées.

— (376) *Scribani* (*P. Carolus*)... Gr. in-4. avec une contre épreuve.

— (377) *Segers* (*Gerardus*). 2e état, avec l'adr. *Mart. Vanden Enden excudit Cum privilegio* et le nom *Paul du Pont, sculp.* R. et B. avec M.

— La même estampe. 4e état, les lettres *G. H.* effacées.

— (378) *Stalbent* (*Adrianus*)... In-fol. 4e état, les lettres *G. H.* effacées.

— (379) *Steenwyck* (*Henricus*)... In-fol. 4e état, les lettres *G. H.* effacées.

— (380) Suède, *Gustavus Adolphus D. G. Rex*... In-fol. 4e état, les lettres *G. H.* effacées.

— (381) *Vantonius* (*Theodorus*)... In-fol. 3e état, avec l'adr. *G. H.*

— La même estampe. 4e état, les lettres *G. H.* effacées.

— (382) *Vos* (*Simon de*)... In-fol. 3e état, avec l'adr. *G. H.*

— (383) *Wildens* (*Ioannes*)... In-fol. 4e état, les lettres *G. H.* effacées.

— **Prenner** (Anton-Joseph von).

— (384) Homme à mi-corps, en cuirasse. In-fol.

— **Purcell** (Richard)

— (385) *Charles prince of Wales, James Duke of York, and princess Mary Children of K Charles the 1st.* In-fol. en larg. *Printed for Robert Sayer*... R. et B.

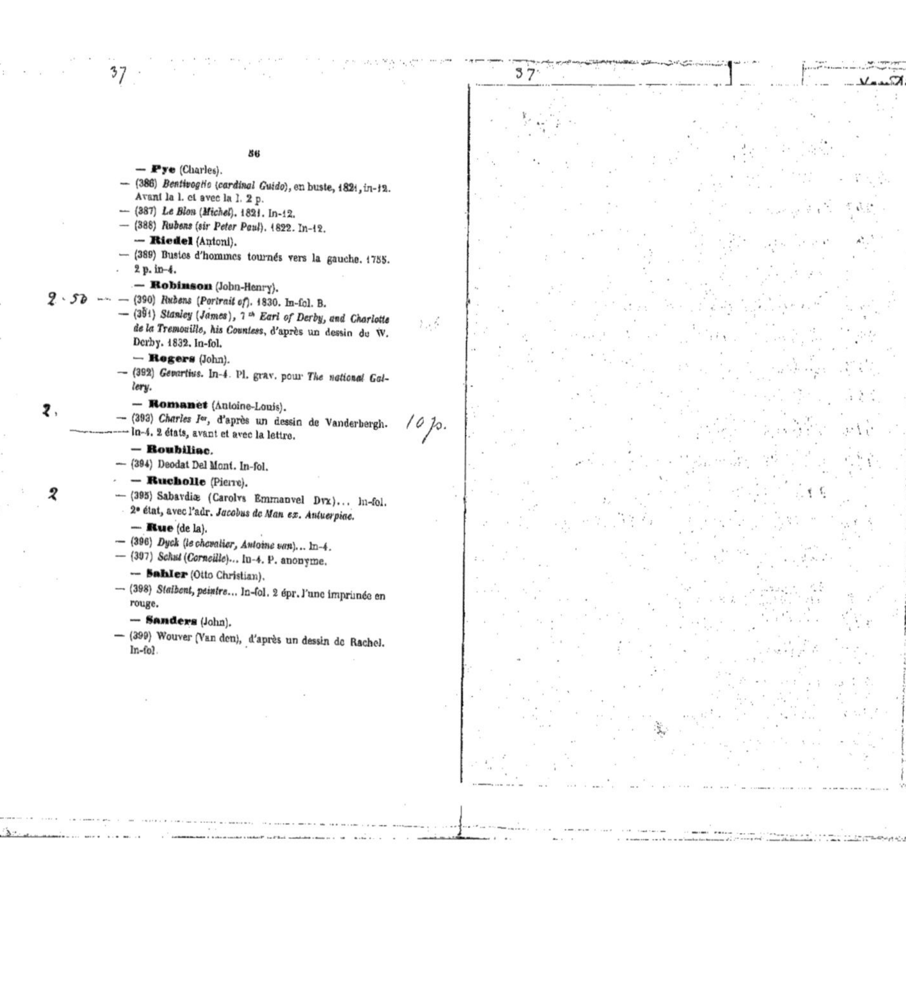

— **Pye** (Charles).

— (386) *Bentivoglio (cardinal Guido)*, en buste, 1821, in-12. Avant la l. et avec la l. 2 p.

— (387) *Le Blon (Michel)*. 1821. In-12.

— (388) *Rubens (sir Peter Paul)*. 1822. In-12.

— **Riedel** (Antoni).

— (389) Bustes d'hommes tournés vers la gauche. 1755. 2 p. in-4.

— **Robinson** (John-Henry).

— (390) *Rubens (Portrait of)*. 1830. In-fol. B.

— (391) *Stanley (James), 7 th Earl of Derby, and Charlotte de la Tremouille, his Countess*, d'après un dessin de W. Derby. 1832. In-fol.

— **Rogers** (John).

— (392) *Gevartius*. In-4. Pl. grav. pour *The national Gallery*.

— **Romanet** (Antoine-Louis).

— (393) *Charles Ier*, d'après un dessin de Vanderbergh. In-4. 2 états, avant et avec la lettre.

— **Roubiliac**.

— (394) Deodat Del Mont. In-fol.

— **Rucholle** (Pierre).

— (395) Sabavdiæ (Carolvs Emmanvel Dvx)... In-fol. 2e état, avec l'adr. *Jacobus de Man ex. Antuerpiae.*

— **Rue** (de la).

— (396) *Dyck (le chevalier, Antoine van)*... In-4.

— (397) *Schut (Corneille)*... In-4. P. anonyme.

— **Sahler** (Otto Christian).

— (398) *Stalbent, peintre*... In-fol. 2 épr. l'une imprimée en rouge.

— **Sanders** (John).

— (399) Wouver (Van den), d'après un dessin de Rachel. In-fol.

37 | 37 Van Dyck

		2593	50
	Titre de l'Œuvre de Watteau M. Berard	5	
438	Wille 2 portraits	4	50
oubli 247	Debucourt M. Roidarès	7	50
oubli 249	Demarne l'Océan	8	50
253	Desrochers	2	75
276	Fragonard (d'après) 23 p. M. Villot	11	50
326	M. Lasne Metezeau M. Berard	11	
353	Lubin 6 portraits	2	..
360	Millan	4	75
414	Silvestre Poissy	8	..
437	96 finette Indifferent Villot	44	..
	229 Cezanne Berard	9	
179	S. Maurice Lenoir M. Champfleury	2	50
	Texte de l'Artiste	2	..
415 –	20 pièces 416 – Silvestre M. Meaume 16 50	4	75
477	Bullant M. Villot	35	..
478	Perrault	56	50
492	Louis XIV	20	50
493	– famille Royale 3/		
505	Architectes 22 p. M. Berard	33	
507	35 Sculpteurs	5	..
		2871	25

		2871	25
510	artistes par eux mêmes	8	50
511	artistes peints par eux mêmes	20	50
514	amateurs	22	50
517	Dante	1	
518	Dante	1	
519 – 520		5	50
537	ornemens (M. Berard)	45	..
543	St Germain des Près M. Gilbert	5	..
544	vues Cauvenier S. Germain en laye	12	..
545	Bagatelle	1	..
551	vues de France	2	50
553	vues autres	2	50
554	Horloge M. de Linas	4	..
572	Pilhol etc M. Montella	20	..
494	famille Royale	3	..
415 – 416	Silvestre M. Meaume	16	50
		3041	75
61	Schmidt 2 pièces	9	50
82	Bizemont Prunelé	5	..
		3056	25

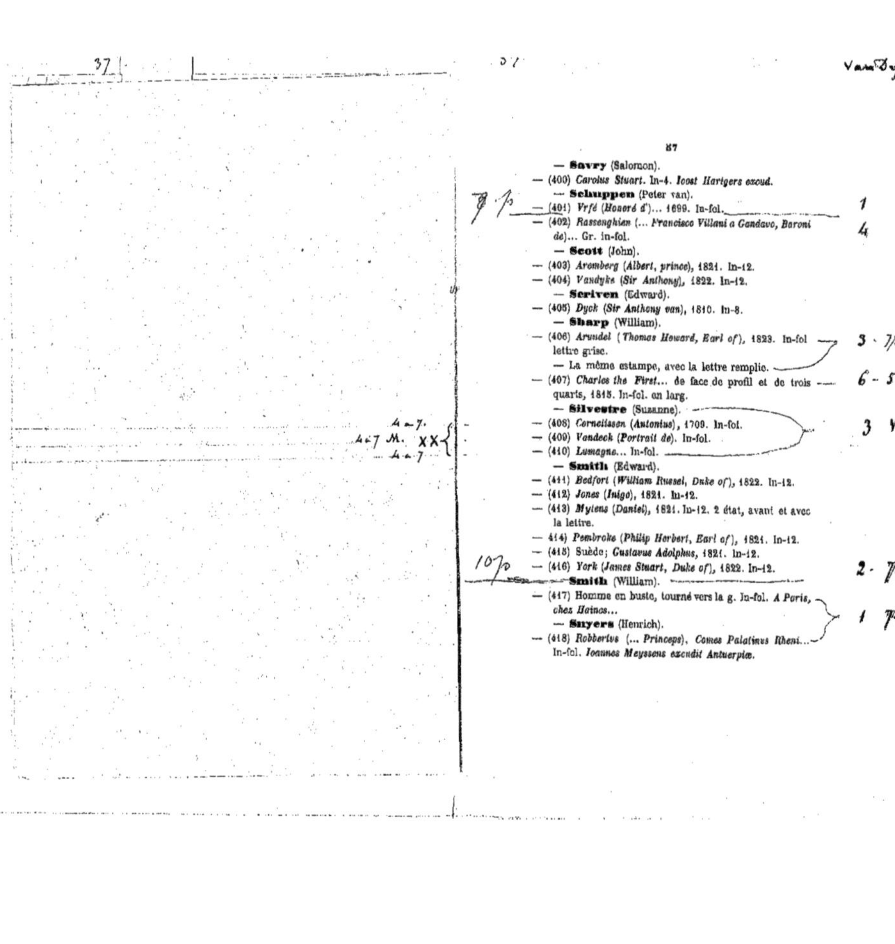

— **Savry** (Salomon).

— (400) *Carolus Stuart*. In-4. *Ioost Harigers excud.*

— **Schuppen** (Peter van).

— (401) *Vrfé* (*Honoré d'*)... 1699. In-fol.

— (402) *Rassenghien* (... *Francisco Villani a Gandavo, Baroni de*)... Gr. in-fol.

— **Scott** (John).

— (403) *Aromberg* (*Albert, prince*), 1821. In-12.

— (404) *Vandyke* (*Sir Anthony*), 1822. In-12.

— **Scriven** (Edward).

— (405) *Dyck* (*Sir Anthony van*), 1810. In-8.

— **Sharp** (William).

— (406) *Arundel* (*Thomas Howard, Earl of*), 1823. In-fol lettre grise.

— La même estampe, avec la lettre remplie.

— (407) *Charles the First*... de face de profil et de trois quarts, 1815. In-fol. en larg.

— **Silvestre** (Suzanne).

— (408) *Cornelissen* (*Antonius*), 1709. In-fol.

— (409) *Vandeck* (*Portrait de*). In-fol.

— (410) *Lumagne*... In-fol.

— **Smith** (Edward).

— (411) *Bedfort* (*William Russel, Duke of*), 1822. In-12.

— (412) *Jones* (*Inigo*), 1821. In-12.

— (413) *Mytens* (*Daniel*), 1821. In-12. 2 état, avant et avec la lettre.

— 414) *Pembroke* (*Philip Herbert, Earl of*), 1821. In-12.

— (415) Suède; *Gustavus Adolphus*, 1821. In-12.

— (416) *York* (*James Stuart, Duke of*), 1822. In-12.

— **Smith** (William).

— (417) Homme en buste, tourné vers la g. In-fol. *A Paris, chez Haines*...

— **Snyers** (Henrich).

— (418) *Robbertvs* (... *Princeps*), *Comes Palatinus Rheni*... In-fol. *Ioannes Meyssens excudit Antuerpiæ.*

— **Somer** (Johann van).

— (419) Homme vu à mi-corps, la tête tournée vers la gauche, la main gauche, appuyée sur une tête colossale. In-fol. R.

— **Sompel** (Peter van).

— (420) *Ferdinandus, Philippi IV Frater, Hispaniarum Infans*... In-fol. *P. Soutman, effigiavit et excud.* R. et B.

(421) Orléans; *Gasto Ioannes Baptista Dux*... Gr. in-fol. *P. Soutman effigiavit et excud.*

(422) Orléans; *Margarita Coniux Gastonis Ioannis Baptistæ Ducis Aurelianensis*... In-fol. *P. Soutman effigiavit et excud.*

— **Stock** (Andreas).

— (423) *Snayers (Petrus)*... In-fol. 2e état, avec le nom du graveur.

— **Strange** (Robert).

(424) Charles Ier, accompagné du marquis d'Hamilton, 1782. Gr. in-fol.

(425) *Carolus Ius, Magnæ Britanniæ Rex,* en pied, 1770. In-fol.

(426) *Henrietta Maria... Regina*, 1784. Gr. in-fol.

— (427) *Charles prince of Wales, James duke of York, and princess Mary; Children of King Charles the I st.*, 1758. In-fol. en larg.

— **Stumpf** (Mathias).

— (428) Bentivoglio (le cardinal), en buste. In-4, pour une édition de Lavater.

— **Suyderhoëf** (Jonas).

— (429) *Moncada (Franciscus de)*... Gr. in-fol. *P. Soutman effigiavit et excudit.* B.

— **Tardieu** (Pierre-Alexandre).

— (430) *Arundel (le comte)*. In-fol., 3 états, avec la l. tracée, avec la l. en une ligne et avec la l. en trois lignes.

— **Tavernier** (Pierre-Joseph).

— (431) *Portrait d'homme*. In-4, 2 états, avec les noms des artistes et avec la l.

— **Taylor** (William-John).

— (432) *Lindsey (the earl of)*. 1794, in-8.

— **Ulmer** (Johann-Conrad).

— (433) Homme à mi-corps, tourné vers la gauche, d'après un dessin de Gianni. In-fol.

— **Vaillant** (Andréas).

— (434) *Berghe (Henrik Graef Vanden)*. In-fol.

— (435) *Nassau (Frederik-Henrik...Graef Van)*. In-fol.

— **Vermeulen** (Cornelis-Marinus).

— (436) *Borcht (Dominus Nicolaus Vander)*. 1703, grand in-fol.

— (437) *L'Espée (Ignatio-Josepho)*. In-fol. 1er état, avant toute l. et avant les armes. R. et B.

— La même estampe. 2e état, avant le nom *A. Vendeck p.* sous la l. à gauche.

— La même estampe. 3e état, avec le nom de *Van Dyck*.

— (438) *Tassis (Maria-Luissa de)*. Gr. in-fol.

— **Vertue** (George).

— (439) *Charles I (K.)*. In-4.

— (440) *Bedford (Francis, Earl of)*. 1737, in-fol.

— (441) *Newcastle (William Cavendish, duke of)*. 1739, in-fol.

— (442) *Dorset (Edward Sackville, Earl of)*. 1741, in-fol.

— (443) *Suckling (Sr John)*. 1744, in-fol.

— **Villerey** (Claude-Antoine-François).

— (444) *Moncade (le marquis de)*. In-4, 3 états, avant la l., avec la l. grise et avec la l.

— **Vischer** (Cornelis).

— (445) *Booys (Henderyks du)*. In-fol. *E. Cooper excudit*. B.

— 446) *Sieveri (Helena-Leonora de)*. In-fol. *E. Cooper excudit*. B. avec M.

— **Voët** (Alexander).

— (447) Isabella Clara Evgenia, *Hispaniarum infans*. Ovale in-4.

— (448) *Avstriacvs (serenissimvs princeps Ferdinandvs)*. Ovale in-4.

— **Voerst** (Robert Van).

— (449) Angleterre; Charles Ier recevant une couronne de lauriers que lui présente Marie de France, son épouse, *Filius hic Magni est Jacobi, hæc filia Magni*. In-fol. en larg. R. rognée dans la l.

— (450) *Digbi (D. Kenelmvs), eqves*. In-fol. 1er état, avec l'adr. *Mart. vanden Enden excudit*. T. R. et B. avec M.

— La même estampe, 4e état; les lettres *G. H.* effacées.

— (451) *Iones (Inigo)*. In-fol. 2e état, avec l'ard. *Mart. vanden Enden excudit* et le nom du graveur.

— La même estampe 4e état; les lettres *G. H.* effacées.

— (452) *Mansfeldive (Ernesto, principi et comiti)*. In-fol. B. avec M.

— (453) *Penbroke (Philippus-Heribertvs, comes de)*. In-fol.

— 454) *Christiano S. Ep° Halberstadiensi*. In-fol. B. avec M.

— (455) *Voerst (Robertvs van)*. In-fol. 4e état; les lettres *G. H.* effacées.

— (456) *Vovet (Simon)*. In-fol. 3e état, avec l'adr. *G. H.* R. et B. avec M.

— La même estampe. 4e état; les lettres *G. H.* effacées.

— **Voisand.**

— (457) *Portrait inconnu. La princesse de Phalsbourg*. 2 p. sur une feuille in-fol. 2 états, avant et avec la l.

— **Vorsterman** (Lucas), le vieux.

— (458) *Bran (...Hieronymo de), capitaneo*. In-fol.

— (459) *Cachiopin(Iacobvs de)*. In-fol. 3e état, avec l'adr *G. H.* H. B. avec M.

— La même estampe. 4ᵉ état, les lettres *G. H* effacées.

— (460) *Callot (Iacobus)*. In-fol. 5ᵉ état, les lettres *G. H.* effacées.

— (461) Angleterre; *Charles, roy*. In-fol. R. et B. avec M.

— (462) *Arundeliæ (Thomas Howardvs, comes)*, In-fol. B.

— (463) *Arvndeliæ, comites (Conivges D. Thomas Howard et D. Alatheia Talbot)*. Gr. in-fol. en larg. R. et B., légèrement rognée.

— (464) *Coeberger (Wenceslavs)*. In-fol. 4ᵉ état, les lettres *G. H.* effacées.

— (465) *Delmont (Deodatvs)*. In-fol. 2ᵉ état, avec l'adr. *Mart. vanden Enden excudit*. R. et B. avec M.

— La même estampe. 3ᵉ état, avec l'adr. *G. H.* B. avec M.

— La même estampe. 4ᵉ état, les lettres *G. H.* effacées. 2 épr. de tirages différents.

— (466) *Dyck (D. Antonivs Van), eques*. In-fol. 2ᵉ état, avec l'adr. *Mart. vanden Enden excudit*. R. et B.

— La même estampe. 4ᵉ état, les lettres *G. H.* effacées.

— (467) Espagne; *Isabella, Clara, Evgenia, Hispaniarvm, infans*. In-fol. 3ᵉ état, les lettres *G. H.* éffacées.

— (468) *Eynden (Hvbertvs vanden)*. In-fol. 4ᵉ état, les lettres *G. H.* effacées.

— (469) *Galle (Theodorvs)*. In-fol. 4ᵉ état, les lettres *G. H.* effacées.

— (470) *Gentilescivs (Horatius)*. In-fol. 4ᵉ état, les lettres *G. H.* effacées.

— (471) *Iode (Petrvs de)*. In-fol. 4ᵉ état, les lettres *G. H.* effacées.

— (472) *Livens (Ioannes)*. In-fol. 3ᵉ état, avec l'adr. *G. H.* B. avec M.

— La même estampe. 4ᵉ état, les lettres *G. H.* effacées. 2 épr. de tirages différents.

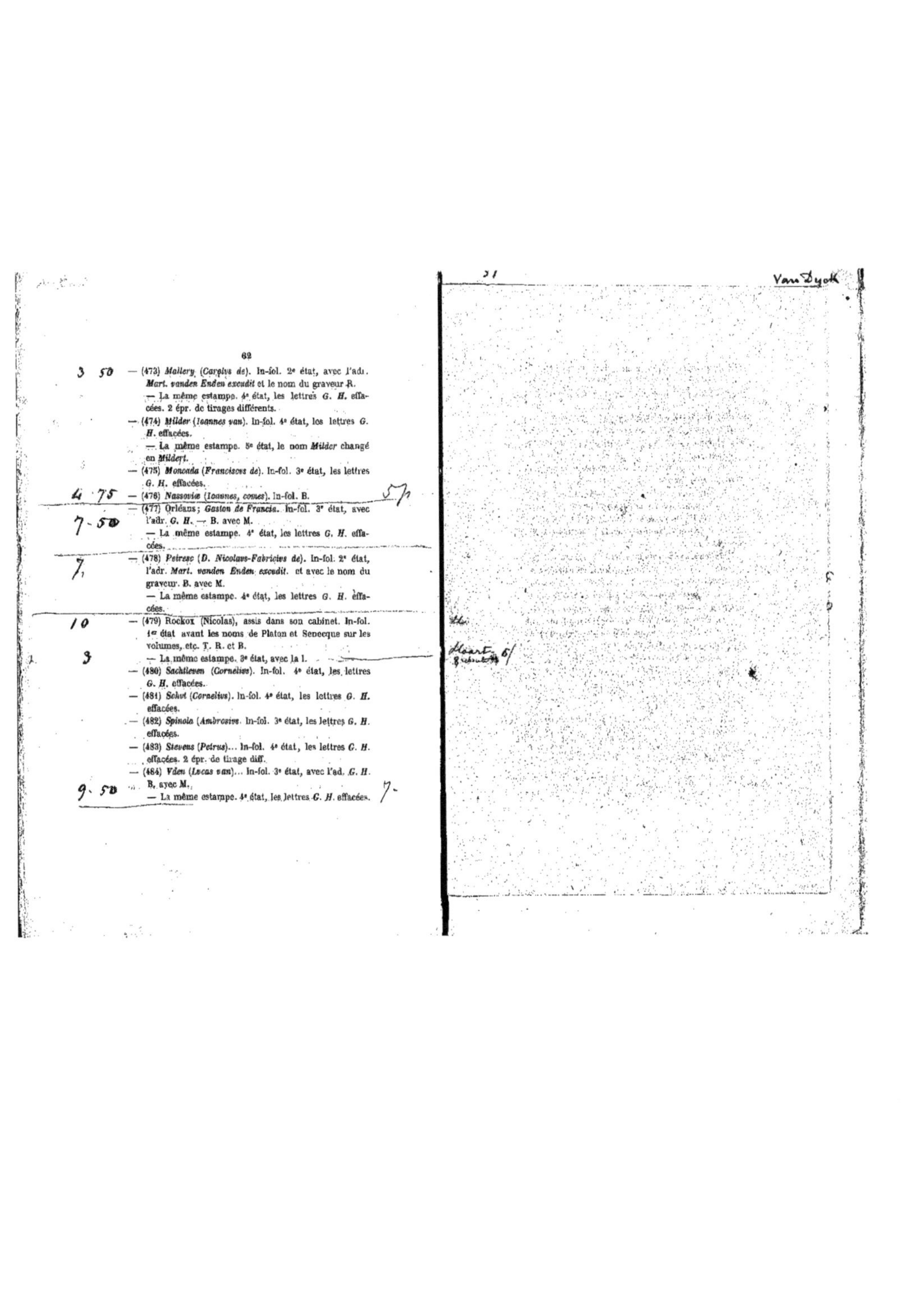

— (473) *Mallery* (*Carolus de*). In-fol. 2e état, avec l'adr. *Mart. vanden Enden excudit* et le nom du graveur R.

— La même estampe. 4e état, les lettres *G. H.* effacées. 2 épr. de tirages différents.

— (474) *Milder* (*Ioannes van*). In-fol. 4e état, les lettres *G. H.* effacées.

— La même estampe. 5e état, le nom *Milder* changé en *Mildert*.

— (475) *Moncada* (*Franciscus de*). In-fol. 3e état, les lettres *G. H.* effacées.

— (476) *Nassoviæ* (*Ioannes, comes*). In-fol. B.

— (477) Orléans; *Gaston de Francia*. In-fol. 3e état, avec l'adr. *G. H.* — B. avec M.

— La même estampe. 4e état, les lettres *G. H.* effacées.

— (478) *Peiresc* (*D. Nicolaus-Fabricius de*). In-fol. 2e état, l'adr. *Mart. vanden Enden excudit.* et avec le nom du graveur. B. avec M.

— La même estampe. 4e état, les lettres *G. H.* effacées.

— (479) Rockox (Nicolas), assis dans son cabinet. In-fol. 1er état avant les noms de Platon et Senecque sur les volumes, etc. T. R. et B.

— La même estampe. 3e état, avec la l.

— (480) *Sachtleven* (*Cornelius*). In-fol. 4e état, les lettres *G. H.* effacées.

— (481) *Schut* (*Cornelius*). In-fol. 4e état, les lettres *G. H.* effacées.

— (482) *Spinola* (*Ambrosius*. In-fol. 3e état, les lettres *G. H.* effacées.

— (483) *Stevens* (*Petrus*)... In-fol. 4e état, les lettres *G. H.* effacées. 2 épr. de tirage diff.

— (484) *Vden* (*Lucas van*)... In-fol. 3e état, avec l'ad. *G. H.* B. avec M.

— La même estampe. 4e état, les lettres *G. H.* effacées.

— (485) *Vos (Cornelius de)*. In-fol. 2e état, avec l'adr. *Mart. Vanden Enden excudit*... et le nom du graveur. B.

— La même estampe. 3e état, avec l'adresse *G. H.* B. avec M.

— La même estampe. 4e état, les lettres *G. H.* effacées.

— (486) *Wolfangus Wilhelmus, D. G. Comes Palatinus Rheni (Serenissimus princeps)*... In-fol. 3e état, les lettres *G. H.* effacées.

— **Vorsterman** (Lucas), le jeune.

— (487) *Seghers (Gerardo)*... In-fol. 2e état, avec l'adr. *M. Vanden Enden exc.*

— (488) *Vorstermans (Lucas)*... In-fol. B. avec M.

— **Walker** (William).

— (489) *Gerbier (sir Balthazar) and his Family*. Gr. in-fol. en larg. 2 épr., l'une avant la lettre, non terminée, l'autre avec la lettre et l'adr. de J. Boydell.

— **Watson** (James).

— (490) Pontius (Paul), à mi-corps, la tête tournée vers la droite, 1777. In-fol. B.

— (491) *Wandesford (lord chief Baron)*, d'après un dessin de G. Farington, 1778. Gr. in-fol. B.

— **Waumans** (Coenraad).

— (492) *Austriaca (Maria) Ferd. III Uxor*... In-4. *I. Meyssens ex.*

— (493) *Croiio (Maria-Clara de)*... In-fol. 1er état, avec l'adr. *Ioannes Meysens excudit.*

— La même estampe. 2e état, le nom *Ioannes Meysens* effacé.

— (494) *Nassoviae (Fredericus Henricus... Comes)*... In-fol. 1er état, avec l'adr. *Ioannes Meyssens excudit.*

— La même estampe, 2e état, le nom *Ioannes Meyssens* effacé.

— (495) *Nassaviae (Emelia de Solms... Comitissa)*... In-fol. 1er état, avec l'adr. *Ioannes Meyssens excudit.*

— — (496) *Scaglia* (*Vera effigies de Cæsar Alexander*)... Gr. in-fol. *C. Gallc excudit.*

— (497) *Zuniga et Davila* (*Dom. Anthonivs de*)... In-fol. 2ᵉ état, avec l'adr. *Jacobus de Man excudit.*

— **Wedgwood** (John T.).

— (498) *Balen* (*Henry van*), 1821. In-12. 2 épr., l'une pap. de Chine, *proof*, l'autre pap. bl.

— (499) *Crayer* (*Gaspar de*), 1822. In-12, 2 épr., l'une pap. de Chine, *proof*, l'autre pap. blanc.

— (500) *Gevartius* (*John Gaspar*), 1822. In-12.

— (501) *Montrose James Graham, marquis of*). 1822, in-12.

— **White** (Robert).

— (502) *Hamilton* (*James, duc*)... In-fol.

— (503) *Strafforde* (*Thomas Earle of*). In-fol. *Printed for A. Mearne.....*

— **Wille** (Jean-George).

— (504) *Cromwell* (*Olivier*)... In-4, 2ᵉ état, avec l'adr. d'Odieuvre.

— **Woodburn** (J.).

— (505) *Snellinx* (*Ioannes*), *pictor*. In-8. P. anonyme.

— **Worthington** (William-Henri).

— (506) Honthorst (Gérard), en buste, tourné vers la gauche, ayant la main gauche relevée sur son manteau. In-4.

— **Wright** (Thomas).

— (507) *Devonshire* (*Elizabeth Cecil, coutess of*), 1829. In-4.

— **Wyngaerde** (Franz van den).

— (508) *Bentivolus* (*Gvido Card.*)... In-8.

— (509) *Avstriacvs (... Ferdinandvs) Cardinalis Infans Hisp.* In-8. *Francisc. vanden Wyngaerde excud.*

— (510) *Robertvs filius Frederici Comitis Palatini Rheni..* In-4. *Franc. vanden Wyngaerde excud. Antuerpiæ.*

— (511) Portraits divers par des graveurs anonymes, 53 p. Cet article sera divisé.

— (512) Portraits pour l'Académie de Sandrart, 22 p. sur 7 feuilles.

— (513) Portraits pour la Vie des Peintres de d'Argenville, 11 p.

38. **Dietricy.** Combats de Tritons, 3 p. La Fuite en Égypte, avec le n° 61. Le Satyre et le Paysan, avec le n° 65, 6 p.

39. **Durer** (Albert). La Famille du Satyre. (B. 69) T. B.

40. **Goltzius** (Henri). Portrait de Jean Duvenvoorden. B. épr.

41. **Hollar** (Wenc.). Costumes de femmes, nos 1, 2, 9, 16, 17, 22. 6 p. in-8.

42. **Hooghe** (Romain de).

— *Figures à la mode*, nos 1, 9, 10. 3 p. petit in-4.

— Charles II d'Espagne faisant monter dans sa voiture un prêtre portant le viatique; départ et arrivée en Angletere de Guillaume-Henri; Parlement. 3 p.

43. **Hopfer** (J.). Portrait de Léopoldus, duc de Bavière. B.

JORDAENS (Jacob),

Peintre et graveur à l'eau-forte, né le 19 mai 1594, mort le 18 octobre 1678.

44. — Son portrait, d'après lui-même, par Dom. Campiglia et P. de Iode. 2 p. B.

— Son portrait, d'après Ant. van Dyck, par Edw.-F. Finden, P. de Iode, etc. 3 p.

Pièces gravées par J. Jordaens lui-même.

— (1) La Fuite en Égypte. 1652. P. en haut., avec la retouche en différents endroits, et particulièrement à l'œil de saint Joseph.

— (2) Les Vendeurs chassés du temple. 1652, in-fol en larg., avec la retouche.

— (3) Jésus-Christ descendu de la croix. 1652, in-fol. en haut.

— (4) Jupiter nourri par la chèvre Amalthée. 1652, in-fol. en larg. 1er état, avant la retouche et l'adr. *A Bloteling* à dr.

— La même estampe, avec la retouche et l'adr.

— (5) Junon surprenant Jupiter et Io. 1652, in-fol. en larg. avec la retouche au burin.

— (6) Mercure et Argus. 1652, pet. in-fol. en larg., avec la retouche au burin.

— (7) Hercule et Cacus. In-fol. en larg. T. B., sans marge.

Pièces gravées au burin d'après J. JORDAENS.

— (8) L'Adoration des Bergers, *Ridet, et in stipulâ*, par P. de Iode, le jeune. In-fol. en larg. B.

— (9) L'Adoration des Bergers, *nectare et ambrosia*, par Marinus. In-fol. en haut. B.

— (10) La Fuite en Égypte, *in Pharios Christus*, par Paul Pontius. Gr. in-fol. en larg. 2 épr., l'une avec le nº 6 au bas de la dr., l'autre le nº 6 effacé.

— (11) Jésus-Christ chassant les vendeurs du temple, d'après un dessin du cabinet Denon, par Mauzaisse. In-fol. en larg.

— Le même sujet, en contre-partie, sans nom. *Lith. de Villain.*

— (12) Jésus-Christ devant Caïphe, *tunc princeps sacerdotum blasphemavit*, par Marinus. In-fol. en haut. 1er état avec l'adr. *Mart. vanden Enden excudit Antuerpiæ*. R. et B., avec le nom de *P. Mariette*, 1664, au verso.

— La même estampe, avec l'adr. *Gillis Hendricx excudit*.

— Copie, *quid laceras*, avec l'adr. *Gaspar Huberti excudit Antuerpiæ*.

— (13) Jésus-Christ devant Caïphe, *tunc princeps sacerdotum. Mat. XXVI*, par Marinus. In-fol. en haut. *Martinus vanden Enden excudit*. B.

— (14) Jésus-Christ devant Caïphe, *Christus futurus iudex*, par Marinus. Gr. in-fol. en larg. B.

— (15) Jésus-Christ devant Caïphe, *et vinctum adduxerunt*, par Jac. Neefs. In-fol. en haut. *Mart. vanden Enden excudit.*

— La même estampe. *Gillis Hendricx excudit.*

— (16) Jésus-Christ en croix, *Aspice peccator*, par Sch. à Bolswert. Gr. in-fol. en haut.

— La même estampe, avec la l. en français *Est-il une douleur? A Paris, chez Jean.*

— (17) Jésus-Christ en croix, composition différente, par C. Normand. In-8.

— (18) *Saints Matthew, Mark, Luke and John*, par Henry Birche. Gr. in-fol. en haut.

— Le même sujet, par Normand. In-4.

— Le même sujet, par Jackson, pour le *Magasin pittoresque.*

— (19) Le miracle de saint Martin de Tours, d'après un tableau de l'église Saint-Martin, à Tournay. Gr. in-fol. en haut. 2 épr., l'une avant l'adr. *A Bloteling excudit cum privilegio* sous les noms des artistes.

— (20) Le martyre de Sainte-Appoline, *artis opus*, par Marinus, d'après le tableau de l'église des Augustins, à Anvers. Gr. in-fol. en haut.

— (21) Jupiter enfant élevé par les Satyres, *Quid mirum natura Iouis*, par S. A. Bolswert. Gr. in-fol. en larg. *A Bloteling excudit cum priuilegio.* B.

— La même estampe, l'adr. effacée.

— (22) Le même sujet. In-4 en larg. 2 épr., l'une à l'eau-forte, par Lerouge; l'autre terminée, par Heina.

— (23) Jupiter et Mercure chez le berger, *Accubuere Dei*, par Nic. Lauwers. Gr. in-fol. en larg., avant l'adr. *A Bloteling excudit* à droite et les mots *cum priuilegio* à gauche.

— La même estampe, avec l'adr. et les mots *cum privilegio*.

— (24) Diane et ses Nymphes. In-4 en larg. 2 épr., l'une d'eau-forte, l'autre avec la l. insérée dans l'*Artiste*.

— (25) Mercure et Argus, *Centum oculos*, par Sch. à Bolswert. Gr. in-fol. en larg. B. doublée.

— Le même sujet, en contre-partie, par Franç. Ragot. Gr. in-fol.

— Le même sujet, sans nom de graveur. Pet. in-fol. *Mariette excud.*

— (26) Pan jouant de la flûte, *Pan sedet et viridi*, par S. A. Bolswert. In-fol. en larg., avant le n° 13 dans la marge à dr.

— La même estampe, avec le numéro.

— Le même sujet, copie in-fol. en contre-partie. *Mariette excudit.*

— Le même sujet, copie pet. in-fol. *A Paris, chez Mariette.*

— (27) L'ivresse de Silène, par Franç. Lucas. In-fol. en larg. 2 épr., l'une avant toute l., l'autre avec les noms des artistes.

— (28) Le triomphe de Silène, par C. Macret. In-4 en haut. gravé pour le *Cabinet Poullain*. 3 épr., l'une d'eau-forte, la seconde avant la l., la troisième avec la l.

— (29) Le Satyre et le paysan, *Iste frigus et teporem*, par L. Vorsterman. In-fol. en larg. B.

— (30) Le Satyre et le paysan, composition différente, *Quem mirabaris*, par Jacq. Neefs. In-fol. en larg., avant le n° 12 dans la marge à dr.

— La même estampe, avec le numéro.

— Le même sujet, par A. Réveil. In-8.

— (31) Le Roi boit, *diligentes in vino*, par P. Pontius. Gr. in-fol. en larg. B.

44 Jordaens

— (32) Le même sujet, en contre-partie, avec ce titre : *le Roy de la Fève*, par J.-T. Poletnich. 1769, gr. in-fol. en larg. *Se vend à Paris, chés Basau.* — 2

— (33) Le Roi boit, composition différente, par E.-G. Krüger. Gr. in-fol. en larg. pour le Musée Péronville. 2 épr., l'une avec le nom des artiste tracé à la pointe, l'autre avec les noms au burin. — 2 - 75 Vig

— Le même sujet, même composition, par El. Lingée.

— (34) Le Roi boit, composition différente. Gr. in-4 en larg., sans noms d'artistes.

— (35) *Récréation de la table*, par T.-A. Moitte, le fils. Gr. in-fol. en larg. — 1 - 50

Volé — Le même sujet, composition différente. In-12 en larg., sans noms.

— (36) Le Concert comique, *quod Cantant*, par S.-A. Bolswert. In-fol. en larg. B., avant l'adr. de Bloteling.

— Le même sujet, copie en contre-partie. In-fol.

— La même composition, sous le titre : *le risible Concert*, par T. Platt.

— Le même sujet, par El. Lingée. In-4. — 5 - 50

— (37) La Folie tenant un chat, *Faivo rideuvr in vno*, par Alex. Voet, le jeune. Gr. in-fol.

— Le même sujet, avec cette inscription : *Tis om te lachen*. Pet. in-fol.

— Le même sujet, *Chat malin et Fou dangereux*, par Molien. Pet. in-fol. 2 épr., l'une avec l'adr. de Rogpié, l'autre avec celle de Major. — 10 - 50 Vig

— (38) La Femme au hibou, *Encore que nous sommes*, par P. de Iode. Gr. in-fol. en haut. 2 épr., l'une avec l'adr. *Nicolas Le Cat excudit*, l'autre rognée, mais plus B.

— Le même sujet, avec le titre : *le Carnaval*, par P. Surugue fils. 1731, pet. in-fol. 2 épr., l'une avant la l., l'autre avec la l. et l'adr. *A Paris, chez L. Surugue.* — 6 - 50 Vig

— (39) La Vanité, *Stolta quid ad speculum,* sans nom de graveur (Jacq. Neeffs). In-fol. en larg. B.

— (40) Le berger amoureux, *O crudelis Amica,* par Jacq. Neeffs. In-fol. en haut. 1er état, avec l'adr. *A Blotelling excudit cum privilegio.*

— La même estampe, l'adr. effacée et remplacée par les seuls mots *cum privilegio.*

— (41) Femme tenant un perroquet, par Ph.-L. Parizeau. 1771, in-4, grav. pour le cabinet Choiseul. 2 épr. de tirages différents.

— (42) L'enfant au berceau, d'après un dessin du cabinet du prince de Ligne, par Adam Bartsch. In-fol. en haut.

— (43) Deux jeunes garçons entrant par la porte d'une chambre, d'après un dessin, par Adam Bartsch. In-4 en haut. 2 épr., l'une avant, l'autre après la l.

— (44) Oort (Adam), par Aubert, Houbraken, Snyers et Sornique. 5 p.

— (45) *Orange* (*Frederik-Henry and Emilia van Solms, prince and princess of*), par J.-V. Rymsdyk. In-fol. en haut.

— (46) Ruiter (l'amiral), par Andrew. Best et Leloir pour le *Magasin pittoresque.*

45. **Moor** (Carle de). Portrait de François Miéris, peintre de Leyde. Rare.

46. **Ostade** (Adrien van). Paysan à bonnet pointu (B. 3), le Fumeur (5), Les Fumeurs (13), les Musiciens ambulants (38), le Violon et le petit Vielleur (45). 5 p.

47. **Preuner** (G.-G. de). Sujets historiques de Henri II, François Ier et Charles-Quint. 4 p.

48. **Reinhold** (Henri), d'après Roos. Groupe d'animaux couchés. B.

RUBENS (Pierre-Paul), peintre,

Né à Cologne en 1577, mort en 1640.

49 Portraits d'après lui par divers graveurs.

— **Ardell** (J.-Mac.)

— (1) *Rubens with his Wife and Child.* Gr. in-fol. 1er état, avant la l. B.

— La même estampe, avec la l.

— (2) Rubens (la femme et les enfants de), d'après un dessin de Will. Jett. Gr. in-fol.

— **Baron** (Bernard).

— (3) Rubens (P.-P.). Frontispice d'une vie d'Achille. 1724. Gr. in-fol.

— **Berghe** (J.-J.-V.-D.)

— (4) *Rubens's Father.* In-8.

— **Bergh** (N.-V.-D.)

— (5) *Linden (F. vander). Eques jerosolymitanus...* In-fol.

— (6) *Ophovius (.. Michael) ord. Præd.* In-fol.

— (7) Portrait d'un religieux en prières devant un crucifix. In-fol.

— **Biessel** (A.)

— (8) Une dame de profil, tournée vers la dr. et lisant. In-fol.

— **Bolswert** (S. à).

— (9) *Lessius (Leonardus), theologus...* In-fol. *I. van Mechelen exc.*

— (10) Rodriguez (Alphonsus). In-fol.

— **Bosselman**.

— (11) *Rubens.* In-8.

— **Broockshaw** (R.)

— (12) Une dame, avec une draperie de velours sur la tête. Petit in-fol.

— **Canale** (Gius.)

— (13) Femme en buste, la tête vue de trois quarts, d'ap. un dessin de C. Hutin. Petit in-fol.

— **Canu**.

— (14) *Henri IV*... Ovale in-8.

— **Carmona**.

— (15) *Rubens* (*le fils de*). 1762, in-fol. Avant toute l. et avant les armes.

— La même estampe. Avant la l., mais avec les armes.

— La même estampe. Avec la l., 2 épr., l'une avec l'ad. de Bulder, l'autre avec celle de Marel.

— **Chataigné**.

— (16) *Rockox* (*Nicolas*), d'après un dessin de Trézel. In-8.

— **Claessens**.

— (17) Rubens (P.-P.), en buste, dans un ovale. In-fol. avant la l.

— **Cœlemans**.

— (18) Un docteur de Louvain... In-fol., 2 épr., l'une avant, l'autre avec le n° 45.

— **Condé**.

— (19) Parr (Old.)... In-4.

— **Cosway** (Maria).

— (20) Rubens (Lady), with her son Albert, d'après un dessin. In-fol.

— (21) Rubens (la femme de), avec ses deux enfants. In-4.

— **Dagoty** fils aîné.

— (22) *Henri IV*. Petit in-fol.

— **Daullé** (J.)

— (23) Rubens (Les enfants de). 1752, in-fol. Galerie de Dresde, n° 50.

— (24) Buste d'homme tourné vers la dr., d'après un dessin de C. Hutin. 1757, in-fol. Galerie de Dresde. *Se vend à Paris chés Basan*...

— **Desrochers**.

— (25) *Lessius* (*Leonard*), *Jesuite*... In-4.

— **Dupin**.

— (26 *Henri Quatre*... In-fol., 2 épr., l'une avec l'adr. de Esnauts et Rapilly, l'autre avec celle de Le Goupy.

— (27) *Sully* (*Maximilien de Bethune, Duc de*)... In-fol. *A Paris, chez Le Goupy*...

— **Earlom** (Rich.)

— (28) *Rubens's Wife*, d'après un dessin de Josiah Boydell. 1782, gr. in-fol.

— **Edelinck** (G.)

— (29) Medicis (François de), grand-duc de Toscane. — Joanne d'Autriche, grande duchesse de Toscane. 2 p. gr. in-fol. grav. sur des dessins de J.-M. Nattier.

— **Ernst** (Math.)

— (30) *Rubens* (*la mère de*). 1775. Pet. in-fol.

— **Fogg** (A.)

— (31) Buste d'homme tourné vers la dr., la tête vue presque de face. 1796. In-fol.

— **Fontana**.

— (32) *Ritratto di Donna*. In-4.

— **Frosne** (J.)

— (33) *Isabellæ Claræ Evgeniæ* (*Vera effigies*)... Ovale in-4.

— **Galle** (Corn.)

— (34) *Gvsman* (... *don Gaspar de*), *comes dvx de Olivares*... Pet. in-fol.

— (35) Isabelle-Claire-Evgenie (..). Frontispice, in-4.

— (36) *Lessivs* (*Leonardvs*) *e societate Iesv*... In-fol.

— (37) Lipse (Juste). In-fol.

— (38) Lipse (Juste). Frontispice de *Ivsti Lipsi V. C. Opera*... *Antverpiæ*... 1637. In-fol.

— (39) Rubens (Buste de), sur un piédestal, avec l'inscription *Piis manibvs Philippi Rvbeni sacr*. In-fol.

— (40) *Teresa* (*s. Mater et Virgo*). Pet. in-fol.

— **Gauthier** le jeune.

— (41) *Jeanne d'Autriche, grande D*[sse] *de Toscane*. In-fol.

— **Gaywood** (R.)

— (42) *Paraccisi (Effigies) medici celeberimi.* In-fol. *P. Stent Excud.*

— **Gregory** (Ferd.)

— (43) *P.-P. Rubens... Filippo Rubens... Giusto Lipsio. Ugo Grozio...* Gr. in-fol.

— **Guttemberg** (C.-G.)

— (44) Buste de femme tournée vers la dr. et tenant un chapelet. In-4.

— **Guyard.**

— (45) Bourbon (Portrait d'Elizabeth de). In-fol.

— **Haid.**

— (46) The Infanta Anna-Isabella. 1767, in-fol.

— **Hoey** (F. van).

— (47) *D. Philippo IV Austrio Hispaniarum. Indiarumque Regi Catholico...* In-4.

— **Jacopsen** (H.)

— (48) *Isabella-Clara Euge. Hispan. Inf...* In-4. *H. Iacopsen excud.*

— **Janinet** (F.)

— (49) *Henri IV.* 1777, in-fol., ovale.

— **Jode** (P. de).

— (50) *Austriæ (serenissimus Albertus Archidux)...* In-4.

— (51) *Autriche (Albert, surnommé le Pieux, archiduc d')...* In-4.

— (52) *Austriacus (Carolus), infans Hispaniarum...* In-8. *Pet. de Iode excudit.*

— (53) *Isabella-Clara-Evgenia Hispaniarum infans...* In-4. *P. de Iode excudit.*

— (54) *Isabelle-Claire-Eugenie, Infante d'Espagne.* In-4.

— (55) *Isabellæ-Claræ-Evgeniæ (Vera Effigies)....* In-4. *P. de Iode ex.*

— (56) *Guzman (D. Gaspar de)... Comes de Olivares.* In-4.

— (57) *Maximilianus Comes Palatinus Rheni...* In-4. *Pet. de Iode excudit.*

— (58) *Moura (D. Franciscus de). Comes de Lumiares*... In-4. *Antuerpiæ apud Petrum de Iode.*

— (59) *Moura (... Manuel de)... Comes de Lumiares*... In-4.

— (60) *Spinola (... Ambrosius). Marchio*... In-fol. *Pet. de Iode excudit.*

— (61) *Spinola (... Ambrosius)*... In-4. *P. de Iode sculp. ex.*

— (62) *Sueiro (Emanuel) Eques militiæ*... 1624, pet. in-fol.

— **Krafft** (J.-L.)

— (63) *Arundelius (Comes).* In-fol., 2 épr., l'une avant toute l., l'autre avec la l.

— **Lacour.**

— (64) Boonen (Madame), d'après un dessin d'Olagnon. In-4, 2 épr., la 1re avant le no et la l. dans le haut.

— **Landon.**

— (65) *Henri IV. — Côme l'ancien. — Laurent de Médicis. — Olivares.* — 4 p.

— **Larmessin** (N. de).

— (66) *Lessius (Leonardus) e societate Iesu.* In-fol. pour l'Académie de Bullart.

— **Lasinio** fils.

— (67) Rubens (P.-P.). In-4.

— **Lion**, lithographe.

— (68) *Rubens (les fils de).* Petit in-fol.

— **Lochon** (R.)

— (69) *Rubens (Pierre-Paul).* In-4. *A Paris chez Odieuvre*...

— **Lochom** (Michel van).

— (70) Philippe IV, roi d'Espagne. Petit in-fol. *Michel van Lochom excudit.*

— **Louys** (J.)

— (71) *Philippus IV Catholicus Hispaniarum Rex*... Gr. in-fol. *P. Soutman Effigiavit et excud.*

— (72) *Elizabetha Philippi IV Vxor*... Gr. in-fol. *P. Soutman Effigiavit et excud.*

— **Mariette.**

— (73) Elisabeth de Bourbon, femme de Philippe IV. In-f. *Mariette excud.*

— (74) Philippe IV, roi d'Espagne. Gr. in-fol. *Mariette excudit.*

— **Mauzaisse.**

— (75) Rubens (P.-P.). 1822, in-fol.

— **Merlen** (Th. v.)

— (76) *Elizabeth Borbon... Femme de Philippes IV...* In-4.

— **Meulemeester** (Joseph de).

— (77) *Rubens*, d'apr. un dessin de J.-B. Wicar. Pet. in-f.

— **Michel** (J -B.)

— (78) *Rubens's Wife.* In-4. *Published May* 1 er 1779, *by John Boydell...*

— **Moncornet.**

— (79) *Albert d'Avstriche Archidvc...* Ovale, in-4.

— (80) *Marche* (*Gisberte de la*) *Epis. Leodiensis.* Ovale in-8.

— (81) *Maximilian d'Avstriche Archidvc...* Ovale in-4.

— **Moncornet** (Balt).

— (82) *Movra* (*Don Francisco de*)... Pet. in-fol. *Balt. Moncornet excudit.*

— (83) *Paracelsi* (*Effigies*) *Medici...* Ovale in-4, 2 épr., l'une avant les armes dans les angles du haut.

— (84) *Spinola* (*Ambroise*)..... Ovale in-4. *B. Moncornet excudit.*

— (85) *Vrbanvs VIII Barberinvs pontifex maximus.* Ovale in-4.

— (86) *Paracelsvs* (*Avreolvs Philippvs Theophrastvs Bombast*)... In-8. *B. Moncornet excudit.*

— (87) Elisabeth de Bourbon, femme de Phillipe IV. In-4. *Moncornet excudit.*

— (88) Philippe IV d'Autriche, roi d'Espagne, Ovale in-4.

— (89) Philippe IV d'Autriche, roi d'Espagne. Ovale in-4.

— **Morel.**

— (90) *Les quatre Philosophes*, d'après un dessin de J.-B. Wicar. Pet. in-fol.

— **Muller** (Jean).

— (91) Albert, archiduc d'Autriche. Gr. in-fol. B.

— (92) Isabelle-Claire-Eugénie, infante d'Espagne... Gr. in-fol.

— **Muller** (G.-A.)

— (93) Rubens (les fils de). Gr. in-fol.

— **Neeffs** (Jac.)

— (94) *Lessius* (*Leonardus*)... Ovale in-8.

— **Normand** (C.)

— (95) Les quatre Philosophes. In-4.

— **Panneels** (Guill.)

— (96) *Rubenius* (... *Petrus Paulus*)... 1630. In-4.

— **Pierron** (J.-A.)

— (97) *Rubens* (*P.-P.*) 1791. In-fol.

— (98) *François II, grand duc de Toscane*. In-fol. gravé avec Benoist. 2 épr., l'une non terminée.

— **Pontius** (P.)

— (99) *Isabella Clara Eugenia, Hispaniarum infans*... Tr. gr. in-fol.

— (100) Ferdinand d'Autriche, à cheval. In-fol.

— (101) *Gevartius* (*Casperius*)... *Iurisconsultus*... In-fol.

— (102) Olivarès (le comte d'). Tr. gr. in-fol.

— (103) Philippe IV, roi d'Espagne. Gr. in-fol., avant toute lettre.

— La même estampe, avec la lettre. *Gillis Hendricx exc...*

— (104) Elisabeth de Bourbon, femme de Philippe IV. Gr. in-fol. avant toute lettre.

— La même estampe, avec la lettre. *Gillis Hendricx exc...*

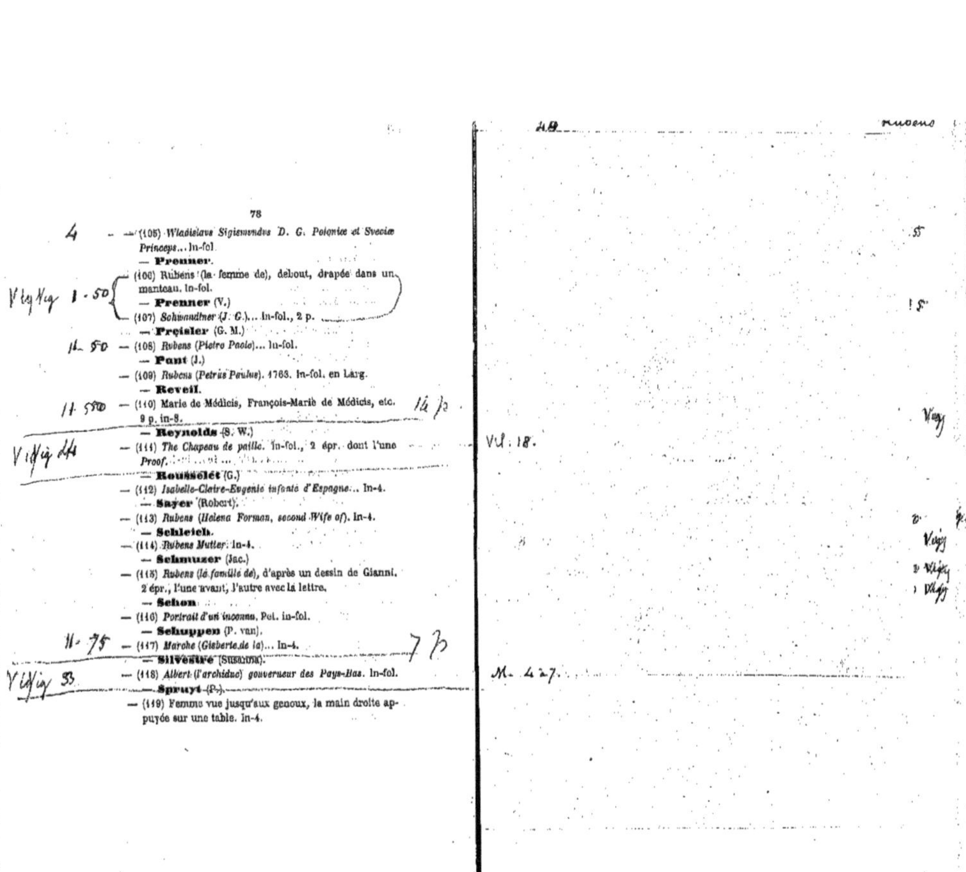

— (105) *Wladislavs Sigismvndvs D. G. Poloniæ et Sveciæ Princeps*... In-fol.

— **Prenner.**

— (106) Rubens (la femme de), debout, drapée dans un manteau. In-fol.

— **Prenner** (V.)

— (107) *Schwandtner (J. G.)*... In-fol., 2 p.

— **Preisler** (G. M.)

— (108) *Rubens (Pietro Paolo)*... In-fol.

— **Pont** (J.)

— (109) *Rubens (Petrus Paulus)*. 1763. In-fol. en Larg.

— **Reveil.**

— (110) Marie de Médicis, François-Marie de Médicis, etc. 9 p. in-8.

— **Reynolds** (S. W.)

— (111) *The Chapeau de paille.* In-fol., 2 épr. dont l'une *Proof.*

— **Rousselet** (G.)

— (112) *Isabelle-Claire-Eugenie infante d'Espagne*... In-4.

— **Sayer** (Robert).

— (113) *Rubens (Helena Forman, second Wife of)*. In-4.

— **Schleich.**

— (114) *Rubens Mutter.* In-4.

— **Schmuzer** (Jac.)

— (115) *Rubens (la famille de)*, d'après un dessin de Gianni. 2 épr., l'une avant, l'autre avec la lettre.

— **Schon**

— (116) *Portrait d'un inconnu.* Pet. in-fol.

— **Schuppen** (P. van).

— (117) *Marche (Gisberte de la)*... In-4.

— **Silvestre** (Susanna).

— (118) *Albert (l'archiduc) gouverneur des Pays-Bas.* In-fol.

— **Spruyt** (P.).

— (119) Femme vue jusqu'aux genoux, la main droite appuyée sur une table. In-4.

— **Steen** (Fr. vanden).

— (120) S. Begga, S. Pipinvs. In-fol. *Franç. vanden Wyngaerde excud.*

— **Suyderhoef** (J.).

— (121) *Albertus, Archidux Austriæ.* Gr. in-fol. *P. Soutman effigiauit et excud.*

— (122) *Maximilianus, archidux Austriæ.* Gr. in-fol. *P. Soutman effigiauit et excud.*

— (123) *Philippus III Catholicus Hispaniarum rex.* Grand in-fol. B.

— **Tassaert** (P.-J.).

— (124) *Rubens three Children.* Gr. in-fol.

— (125) *Rubens's family.* 1768, gr. in-fol. en larg.

— **Ver Cruys** (T.).

— (126) Femme debout, vue jusqu'aux genoux, sa main droite appuyée sur une table. Gr. in-fol.

— **Vienot** (N.).

— (127) *Marie de Médicis, royne de France.* In-fol.

— (128) Philippe IV, roi d'Espagne. In-fol. *J. Valet excudit.*

— **Vorsterman** (L.).

— (129) *Attendvlvs (Mvtivs), cognomento Sfortia.* Rond, in-4.

— (130) *Isabella, Clara, Eugenia, Hispaniarvm infans.* In-4.

— (131) *Isabella Estensis.* Gr. in-fol. B.

— (132) *Leo X Pont.....* Rond, in-4.

— (133) *Longueval (Carolvs de).* Gr. in-fol.

— (134) *Maximilianvs, archidvx Avstriæ.* In-4. 2 épr., l'une avant, l'autre avec *Franciscus vanden Wyngaerde excud. Antv.*

— (135) *Medices (Cosmvs), pater patriæ.* Rond, in-4.

— (136) *Medices (Lavrentivs), Pet. F. Cosm. Nep.* Rond, in-4.

— (137) *Plato ....* In-4.

— (138) *Vrbanvs VIII Pont.....* In-8.

— **Wooding**.

— (139) *Henry IV*. Ovale, in-8.

— **Wördlige** (Tho.).

— (140) Rubens (P.-P.). In-4.

— **Watson** (James).

— (141) *Lady Sitting in a chair*. Gr. in-fol. *Published dec. 1778 by John Boydell*. B.

— **Zucchi** (Fr.).

— (142) Portrait d'homme âgé, vu à mi-corps et tourné vers la droite. Portrait de femme tournée vers la gauche, d'après des dessins de C. Hutin. In-fol. 2 p.

— (143) **Rubens** (P.-P.). Portraits différents d'après lui-même, dont celui de P. Pontuis. 8 p. B.

— (144) Portraits de Rubens et de sa famille. 11 p.

— (145). Portraits par des graveurs anonymes. 34 p.

Sujets divers d'après les compositions

de P.-P. Rubens.

50. — Sainte Cécile, Vierge à l'oiseau, par S. A. Bolswert. B. épr. 2 p.

51. — Le Christ et sainte Thérèse, par S. A. Bolswert, avec l'adr. de Gilles Hendrick. T. B. épr.

52. — L'Enlèvement des Sabines, avant la l., Alliance de de l'eau avec la terre, par Vangelisty. T. B. épr. avec M. 2 p.

53. — L'Orgie, par F. Vanden Wyngaerde. T. B. épr. toute M.

54. — Pompe triomphale de Ferdinand d'Autriche, par Th. A. Thulden. 14 p. B. épr.

55. — Triomphe de la Religion, saint Ildefonse, saint Ignace, saint Bavon, saint François-Xavier, Jugement de Salomon et la maison de Rubens. 10 p. B.

56. — Jardin d'Amour, Triomphe de Silène, paysage, etc. 15 p.

57. — Galerie du Luxembourg. 6 p. T. B. épr.

58. **Savoyen** (Carolus van).
Son portrait gravé par lui. Rare. B. épr. G. M.

59. **Schenau** (Jean-Éléazar).
Scènes enfantines et têtes d'étude, avec ce titre : *Acheter mes petites eau-fortes.* Suite de 12 p. in-8, premières épreuves avant l'adresse de la veuve Duchesne sur le frontispice.

60. Doubles, dont deux frontispices du 2e état; en tout, 16 p.

61. **Schmidt** (Georges-Frédérich). Son portrait dessinant, par lui-même, avec l'araignée à la fenêtre.
Portrait de Pierre Mignard, peintre. B. épr. avec l'.

62. **Uytenbrouck** (Moïse). Le Voyage. (B. 55). T. B.

63. **Visscher** (Lambert). Portrait de Marie-Thérèse, reine de France. B.

64. **Wierix** (J.-H.). Portrait d'Alexandre Farnèse très petit, B. épr., et de Michel de l'Hôpital dans des ornements. Gr. in-4. T. B. épr. toute M.

65. **Wyngaerde** (Franc. vanden), d'après Rubens, des soldats faisant tapage. T. B. épr. M.

66. **Sujets divers** d'après Berghem, Miéris, Ruysdael, Téniers. 22 p.

67. — par Baillie, de Bruyn, Dujardin, Goltzius, P. de Laer, Reinhard, Rembrandt, Stoop, etc. 41 p.

ÉCOLE FRANÇAISE.

68. **Allais,** graveur, d'après Panckoucke.
Fac-simile des monuments coloriés de l'Égypte, avec l'explication du tableau. 2 p.

Amateurs de l'École française.

69. **Agincourt** (Seroux d'), né à Venette, près Compiègne, auteur de l'*Histoire de l'Art par les Monuments*, 2 vol. in-fol.; mort en 1814.
Son portrait, gravé par Miger, d'après Cochin fils, profil à gauche, rond équarri, in-4.
Portrait d'homme (Bartsch?), d'après Ang. Kauffman, presque de face, regarde à droite, dans un rond, *Romæ*, 1783. 2 p.

70. **Allou** (Adélaïde), vers 1770.
Vue des débris des bains de Néron, etc. 1771, d'après Robert. T. B. épr. G. M.
Racolta di Vedute, d'après Robert, 1771. Ce titre sur les pierres d'une fontaine, avec quatre femmes, 1re planche, le même sujet. 2e planche; le titre est dans la marge. *Différentes vues dessinées*, etc. 2 épr., dont une avec des travaux à la pointe sur le ciel, qui furent effacés. 11 p. quelques différents états. Pourra être divisé.

71. **Amand** (Jacques-François), né en 1730, mort en 1769.
Femme donnant à manger à son enfant. (L. B. 1). T. B. épr. G. M. Le précepteur endormi. (L. B. 2).

72. **Atoch** (L.-C.), né à Saint-Cyr en 1785, mort en 1832, employé à la Bibliothèque.
(1) Paysage très petit, en hauteur, homme précédé d'un chien courant à droite.
(2) Petit paysage en travers, homme marchant vers la gauche, un bâton sur l'épaule.
(3) Jeune femme appuyée sur une fontaine à gauche, en hauteur.
(4) Petit paysage en travers, homme debout parlant à celui assis, avec chacun un grand bâton.

(5) Vieille qui va entrer dans la maison, à gauche au fond, un homme assis, en hauteur.

(6) L'hermitage à droite et le pêcheur à gauche, en travers.

(7) Les deux figures à droite près du grand arbre, en travers, 1811.

(8) Le pêcheur, au milieu, *Atoch*, 1812, en hauteur.

(9) Pendant du précédent, homme pensif appuyé sur son bâton, dirigé à gauche.

(10) Tête d'homme barbu de profil, dirigé à gauche. 10 p. rares.

73. **Audran** (Pierre-Gabriel), né à Paris en 1744, fut professeur d'hébreu.
Études de têtes à l'eau-forte. (L. B. 2, 3, 7). 3 p.

74. **R. D. B.**
La Mort du Titien, gravé à l'eau-forte, d'après le tableau de Hesse, pour le *Cabinet de Lecture*. B. épr. Chine.

75. **B. Bachaumont** (Louis Petit de), architecte, né à Paris vers 1715, mort en 1771, auteur d'ouvrages sur les arts.
Portrait de *M. le comte de Caylus, amicum amici. Doublet del B. sculp.* profil à droite, dans un ovale.
— De Troy, le père (François), profil à droite, claire-voie. Me Doublet Delin. B. sculp. avec 2 lignes latines écrites à la main.

76. **Baour** (L.-F.), travaillait à Toulouse vers 1650 à 1725.
Jean-Baptiste Rameau, organiste et musicien célèbre, né à Dijon, le 25 novembre 1683, profil en pied dirigé à gauche où est une chaise. Très rare, in-4.
Décoration d'une des faces du feu d'artifice tiré à Toulouse, 1762, et plan d'une promenade publique à Toulouse, 1752. 3. p. T. B.

77. **Baron** (Jean-Balthasard), né à Lyon en 1780, vivant, fabricant de châles.

Les Numéros sont dans l'ordre d'exécution.

Paysages.

(6) Les amants sous l'arbre, à gauche.
(8) Au milieu, deux paysans et chariot, grand arbre à droite.
(14) Tertre à gauche et deux paysans dans le chemin.
(15) Deux hommes dont un assis, cascatelles d'eau coulant à droite.
(16) Deux arbres à gauche, l'acqueduc de Bonnant au fond.
(21) Les quatre vaches et l'homme allant vers la gauche.
(22) Château dans une île, toit pointu vers la gauche.
(28) Deux hommes, dont un à cheval, deux troncs d'arbres à gauche.
(34) Pâtre à gauche, deux vaches et cinq moutons.
(35) Homme et mulet dans le chemin creux, futaie à droite.
(37) Château en haut du rocher, homme à droite.
(43) Cinq vaches au fond à gauche.
(45) Deux cavaliers à droite et trois figures à gauche.
(46) A Lyon, à gauche de la fumée au bord de l'eau.
(48) Quatre piquets dans l'eau à droite, avec des roseaux.
(53) Fabrique en haut d'une montagne, à gauche un bateau.
(54) Tour ronde, trois figures dans le chemin à gauche.
(57) Château sur la montagne, trois petites figures à gauche.
(58) L'homme passant sur le petit pont de bois à gauche.

amateurs

(67) Homme sur un âne à gauche et trois vaches près des peupliers.

(68) Fabriques à gauche avec fumée, homme dans le chemin.

(69) Paysage très long, homme à droite.

(70) Homme dans le chemin creux, peuplier à gauche.

(71) Fabriques, homme à gauche se reposant.

(72) Morceau de roche contre les deux troncs à droite.

(74) Le pont du ruisseau, dans la marge des figures.

(76) Quatre arbres à gauche, homme à la charrue.

(79) Deux gros arbres, au fond à gauche, acqueduc de Bonnant.

(80) Cavalier et piéton vus de dos vers la droite.

(81) A gauche femme, deux vaches et moutons.

(82) Berger et troupeau à gauche avec quatre vaches.

(83) Forêt avec coup de vent de gauche à droite.

(84) Quatorze vaches passant l'eau, dirigés à gauche.

(85) Ruine d'acqueducs, tronc d'arbre coupé à droite.

(89) Homme et chien dans le chemin à droite.

(91) Chariot et deux hommes dans le chemin à gauche.

(93) Grès au pied de l'arbre branchu.

(94) Trois figures, dont une assise, à droite des arbres.

(95) A gauche, péristyle à colonnes, deux figures au milieu.

(98) Homme avec trois vaches et deux moutons à droite.

(100) Le bac à gauche, au fond acqueduc.

(102) *Fontainebleau*, intérieur de forêt.

(104) *Vue du phare et de la pointe de Corfou.*

(105) *Eamdem effigiem, eamdem Die simul et una Eug. Blery, et Eug. Thierrée delinaverunt et sculpserunt aq forti Ville-d'Avray*, 5 *mai* 1846.

(106 Homme et deux mulets vu de dos à droite.

(107) Homme au milieu de la forêt. *Izeron*, 1846.

(108) Femme à droite, vache et trois moutons vont à gauche vers l'eau.

47 p. très rares, n'étant pas dans le commerce.

78. **Baudouin** (Simon-René, comte de), officier aux gardes, 1756, né en 1723.

Paysage ovale équarri d'après Molnaer, tiré du cabinet de M. le comte de Vence. L. B. (74). Voir n° 379, d'apr. Pater.

Exercice de l'Infanterie françoise... dessiné d'après nature... et gravé par S. R. *Baudouin*, colonel d'infanterie... Paris, 1757, in-fol. v. f., 63 pl.

79. **Bellanger** (Jean-Achille), vivait à Paris, 1748 à 1768.

— *Athalie*, furieuse de l'élévation de Joas, dédié à Madame la marquise de Pompadour, 1763.

— *Saint Paul prêchant dans Athènes*, L. B. (1), dédié à M. Jérôme d'Argouges, 1749, L. B. (9). 2 p. T. B. M.

80. **Benoist du Sablon**. M. le baron de Veze le connut en 1848; il avait plus de 60 ans.

— Vue du pont de l'Isle-Adam; à gauche *Benoit del, dessiné d'après nature, par Benoist du Sablon*, gravé à l'âge de 17 ans et demi.

—*Vue du pont Hubert*, *Benoit del et sculp.*, chez le citoy. Jean. Probablement par le même.

81. **Berthault**, élève de Bertin, mort en 1850.

Pièces en hauteur.

(1) Intérieur de cour en ruine, un homme est appuyé près d'une porte vers la droite.

(2) Moulin à eau à droite, et au fond à gauche, au-delà de l'eau, 2 fig.

(3) La figure sous les arbres à droite au-delà de l'eau.

(4) Les amoureux à droite, maison à gauche.

(5) Voute soutenue par une colonne contre laquelle un homme est assis dirigé à droite.

Pièces en travers.

(6) Petite maison au milieu en haut d'une montagne, et à droite une petite figure en haut d'un escalier.

(7) Deux bois au milieu de l'eau, à gauche au-delà de l'eau deux figures et un bateau.

(8) Les laveuses, à gauche trois peupliers près d'un pont qui s'étend dans toute sa largeur, d'après Ruysdael.

(9) Le champ de blé, à droite.

(10) Les trois arbres sur le monticule, à gauche. 10 p.

82. **Bizemont-Prunelé** (André-Gaspard-Parfait, comte de), né en 1752 et mort vers 1820. Voir Catalogue Leblanc pour les n^os^

(3) Vierge et Jésus d'après Valesio.

(10) L'*Enfance d'Hercule*, d'après An. Carrache.

— Triomphe de Vénus, très-petite pièce.

(15) Amour avec des raisins, donnant sur des nuages.

(28) Vase à l'enlèvement d'Europe vers la droite.

(33) Tête de veillard de profil, à gauche.

(35) Tête de jeune garçon, d'après Guerchin.

— Autre dirigé à droite avec un aigle.

(37) Le confessionnal, d'apr. Crespy.

(40) Trois cavaliers, dirigés à gauche.

(55) Deux femmes et un enfant.

(56) Femme debout.

(65) Entrée du château de Courcelles, rond.

— Autre rond en pendant, clairière d'un bois.

(73) *Vue du temple de Diane*.

(74) *Vue prise sur le chemin de Naples*.

(98) Grande arcade qui relie deux bâtiments, d'apr *Rademaguer*, 1786.

(75) *Vue de la grotte du chien*.

(77) Vue prise à la Roche-Guyon, d'ap. Casses.

(76) Grandes ruines, d'après Cassas, à droite un bateau, 2 épr. dont une avant le ciel.

(108) Eglise de village, à droite; *dessiné par Perignon et gravé par André Gaspard-Parfait de Bizemont, au château de Foufais, en octobre 1790.*

(78) Troupeau sortant de la bergerie, à gauche, d'apr. Cats.

(79) Le pieux voyageur, 2 épr. dont une avant la l.

(80) Deux hommes et un chien au milieu du bois, d'ap. Van Dallen.

(83) Les deux voyageurs près de la fontaine, à droite.

— Moulin à vent avec maison, à droite.

(88) L'entrée du bois, d'apr. Kobell.

(89) Cavalier demandant son chemin.

(92) Les deux pêcheurs, d'apr. *Nevink.*

(99) Ruines d'un dôme, d'apr. Robert.

(100) La vache au milieu du bois, d'apr. Sarazin.

(93) Trois vaches et le vacher qui dort, d'ap. Palmerius.

(103) Etude de tronc d'arbres avec lavis.

( ) Vieillard de profil à droite, appuyé sur un bâton gravé sur bois, claire-voie. 36 p.

83. **Boissier** (A.). 1787. Scène sur les foins dans un intérieur d'écurie, dédié à M. de la Tour d'Aigue, amateur.

84. **Boucher de Vesvres** (C A). Homme faisant abreuver deux chevaux dirigés à gauche, au fond un pont ruiné.

Femme montrant à un homme une grande porte à gauche, au bout d'un pont.

Les trois blanchisseuses celle à genoux dirigée à gauche.

Ces 3 p. ovales équarries ont au bas dans les angles *Weirotter fecit C.-A. Boucher de V. ex.*

85. **Boucher** (Jules-Armand-Guillaume), signe quelquefois *Bouchier*, né à Aix, vivait de 1786 à 1792.

1785. *Aqueduc près de Frescati,* d'apr. Asselyn.

— Homme à droite, un bâton sur l'épaule, dirigé à gauche.

1786. Cascade au fond, p. en hauteur.

— Deux hommes sur un pont d'une arche.

— *Le Printemps,* d'apr. Pillement.

— *L'Automne,* d'apr. Pillement.

— Tête d'homme dirigé à gauche, d'apr. Rubens, à Cette.

1786. Tête de femme dirigée à droite.

1787. Deux maisons à droite, clocher pointu au fond.

1789. Tête riante dirigée à droite, d'après Le Brun.

— Tête d'enfant, profil à gauche, dédié à Stefanie.

— Paysage avec 3 fig. sur le chemin, au milieu, d'apr. Bruandet, 1781.

1790. Abreuvoir, homme conduisant deux chevaux vers la droite, signé Boucher.

1792. Vue de la porte de Saint-Riquier du côté d'Abbeville, d'apr. Hackert.

86. **B. Bourdeille** (Louis de), né à Paris en 1738. Paysage, digue, l'eau s'échappe et coule vers la droite, où elle s'étend sur toute la largeur. *V. del B. sc.*, n. 9, d'après Vien.

— Tête de vieillard regardant en haut vers la droite *de B delet scul, Le Fely Pinx.*

87. **Bourgevin Vialart de Saint-Morys** (de). 1774. Paysage en travers avec moulin à vent, à gauche.

1783. Deux études de femmes, d'après Allegrini, et sacrifice, d'après Raphael.

Paysage en travers *Bartro scu.*, d'après de Bourgevin, au milieu un philosophe barbu montre à son disciple le chemin à gauche. 3 p.

88. **Breteuil** (Jacques-Laure, comte de), vivait à Paris de 1730 à 1750, capitaine du régiment de Chevreuse.

Charlatan à gauche, inspiré de Rembrandt, L. B. (8), dédié à *M. le comte de Lillebonne.*

Le joueur de musette, composition d'après Berghem, 1er état avant toute l. et le trait carré.

2e état, avec les armes, et dédié au comte de Thomond.

Marine dédiée au duc de Chevreuse, L. B. (11).

Marine dédiée à son frère le chevalier de Breteuil. L. B. (12).

Autre marine, d'après van den Bos, dédié au chevalier de Breteuil, L. B. (13). 6 p.

89. **Brichet** (Evre de). Philosophe écrivant d'après Houbracken, tiré du cabinet Poullain, n. 37.

90. **Brichet** (F.-R.-F.). 1750 à 1800? *Récueil de Griffonnement et eau-forte*, chez la veuve Chereau, 11 p. à deux sujets, et titre gravé.

91. R. F. B. (**Briceau?** ou **Brichet**), a gravé à l'eau forte.

(1) Trois fig. dont fumour de profil à droite, chez la veuve de F. Chereau, etc.

(2) Homme avec grand bâton et petite fille à gauche.

(3) Jeune paysan à mi-corps avec grand chapeau dirigé à gauche.

(4) Tête, profil à gauche, regarde en l'air.

(5) Tête, profil à droite.

(6) Trois fig. dont un garçon à gauche achète à un marchand qui a un genou à terre.

(7) Tête d'homme de profil à droite, avec lunettes et chapeau.

(8) Soldat assis à terre dirigé à droite et paysan assis au fond.

(9) Tête d'homme, profil à gauche, avec chapeau.

(10) Trois fig. Un paquet et bâton, à droite.

(11) Trois fig. assises et couchées dirigées à droite.

(12) Homme à droite tendant le verre à la femme qui tient la bouteille.

Suite de 12 p. Haut. 112 Mil. L. 70 Mil.

92. **Brichet** (R.). Portrait d'*Amyot* de trois quarts, à gauche. Ovale équarri.

93. **Campion de Tersan** (Charles), abbé, né à Marseille en 1734, mort à Paris en 1819, à l'Abbaye-aux-Bois dont il était aumônier.

(1) Son portrait par lui-même, profil à droite, *Romæ aq. forti 1766.* Rond équarri, 2 épr. dont une plus terminée.

(2) *Auguste;* son jeune fils, profil à droite.

(3) Quatre portraits soutenus par une guirlande, avec deux cœurs enchaînés au milieu. *Longé et Propé*, 1761.

(4) Bernis. *J'ai chanté les heures du jour,* petit profil à droite. Ovale.

(5) Caylus, profil à gauche, avec grandeur de la Sardoine.

(6) Du Lattier, chirurgien de la reine, profil à droite, ovale armoirié *Vela mori.*

(7) Montesquieu, petit profil à gauche, rond équarri.

(8) Montesquieu, profil à droite, rond équarri, in-4.

(9) Morand (Sauveur-F.), profil à droite, rond équarri.

(10) Regny (Franc. de), consul, profil à gauche.

(11) Rohan-Guemene (le prince Louis de), profil à gauche, eau forte pure, avec la l., l'epaule blanche, et terminé, 3 épr.

(12) Verri (N. de), 2 épr. différ., profil à droite.

(13) L'amour brûlant les flèches.

(14) Pégase, d'après Durand de Marseille.

(15) D'après Fragonard, paysans discutant.

(16) D'après Rembrandt, son portrait jeune.

(17) — — Abraham caressant Isaac.

(18) Vignettes pour livres, allégories, 6 p.

(19) L'hermitage, 2 épr. différentes.

(20) Les petits pâtés, suite de 13 petits paysages ronds numérotés (dédiés à Mlle Loir).

(21) Paysages ronds, d'après La Belle, 3 p. différentes.

(22) Les quatre saisons, paysages ovales ornés, 4 p.

— Répétition de l'été, avec différence.

(23) Abbaye, très-petit ovale équarri.

(24) L'incendie, rond équarri.

(25) Ruth et Booz.

(26) Les baigneurs au coucher du soleil.

(27) D'après Desfriches, le printemps.

(28) — village, environ d'*Onfleur*.

(29) — église, environ d'Elbeuf

(30) — étang, environ de Nantes.

(31) — ruine d'église, à gauche.

(32) — temps calme, la foudre, l'arc-en-ciel, l'incendie, 4 p.

(33) Paysages dédiés à son ami Ricaud, Fortic et Amalric le fils, 3 p.

(34) La chapelle de Saint-Mesmin.

(35) Paysage attribué sans nom, à droite un chien court après un homme qui conduit quatre moutons et une vache vers l'eau à gauche. Cet œuvre, composé de 68 p., est très-rare à rencontrer, pourra être divisé.

94. **Camus de Mézières** (Nicolas Le), architecte, né à Paris en 1721 et mort en 1789, auteur d'ouvrages d'architecture, a construit la Halle-aux-Bleds sans la coupole.

Fontaine, à gauche deux bustes, cette pièce devait servir de titre.

Paysage à gauche, 3 fig. conduisant un âne vers une maison. Ces 2 p. portent la date de 1780.

L. 110 Mil. H. 58 Mil.

95. **Canet** (J.-B. du). 1709. Portrait de *Joannes B. Henrij Pictor Parisiensis* tenant un portrait de la main gauche, probablement celui du graveur. B. épr. Très-rare.

96. **Carmontelle** (L.-C. de), littérateur, peintre-amateur, né à Paris en 1717 et mort en 1806. Portraits gravés d'après ses dessins; en bas de la plupart de ses portraits, il ne se trouve qu'une ligne latine.

— (1) *Columna stante quiescit*. M. de Bachaumont, 1761, gravé par Houel, assis dirigé à gauche où se trouve la colonne de Marie de Médicis. B. Le nom est écrit à l'encre.

— (2) *Hilaritate Beatus, quique in se uno sua ponit omnia*. M. de Bourneville, ancien officier aux gardes, profil à droite, tenant son chapeau de la main droite, gravé par Delafosse.

— (3) *Non sibi, sed Patriæ natus*. Henri-Philippe Chauvelin, gravé par Delafosse, 1762, assis dirigé à gauche, tenant un grand livre ouvert de la société de Jésus, le nom à l'encre.

— (4) *Monseigneur le duc de Chevreuse*, gravé par Aug. de Saint-Aubin, 1758, dirigé à gauche, le chapeau sous le bras gauche, tenant sa canne de la droite.

— (5) *Alexis-Claude Clairault*, assis devant une table et écrivant, dirigé à gauche, gravé par Delafosse, 1763.

— (6) *Silentio Gaudet*. M. Duret de Meinières, 1760, gravé par Delafosse, assis sur une chaise, dirigé à gauche. T. B.

— (7) *Gaspard-François de Fontenay* lieuten.-général, etc., gravé par De Lafosse, assis dirigé à gauche, tenant une canne de la main droite. T. B.

— (8) Francklin (Benjamin). *On l'a vu désarmer les Tirans et les Dieux*, chez Née, assis dirigé à gauche, les lois de la Pensilvanie sont sous son chapeau sur une table. T. B. M.

— (9) Grimm (le baron de), à mi-corps, gravé par Lecerf, in-8. T. B. M.

— (10) D'Ortous de Mairan (Jean-Jacques), 1760, debout

dirigé à gauche, au fond un escalier et un phénomène de la nature.

— (11) *Léopold Mozart*, père de *Marianne Mozart*, virtuose, âgée de 11 ans et de *J.-G. Wolfgang Mozart*, compositeur et maître de musique, âgé de 7 ans, gravé par Delafosse, 1764. Très-rare. T. B. M.

— (12) Neuville (l'abbé de), assis, et M. Girard qui est debout, et écoute les explications de l'abbé sur un livre ouvert sur ses genoux. 1761.

— (13) Orléans (Louis-Philippe, duc d'), avec son fils Louis-Philippe-Joseph, qui fut surnommé Égalité en 1759. Le nom de Carmontelle à la pointe, assis dirigés à gauche ; le jeune prince a la cuisse droite sur le bras du fauteuil. Très-rare. B.

— (14) Trudaine (de), 1761, assis dans un fauteuil dirigé à gauche, où sont deux colonnes du pérystile ; il tient un grand livre ouvert sur ses genoux.

— (15) *C.-F.-D. comte de Waldner*, lieuten.-général, etc., gravé par Delafosse, debout, dirigé à gauche, le bras droit levé. T. B. M.

— (16) *Xaupi* (Joseph), 1761, avec 4 lignes en latin. B.

— (17) *La malheureuse famille Calas*. Composition de 6 fig. gravé par Delafosse.

— Répétition par un anonyme, sans nom de graveur.

— (18) Pas de deux du deuxième acte de *Sylvie*, par M. Dauberval et Mlle Allard, gravé par Tilliard, chez lui et Basan, moyenne pièce en travers.

— Copie en petit par Collette et Sanson.

Cet œuvre, très-rare, sera divisé.

97. **Caumont** (Marquis Seytres de), né à Avignon, en 1688-1745.

— Sainte Famille, d'après P. de Cortone, en travers.

— Le Christ au Jardin des Oliviers, des anges lui présentent le calice et la croix qu'il adore, d'après Nicolas Poussin, en hauteur, *S. D. C. S. aqua forti.*

— Vénus au bain, dirigée à gauche, N. Poussin. *S. D. C. q. à l'eau forte,* en hauteur.

Croquis d'après Parrocel: Scène de cavalerie à la porte d'une hôtellerie, en hauteur.

— Deux Zéphirs ornent de fleurs un buste de femme, d'après Sébastien Conca.

98. **Caylus** (Anne-Claude-Philippe de Thubières, de Grimoard, de Pestels, de Levy, comte de), né à Paris, 1692-1765.

— Abraham renvoyant Agar, L. B. (1).

— Abraham et les trois anges, d'après Lafage.

— Fête de Vénus, d'après Bouchardon.

— Cris de Paris, d'après Bouchardon, 4 p.

— Frontispice des estampes gravées sur les dessins du Cabinet du Roi.

— Sujet militaire, peint par de Troy, pour Gênes.

— Falconet, médecin, L. B. 337.

— Mascitti Michel, violon, L. B. 341.

— L'Amour précepteur, d'après Ch. Coypel, 2 épr dont une avant la lettre, 14 p. Pourra être divisé.

— Études prises dans le bas peuple, ou les Cris de Paris, 1737 à 1746, 5 suites en 1 vol. in-4, fig. demi-rel. 60 pl. gravées, par le comte de Caylus, d'après Bouchardon.

99. **Cazin** (Jean-Baptiste-Louis), vers 1800. Ancien pont sur la Seine, près de Mantes-sur-Seine, Normandie, Pontoise, etc. 12 p. à l'eau forte.

100. **Cely** (Comte de). Portrait de *Josephus Raulin*, médecin, *le comte de Cely del et sculp.*, profil à droite. Ovale équarris.

101. **Chataignier**. Buste de jeune officier à grands cheveux coiffé d'un béret de velours, dirigé à gauche. *Chataignier in sc.*

102. **Chays** (L.). Ville des Empereurs à Rome. *L. Chays, p^{t} s^{t}.*

103. **Cheron** (Elisabeth-Sophie), épouse de M. Le Hay, née en 1648-1711.

— Son portrait. 3e état, R. D. (1), T. B. épr. M.

104. **Chevalier** (Jean-Alexandre), ingénieur, vivait à Paris de 1769 à 1771.

— *Nouveau cahier de Soldats*, chez Niquet, 6 p. datées 1769 et 1770, no 1 à 6.

— *Nouveau cahier de charges à l'eau forte*, chez Niquet, 6 p. no 1 à 6, 1770.

— *Second cahier de charges à l'eau forte*, chez Niquet, 1770, 6 p. no 1 à 6.

— *Quatrième cahier de charges à l'eau forte*, chez Niquet, 1771, 6 p. no 1 à 6.

— *La Rissole et Madame Fricot.*

— *Charlot et Madame La Poix*, 2 p. sans date, avec quatre vers, chez Niquet, 26 p.

105. **Chevreuse** (Marie-Charles-Louis d'*Albert*, duc de), né en 1717-1767.

Buste de jeune fille, d'après Boucher. L. B. (1).

Paysage, à droite moulin à eau, à une des fenêtres un homme buvant. *L. D. D. C. in sculp.*

Cour de ferme, à droite berger debout jouant de la flûte près de sa bergère assise. *L. D. D. C. inv. et sculp.*

Pièces attribuées au duc de Chevreuse, sans nom :

Paysage très-petit, au milieu un homme, deux vaches et un chien près de l'eau à droite.

Vue intérieure du château de Chevreuse, no 2, à gauche en haut.

Château de Palaiseau, no 3. Pendant du précédent.

Paysage, au fond un barrage d'eau à gauche près d'une maison, au milieu un pêcheur.

106. **Chirac** (A. D. D.), peintre d'animaux.

Lamas du Pérou, 3 épr. avec différences.

Pâturages flamands.

107. **Claussin** (le chevalier Joseph de), garde de la porte du Roi, né vers 1795-1844.
Chevaux, d'après P. Potter, portraits, têtes et sujets d'après Rembrandt, Ostade, etc., avec différences, 42 p.

108. **Contad** (Mademoiselle). Vénus et l'Amour, d'après F. Bouché.

109. **Conti?**
Paysage, vers la droite, un homme assis parle à une femme debout avec une chien près d'elle.
Le même lavé à l'encre de Chine.
Autre, à gauche un homme assis le bras gauche étendu désigne le chemin à une vieille qui s'appuye sur un bâton, elle est suivie d'un garçon.
Le même lavé à l'encre de Chine.
Ces 2 p. sont d'après Lallemand, qui est écrit à l'encre ainsi que Conti.

110. **Croizat** (Ambroise), de Toulouse. Pièce satirique et curieuse, d'après Ant. Rivalz, avec quatre lignes latines *Domitat doctas — vocat*, il y a sur la marge, d'une écriture ancienne, peut-être de l'un des deux artistes : *Homes qui se sont randus imortelle par leurs oposition à l'établisemt de lacadomy de picture.—Celuy qui est peint avec une teste de chochon est M. Cartier,—celuy qui porte les orreille de Midas, M. Martin Ponce, — celuy qui a la grande peruque, et peint en envie, M. de Bastard. — Tous ces grands hommes ettait capitoule ensemble en* 1726 *ou* 1727.

111. **Dandré Bardon** (Michel-François), né à Aix, en 1700-1783, a peint et écrit sur les arts.
Son portrait par Moitte, d'après Roslin, grand in-4. T. B. M.
Portrait de Snellinck, d'après Van Dick: *Dandré Fe.*

112. **Dassonneville** (Jacques), peintre et graveur, vivait de 1653 à 1666.

La mère nourrice à l'estaminet. R. D. et L. B. (26). 1er état.

Intérieur rustique, une vieille qui a les mains sur sa chauffrette, regarde à gauche deux enfants, dont un debout, trois poules, etc., au bord intérieur, en bas à gauche : *Dassoneville f.*, et dans la marge : *Ex Collect° Basan* non décrite, L. 240 mil. H. 185 mil. 2 p.

113. **Dazaincourt** (Blondel), né vers 1730.

Pièces en travers.

1758, d'après de Maas, voûte, à gauche un âne et des cavaliers au fond. *Première gravure qui imite le lavis à l'encre de la Chine, dédié à M. Blondel de Gagny.*

1758, d'après Boucher, Moulins à gauche.

— — Bascule à puiser de l'eau, *dédié à M. de La Haye Desfosses.*

1759, d'après La Rue, le Timbalier, dirigé à droite, petite pièce.

— D'après Boucher, cour de ferme, à gauche, enfant assis près de son panier. *Dédié à Madame de La Haye Desfosses.*

— — Chinoise en hauteur.

1760, d'après La Rue, 14 fig. Satyres, femmes et enfants.

Pièces en hauteur.

1760, d'après Perrault, écran, chat dirigé à droite, attaché à un arbre.

Jeune femme dirigée à droite, dont l'oiseau becquette la bouche.

Chien sortant de sa niche à droite, grogne contre un enfant que sa mère protége, sans nom, manière noire, 10 p.

114. **Dehemant Saint-Félix.**

Scalpro Ludebal 1806, *Dehemant Saint-Félix, indulgenti que amico offerebat.* Titre d'une suite de croquis à l'eau forte, étude de figures et animaux en travers, 30 p., dont 10 doubles avant le n°.

Figures en pieds et animeaux en hauteur, n° 2 à 8. 7 p.

115. **Delacroix,** 1787. Vase à l'Enlèvement d'Europe, contrepartie de celui gravé par M. de Bizemont Prunele, le cuivre est en hauteur.

Paysage avec pasteurs et troupeau, avec vase à la Nayade à gauche, épreuve avant le ciel, sans aucun nom, 2 p.

116. **Delafosse,** 1757. Paysage en hauteur, rivière coulant du milieu du fond au-devant, à droite un pêcheur à la ligne qui a un gros poisson. *Delafosse inv. et fecit,* 1757.

117. **Delaval** (Alphonse). *Vue d'une porte de la ville de Villeneuve-sur-Yonne.* L. 102 Mil. H. 82 Mil.

Vue d'une porte de la ville de Crepy. L. 110 Mil. H. 87 Millim.

Vue d'une porte de la ville de Bray-sur-Seine. L. 136 Mil. H. 101 Mil. 2 épr. dont une non terminée avec des retouches à l'encre.

Place du Châtel à Provins. H. 122 Mil. L. 111 Mil.

Intérieur d'une cour de ferme, une paysanne vient de la droite son tablier relevé. L. 197 Mil. H. 137 Mil. 5 p.

118. **Denon** (Dominique-Vivant, baron), directeur-général des Musées, né à Chalons-sur-Saône, 1747-1825.

Son portrait d'après Lafitte, buste profil, gravé par son neveu Brunet, clairvoie.

— en pied, profil à droite, il écrit sur des tablettes et a des lunettes.

— par lui-même, de trois quart à gauche. B. épr.

Ovale entouré de trois enfants, pour servir de titre.

Femme tenant un enfant, rond.

Naissance de Jésus, scène espagnole.

Femme près de la fenêtre, d'après Raphaël.

Sujets de 9 fig. avec un chien, d'après Bassan.

Le Philosophe lisant, d'après Metzu.

Jeunes filles s'apprêtant à porter des fleurs à une idole, sans nom.

Buste de femme portant une corbeille, d'après Guerchin.

Tête d'homme fumant, autre tête, profil à droite, aveugle conduit par un enfant.

Portrait de dame en chapeau.

Deux portraits d'hommes, profil et face, d'après Van Dick.

Têtes d'Arabes au Caire, an VII.

Salutations à une Éminence, composition de 10 fig.

La Famille, d'après Fragonard.

L'Ignorance soufflant la lampe.

Martyre d'un Saint, d'après Titien. L. B. (11).

Les Lions, d'après M. J. Quadal, épr. avant la lettre. L. B. (16) 21 p. Pourra être divisé.

119. **Desmarest** (B.) Paysage, à droite un jeune homme porte dans ses bras une jeune fille afin qu'elle prenne un nid dans les herbes sur le bord d'une grotte. *B. Desmarest, inv. et sculp.*

120. **Destours** (Mademoiselle) vivait à Paris vers la fin du XVIIIe siècle.

Cahier de vues des environs de Rome, d'après Houel. 6 p.

121. **Dezallier Dargenville** (Ant.-Joseph), né à Paris en 1680. Mort en 1765, auteur de la Vie des Peintres, en 2 vol. in-4, ou 4 vol. in-8.

Son portrait par Vangelisti, rogné.

(1) Paysage à la colonne, à gauche.

(2) Deux arcs d'aqueduc ruiné, à gauche.

(3) L'homme sur un âne, à droite.

(4) Les deux vaches s'abreuvant près de la fileuse, à droite.

Ces 4 p. portent L 110. Mil. H 80. Mil.

(5) Les deux hommes debout et assis près des troncs d'arbres, à gauche, où se trouve dans la M. *Dargenville*, pinx. et sculp. 1731. L 135 Mil. H. 95 Mil.

(6) Grande ruine, à droite, dans la marge en bas, *alla signora Padrona mia Riverita la signora Francesca Theresa H. D.*

(7) La colonne au milieu du chemin.

(8) La femme à cheval suivie de l'homme et du chien.

(9) Le bûcheron au milieu du devant.

(10) La grande tour ruinée, à droite.

Ces 5 p. portent L. 152 Mil. H. 92 Mil.

(11) Le grand pont, à droite, dans la M. en bas, *Dargenville eques Romanus Delineavit Romæ ad vivum pinx. et sculp.* 1731, L. 183 Mil. H. 119 Mil.

(12) Tête riante dirigée à droite, gravée à la manière du crayon, d'après M. Ange de Caravage, et dédié à Mad. la comt. de Rochechouart. Epr. à la sanguine. H. 125 Mil. L. 120 Mil. 12 p.

122. **Dermonboy** (P.)

Paysages en travers avec sujets d'architecture.

Le vase à droite, près de la statue couchée.

Grande ruine avec 2 fig., à droite.

Grande ruine avec le soldat, à droite, assis sur la colonne.

Les amants, à gauche, assis au bas de l'escalier.

Les amants, au milieu, avec deux arbres à droite.

Les amants, à droite, au pied de la statue.

Homme et deux dames assis, à droite, au bas du péristyle. 7 p.

123. **Dufresne** (Michel Nitot), 1792.

Portrait de *sig^r Tomasso Salina Pittore.*

D'après Rembrandt, croquis homme barbu assis et dirigé à droite, un chat à ses pieds.

Deux *fac-simile* de dessins d'Albert Durer. Sainte-Catherine et autre qui tient une épée sur la même planche.

Deux têtes, d'après Alb. Durer, celle de gauche coiffée, celle de droite barbue et de face. 2 épr., dont une avant le trait carré et le n. 32.

D'après M. Schongauer, Jésus présenté à Pilate, n. 33.

Tête de vieillard, d'après Wille fils, n. 65.

Ces 4 p. sont de la Coll. Basan.

Femme nue debout, vue de dos, sans nom.

Le père Lantimèche, 1793.

Le comte Almaviva, 1793. Ces 2 p. chez Naudet. 9 p.

124. **Durameau**. Vieillard assis, à gauche, faisant des paniers, auquel un guerrier romain parle.

125. **Duvivier**. Paysage ovale en travers, à droite, groupe de 4 figures et un chien T. B., sans nom.

Geolier, à droite, avec deux chiens, parle à un prisonnier, à gauche, en bas, *Fidèle à son Dieu et à son Roi, voilà les torts que les scélérats lui ont trouvé. Le M. de Rouvre fut fait prisonnier le 2 septembre 1792, et fut exporté hors de la République le 14 janvier* 1793. P. curieuse T. B.

126. **Eberts** (Jean-Henri).

Pièces en hauteur.

(1) *Le tribut de la reconnaissance,* dédié au baron de Dietrich, d'après Boucher.

(2) Cenotaphe de Dorothée Sandow, d'après Boucher, dédié à M. Fréd. Ulric.

— Dessin de la composition.

(3) *Le Pucelage,* d'après Wille.

(4) *Jeannette,* d'après Boucher, n. 2.

(5) *Ismene et Daphnis,* d'après Boucher, dédié au baron de Behr, en travers.

127. **Edouard** dep..... Groupe de la vieillesse, tiré de la grande est. de Duplessis Bertaux, en contrepartie. T. B. G. M.

128. **Faber** (Frédéric-Théodore), peintre, a gravé à l'eau forte. Né à Bruxelles, 1782. Élève d'Ommeganck. Voir le catalogue de son œuvre, par M. Fréd. Hillemacher.

Paysage. Fréd. H., n. 28.

Paysan conduisant le bétail. F. H. (44)

129. **Fabre** (F. X.) L'ange apparaissant aux Saintes Femmes.

Sainte, la main gauche sur l'agneau sur un autel, calqué sur l'original du dominiquin du cabinet de Mad. la comtesse d'Albany. — Marius à Minturnes.

Mère implorant la grâce de sa fille. 4 p. T. B. épr., toute M.

130. **Fessart de Rouvre** (marquis de).

Le chenil, 6 chiens dans diverses attitudes, au fond, à droite, un homme vu de dos vanne, *gravé par M. le marquis de Fissart de Rouvre, d'après le tableau d'Ignace du Vivier*. Très rare, m.

131. **Forbin-La-Barben** (le comte de), né en Provence en 1720.

Paysages, la tour ronde à gauche.

Rivière, roseaux au bas d'un monticule, à gauche, au fond un sapin penché. Ces 2 p. sont en travers.

Le tronc d'arbre tordu, à gauche, en H. Ces 3 p. sont sans noms.

Hangar au bas d'un rocher, à gauche. *Forbin F et in.* 4 p.

132. **Foulquier** (Joseph-François), conseiller au parlement de Toulouse, où il naquit en 1744, mort à la Martinique, 1789. Ami et élève de Loutherbourg, a gravé à l'eau forte.

(1) *La famille laborieuse*, d'après le dessin d'après na-

ture par Mlle Drouin de Vaudeuil, à laquelle elle est dédiée; c'est sa première eau forte, à Toulouse, en 1765. En travers, tachée d'huile. P. rare.

(2) Front. de la suite des 4 matelots, inventé et gravé par lui. Sur la voile d'une barque, *c'est ici la première suite*, etc., 1768.

(3) *Matelot hollandais, dessiné d'après nature, par P. J. de Loutherbourg*, etc., en 3 lignes, 1er état. — 2e état, ces deux lignes enlevées, avec n. 20 en haut à droite.

(4) *Matelot provençal avec son grand caban*, etc. 1er état. 2e état. n. 21.

(5) *Matelot italien avec sa veste*, etc., 1er état. — 2e état, n. 24.

(6) *Matelot provençal avec son petit caban*, etc., 1er état. — 2e état, n. 23. Ces 5 p. en hauteur.

(7) Réunion de têtes *Ritratti di alcuni Ostrogotti dapresso natura da J. F. Foulquierimini italiano* 1768, en travers.

(8) Réunion de têtes autour d'une tête à perruque qui a un compas aux yeux, 1769, à Toulouse, en travers.

(9) *La mort de Sainte-Monique*, en H., d'après l'esquisse peinte de M. Despax, 1769.

(10) Portrait de *Mamolin Roy de Garbe, dessiné d'après nature, par J. F. Foulquier*, 1770.

(11) Front. 1er *recueil de modes et habits galants de différents pays, dessinés d'après naturé par J. F. de Loutherbourg*, etc., 1771.

(12) *Un jeune normand qui fait ses études.*

(13) *Un archinoble espagnol qui va faire la sieste pour aider la digestion.*

(14) *Un maigre bourgmestre qui prend croute avant le diner.*

(15) *Un petit maitre gascon qui va prendre son café.*

(16) *Deux jeunes milords qui badinent après le diner.*

132

6 p. charges en H.

(17) Matelot fumant les bras croisés. Dédié à M. de Loutherbourg avec la contre épr.

(18) *R. R. P. Docitissimi Bassiuæ*, réunion de 4 têtes dont une à très grande barbe et chapeau, en haut à droite, une tête de furie avec croix au cou.

— La même avec tête de femme à menton très haut, en place de la tête de furie.

(19) Paysage en travers, 4 à 5 fig. passent un gué, à droite, vers la gauche, une figure se voit au dessus de grands roseaux, eau forte pure, — la même remordue.

(20) Repos, le berger, à gauche, près de son troupeau, d'après Loutherbourg, dédié à M. Boyer de Raspède.

(21) *Premier corps de garde*, dédié à M. de Lucas Brocantino, peintre. 1773. en H., d'après Loutherbourg.

(22) Le charlatan, ***Messiou et Dames, daus ste petit bonteil***, etc., etc., charge très curieuse, en travers.

(23) *L'évocation des morts*, d'après Loutherbourg. 2 épr. avant et avec chez Basan et Poignant. Ces p. très rares, sont T. B. épr. et avec M. 20 p., pourra être divisé.

133. **J. B. G.** Portrait de *Rembrandt-van-Rhein, peintre et graveur*, de face, coiffé d'une toque, dans un ovale équarri, en bas, à gauche, *J. B. G.*, 1750.

Homme vu de dos, s'appuye de la main gauche sur un long bâton et a un panier à l'autre bras, au fond, 5 fig., à gauche, en bas, *F. Boucher Delineavit*, 1754, et à droite, *J. B. G. sc.*

134. **Galard** (G. de).

Guérite romaine, à Saint-Emilion.

Retour des Poissonniers.

Aspect des Landes, 3 p. lithog. publiées à Bordeaux, chez Maggi.

135. **Gessner** (Salomon), poète, peintre et graveur, né à Zurich en 1730. 1788.

Paysages en H., n. 6 et 7. 2 p. B.

— X paysages dédiés à M. Watelet, 12 paysages en travers, 10 idyles, en tout 32 p. B. épr., petit in-fol. oblong carton.

136. **A. T.** (A. Thery, abbé et chevalier de Gricourt de Cisoing 1750).

Le joueur de musette assis sur la butte, d'après Berghem; le même tableau a été gravé par M. le comte de Breteuil. T. B. épr., G. M.

137. **Grobon** (Jean-Michel), né à Lyon, mort très âgé en 1853.

Buste de jeune garçon presque de face, un peu dirigé à droite, en bas, à gauche, 2e *de M.*ᶜ*G.* 1793. T. B. épr., papier de Chine.

*Vue de l'église Saint-Rambert, à une lieue de Lyon. Grobon, del*t *et sculpt.*, en H.

Paysage en travers avec grosse tour avec un toit pointu, à gauche, n. 4.

Vue de l'isle Barbe, à une lieue de Lyon. Grobon, del et sculp.

Intérieur de forêt avec un ruisseau qui coule vers le milieu du devant, au fond au milieu, une femme, une chèvre et une vache, dirigée à droite d'où vient le jour. T. B. p. avant la lettre, du cabinet Debois. Ces pièces sont T. B. et G. M. 3 p. Pourra être divisé.

138. **Gueroult Dupas**, invent. et sculp.

Paysage, à droite, homme et femme assis, chez Giffart, 1.

139. **Hazard** (James), né à Londres en 1748, mort à Bruxelles. 1787.

Titre d'un *recueil de dessins de différentes écoles, fidèlement gravés par M. Hazard, amateur, d'après des originaux de même grandeur, tirés de sa collection*, dans un cartouche entouré de cinq hommes en costume genre Callot.

Sol. 3.

amateurs

140. **Heineken** (Charles-Frédéric de). 4
Son portrait gravé par lui-même, d'après Aug. de Saint-Aubin, 1770. Profil, à droite, dans un rond équarri.

141. **Hurpin** (L.). Juin 1832. 1
Les enfants et le chien, copie d'après Boissieu.

142. **Julienne** (Jean de). 1766. 1.25
Buste d'officier avec casque à deux plumes, dirigé à droite. *HK pinx J. D.*

143. **D. L.** (duchesse de Luynes). 3.75
Paysage d'après La Bella, la femme qui se retrousse en passant le gué. *D. L., sculp...* 1737.
Paysage, à droite, femme debout parle à une laveuse à genoux, à gauche, trois chèvres, et dans le coin un homme qui dort, au bas. *Auberi. Pi. Cadom. I. et D. à droite D. L. sc.*

144. **La Barthe** (Antoine-Guerard de). 1

Pièces rondes avec numéro et date, 1778.

(1) 1re *Suite de paisages peints et gravés par La Barthe, à Paris*, 1778, *chez Isabey, rue de Gesvres, au Grand Cœur.* Titre sur un rocher, à gauche, un cavalier s'en va vers le fond, n. 1, est au bas du cuivre à gauche.

(2) Le voyageur, à gauche, près du morceau de rocher, 2 épr., dont une avant le n. 2.

(3) Marine avec arbre à droite, bateau à voile au milieu et homme à grand baton sur l'épaule marchant à gauche.

— (4) L'homme et la femme dans le bateau, à la droite, devant.

— Le voyageur causant avec la femme, rivière coulant du fond à droite vers le devant à gauche, sans numéro.

— (6) Marine, soleil levant, à gauche un grand rocher, un pêcheur debout parle à une figure assise au milieu.

— Les trois voyageurs marchant, à gauche, dans le chemin creux près de la mer, avant le numéro.

— Sainte-Madeleine, de profil, à genoux, à droite dans une grotte qui a ouverture au fond, sans aucuns noms ni date.

Les Muletiers d'Italie, d'après Both, 1779.

La rencontre des flamands, 'après Teniers. 11 p.

145. **Lafond** (D.) Paysage en travers avec bestiaux dont une vache qui s'abreuve à une fontaine au milieu, au coin, à gauche, un baquet s'emplit à une autre rigole. *D. Lafond, del et fec*, 1800.

146. **La Live de Jully** (Ange-Laurent de). Introducteur des ambassadeurs, honoraire de l'Académie, etc., né à Paris, 1725-1775. Ces eaux fortes sont très rares. D'après les numéros qu'il mettait, nous connaissons 116 p. et nous en possédons 87, sans compter les différents états, les épr. sont en général très belles et en très belle conservation et belles marges. Nous osons affirmer que M. de La Live, par son rang et ses liaisons avec les artistes tels que Boucher et Saint-Aubin, s'est fait aider non seulement de leurs conseils mais même de leurs talents.

— Son portrait à mi-corps tenant une plume à la main, il regarde à gauche, dans une bordure carrée, ses noms et titres sont au bas au-dessus d'une draperie qui contient trois lignes latines. Pièce capitale. In-fol. avant le numéro.

— (49) Son portrait, buste de profil, à droite, d'après Cochin, médaillon, in-4.

(41) *Ludovicus Dionisius La Live de Bellegarde*, d'après Rigaud, dirigé à gauche. *O Felicem* sur la tablette, au bas. (Son grand-père).

(46) *Louise-Elisabeth Chambon de La Live.* Médaillon en bas-relief avec allégorie. Il est à Saint-Roch, première chapelle à droite. Six vers sur le piedestal *Si le plus immortalité* (sa femme).

— (115) Portrait de sa mère, d'après Bernard, dirigé à droite dans un ovale orné de fleurs, dans la tablette, *tendre, sensible, — enfants*, en quatre vers.

— (116) Portrait de son père, d'après Roslin, dirigé à gauche, fait le pendant à celui de sa mère, dans la tablette, *vrai citoyen — d'Autruy*, en quatre vers.

— *Recueil de caricatures*, etc., d'après Saly, chaque figure est dirigée à droite et le numéro à gauche en haut.

(1) Homme portant le titre sous son bras.
(2) Homme en bonnet de coton, la main dans la poche.
(3) Officier tenant un rouleau de papier.
(4) Officier marchant sur la pointe des pieds.
(5) Le déguisé de l'atelier.
(6) Homme se tenant les mains.
(7) Homme prenant une prise.
(8) Officier tenant la tabatière.
(9) Vieille portant une sorte de cruche.
(10) Servante portant un plat chaud.
(11) Abbé tenant la prise de tabac.
(12) Femme portant corbeille avec du linge.
(13) Officier marchant posément.
(14) Cuisinier tenant une casserole.
(16) Figure assise sur une pierre, tenant son bas.
(17) Homme au tablier.

Le n. 15 manque, même à la Bibliothèque.
En tout 16 p. B. M. 3 sont rognées.

— La même suite avant les numéros et sans M., excepté les n. 7 et 17 avec M., de ce dernier il y a une épr. d'une autre planche différente avant le numéro.

— (18) Titre des paysages dédiés à Mad. de Franceuil.
(19) A gauche, un abbé assis parle à une femme debout.
(20) A droite, église ruinée, grand pont au fond.
(21) Deux voyageurs, l'un à pied l'autre à cheval, au coin à gauche, près d'un pont.
Ces 4 p. sont avant le numéro T. B. M.

— Nos 19, 20, 21 avec les Nos B. M. 3 p.

— (22) Paysage *dédié à M. La Live de Bellegarde*. 1er état, les noms entiers. 2e état, *dédié à M. de L. de B.*, etc. B. M.

(23) Une croix au milieu de l'arche d'un pont, avant et avec le numéro. B. M.

— (24) Paysage *dédié à Mad. de L. D. J. Iris*, etc., avant le numéro. B. M.

(25) Ciel nuageux, rivière avec 3 barques à voiles, un pêcheur, vers la gauche.

(30) *Les éléments à Mad. de Roissy*, titre avec huit vers dans un cartouche.

(32) Le feu, d'après Natoire, avant le numéro. Enfant forgeant une flèche. B. M.

— (35) Jeune bergère portant deux cages, d'après Boucher B. M.

(36) Bergère appuyée sur son rateau, 1754, avec quatre vers, d'après Boucher. B. M.

— Superbe contre épreuve avant le numéro. B. M.

(37) Jeune femme avec cinq enfants, d'après Boucher. B.

(38) Jeune fille à la corbeille, d'après Boucher. B.

— (39) Le vase au hibou, avant et avec le numéro. B.

(40) Cabane rustique, d'après Boucher, avant et avec le numéro.

— (42) *L'Age d'or*, d'après Pater, six enfants avec un charriot traîné par deux chiens. B. M.

— (43) Vase avec quatre figures dansantes sur la frise, avant le numéro.

(44) Vase avec deux femmes drapées, avant le numéro. Les numéros sont à l'encre.

(47) Paysage d'après Francueil, dessiné par Watelet, soleil levant, un pont à gauche.

(48) *L'age d'or*, d'après Pater, sept enfants jouant avec un chien. B. M.

— (53) *Autel de l'amitié*, d'après Boucher.
(55) Hygie, déesse de la santé, allégorie, c'est le portrait de sa femme.
(57) La mère de famille, d'après Greuze.
— (59) Les fermiers brûlés, d'après Greuze, pièce capitale, petit in-fol.
— (63) Allégorie. Minerve protégeant les arts, quatre vers latins, *signa*. 1er état, avant beaucoup de travaux et les changements des tableaux au fond. B. M. — 2e état, avec le numéro et les changements.
— Groupe de quatre amours, génies des arts, d'après Boucher, probablement pour les hommes illustres de France.
— *Secret dérobé à un ami*, Bacchus authomate.
— Combat dans un retranchement, d'après Cochin. Front. in-12, pour un livre sur la petite guerre. Voir catalogue Cochin fils, page 98, n. 261.

PORTRAITS.

— (27) Louis Bontemps, d'après de Nyers, numéro gratté.
(28) *Pierre Gilbert de Cangé*, d'après de Nyers, le numéro gratté.
— (30) Madame la marquise d'Etampes? buste de profil à droite, dans un médaillon in-4, d'après Cochin, dans la tablette, quatre vers. *Pour charmer*, — *Divinité*. Très rare et T. B. M.
— (58) Allegorie, la religion montre le buste de la princesse de Condé, d'après Vassé, in-fol.
— (60) Marquis de Montcalm, de face, in-fol.
— Collection des Hommes Illustres de France. Ces portraits sont tous du même format de trois quarts gr. in-4, dans des médaillons ovales équarris, avec tablette au bas contenant le nom et au milieu du bas, le numéro de la collection, en haut le numéro de l'œuvre est indiqué

entre ( ). Ils sont très rares et en très belles épr. 3 ou 4 seulement sont un peu rognés et pas aussi frais.

(92) *Marc René de Voyer, marquis d'Argenson, garde des sceaux de France*, dirigé à gauche. 28.

(74) *Pierre Bayle, professeur en philosophie*, dirigé à gauche. 10.

(104) *Nicolas Boileau Despreaux, poëte et historiographe de France*, dirigé à gauche. 40.

(76) *Louis Bourdalone, jésuite*, dirigé à gauche. 12. Rogné.

(97) *Jean-Dominique Cassiny, de l'Académie des sciences*. dirigé à droite. 33. Numéro rogné.

(103) *Thomas Corneille, de l'Académie française*. 39. Rogné écorné.

(107) *Charles-Alphonse du Fresnoy, peintre français*, dirigé à droite. 43.

(96) *André Felibien, historiographe de France*, dirigé à gauche. 32.

(112) *François Girardon, sculpteur*, dirigé à droite. 48.

(65) *Jean-Paul de Gondi, cardinal de Retz*, dirigé à gauche. 1.

(108) *Jean Jouvenet*, dirigé à gauche. 44.

(98) *Jean de la Bruière, de l'Académie française*, dirigé à gauche. 34.

(114) *Michel Richard de la Lande, surintendant de la musique du roy*, dirigé à gauche. 50.

(91) *Chretien-François de Lamoignon, président du parlement de Paris*, dirigé à droite. 27. 1er état, avant les retouches. — 2e état, la figure totalement retravaillée.

(110) *François le Moine, premier peintre du roy*, dirigé à gauche. 46.

(73) *Nicolas Malebranche, père de l'Oratoire*, dirigé à gauche. 9.

(89) *Claude de Mesmes, comte d'Avaux, ministre plénipotentiaire de France*, dirigé à droite, 25.

(87) *Mathieu Molé, garde des sceaux de France*, dirigé à gauche, 23.

(79) *Bernard de Montfaucon, bénédictin*, dirigé à gauche, 15.

(78) *Louis Moreri, docteur en théologie*, dirigé à droite, 14, n° rogné.

(71) *Pierre Nicole, théologien*, dirigé à gauche, 7.

(66) *Melchior de Polignac, cardinal*, dirigé à droite, 2.

(93) *René Pucelle, conseiller au parlement*, de face, 29.

(111) *Pierre Puget, sculpteur*, de face, 47.

(75) *Armand le Bouthillier de Rancé, abbé de la Trappe*, dirigé à droite, 11.

(109) *Hyacinthe Rigaud, directeur de l'Académie de peinture*, dirigé à droite, 45.

(100) *Jean-Baptiste Rousseau*, dirigé à gauche, 42.

(95) *Charles de Saint-Evremont*, dirigé à gauche, 31.

(88) *Omer Talon, avocat général*, dirigé à gauche, 24.

(85) *Louis-Hector duc de Villars, maréchal de France*, dirigé à gauche, 21.

147. **Lanier** (Nicolas).

Son portrait, gravé par *L. Vostermans*, d'après *J. Lyvijus*, F. vanden Wyngaerde ex.

— Le même, gravé par Chambars, in-4.

Tête d'homme de profil à gauche, dans un petit carré : *Pme d. L* et au dessous : *Proue prime fatti a l'aqua forte da N. Lanier a l'eta sua giovenile di sessanta otto anni* 1636.

148. **Lasalle** (de), d'après Louterbourg, la Vache et l'Ane, dirigé à gauche.

149. **Le Daulceur** (Madame), née Louise de Montigny, élève de J. B. M. Pierre.

Pièces en hauteur.

(1) Vignette pour Mme d'Arconville, Minerve appuyée sur son bouclier.

(2) Berger dormant sur le sein d'une bergère, ils sont nus, d'après Pierre.

(3) Mendiante, de profil à gauche, assise, allaite son enfant; un autre est debout à droite, d'après Pierre.

(4) Mlle Le Dauleeur, d'après Cochin, profil à droite, elle est assise et tient un éventail.

Pièces en travers.

Vignettes pour le *Paradis terrestre* du Mme du Boccage, 1748, d'après Gravelot et Pierre.

(5) Titre d'après Durand, Chute des anges.

(6) 1er chant. Trône du Génie du mal.

(7) 2e chant. Adam et Ève debout.

(8) 3e chant. Adam et Ève assis.

(9) 4e chant. Adam et l'ange assis.

(10) 5e chant. Ève prenant la pomme.

(11) 6e chant. L'ange et Adam sur la montagne.

(12) Deux enfants jouant de la flûte et du tambour.

(13) Deux enfants qui s'embrassent.

Ces 2 p. servent de fin de chapitres.

(14) Nymphe couchée embrassant une chèvre. Jolie p. d'après Pierre. B.

(15) *Vénus sur les eaux,* d'après le dessin d'Edme Bouchardon, terminée au burin par Aug. de Saint-Aubin. *Fessard direx,* chez Joullain. Jolie p. ovale équarri. T. B. G. M.

150. **Lempereur** (Jean-Denis), ancien échevin de Paris, vers 1760.

Son portrait, gravé par Gonord, 1761, d'après Cochin, profil à droite dans un rond.

Jésus-Christ porté au tombeau, d'après Van Dick, du Cab. de M. le comte de Vonce, pièce en hauteur. *Lr fl*. T. B.

Le Puits, deux pilliers formés de pierres supportent la poulie. *Lr fl*.

Deux femmes montrent un grand vase à droite, sans aucun nom, attribué.

L'Obole à Bélisaire, d'après Panini avec des retouches à la plume. *L^r f^t*, 1762.

Pastorale, en travers, avec Satyre, d'après P. Testa. *L^r f^t*.

Tullie forçant son conducteur de char à passer sur le corps de son père. *L^r f^t*, 7 p.

151. **Lempereur fils** (Jean-Baptiste-Denis).

Paysage, d'après Berghem, avec bestiaux. *Lempereur f^s, sculpt.*, 1755, 2.

L'Ange annonçant aux bergers, d'après Boucher. *Lempereur f^{us} sculpsit*, 1750, 5, en hauteur.

152. **Le Seurre de Mussey**.

Médecin hollandais, d'après G. Metzu, in-4 en hauteur, eau forte pure avant la lettre, et terminée avec la lettre, 2 p.

153. **Lorimier** (le chevalier de), né vers 1750.

Paysage, à gauche une vache de face, un arbre presque au milieu et une maison vers la droite. L. 129 Mil. H. 98 Mil. en bas à gauche *le ch^{er} de Lorimier*.

154. **Louis** (D. N.). *Tempio di Cibele*, eau forte, sans nom. T. B.

155. **J. F. M. f.** *L'auteur composant la critique*, homme vu de dos assis sur une chaise renversée écrit de la main gauche, il est dirigé à gauche.

156. **M.** (l'abbé de). Femme pensive, dirigée à gauche, *fac simile* d'un dessin de Parmesan du Cab. du Roy.

157. **Marcenay de Ghuy** (Antoine de).

Son portrait, gravé par lui-même.

Charles VII, rogné; Henri IV, T. B. G. M.

Charles Ier, roi d'Angleterre, 1755, d'après Van Dyck.

Paysage, *le Repos*.

Les Portraits de X, d'après Rembrandt, gentilhomme donnant la main à une dame.

Berghe (Henri, comte de), d'après Van Dyck, 1767. Petit in-fol. à Paris, chés l'auteur. B.

Testament d'Eudamidas, d'après N. Poussin. B. épr. G. M. 8 p. Pourra être divisé.

158. **Mariette** (Jean). Dessinateur et graveur, né vers 1660, mort en 1742.

Allégorie des quatre éléments réunis, à droite un lion couché, et au bas : *I. Mariette In. et sculpt.*, 1687.

159. **Mariette** (Pierre-Jean), fils de Jean, né vers 1694 mort en 1774.

Portrait de *M. l'abbé Crozat, par P. J. M. sur le dessin de madame Doublet*, profil à droite dans un ovale. B. épr. rare.

Cinq têtes, dirigées à droite, d'après L. Carrache. *Mariette sc.*, 1724.

Le Pape Adrien VI et quatre cardinaux, dirigés à droite. d'après Perin del Vagua.

Paysage en hauteur, l'homme à droite marchant à gauche. La Fontaine entre deux colonnes en travers.

Paysage, en bas *Ant. Mar. Zanetti Venetto*, etc.

Ces 3 p. d'après Guerchin, non signées.

Femme de dos assise, d'après Parmesan, 1724, 7 p. Pourra être divisé.

160. **Montmirail** (Charles, marquis de), de la famille Le Tellier de Louvois, son père était Courtenvaux, il était colonel des Cent Suisses, né en 17341, mort en 1764.

Sei Paisagi dedicati alla signiora Marches di Mancini per il Marchese di M. Titre sur un piédestal, surmonté d'armoiries, à droite un singe. *C. Bacquoy excudit* d'après Alberi.

Le berger, à gauche debout, dirigé à droite.

Le berger et la chèvre, au fond le meunier et l'âne marchant à droite.

Le mouton à gauche, couché près du tronc d'arbre.

Les deux pêcheurs à la ligne et aux filets, à droite.

Les deux tours en haut du rocher, à gauche.

Le pêcheur à la ligne, en repos à droite.

Ces 6 p. et le titre sont en hauteur et d'après d'Albéri.

Paysage en travers, n° 4, à gauche *Montmirail inv. & excu.*, 1753.

161. **Olivier** (M. Barthélemy). Gentilhomme espagnol marchant vers le devant, tenant sa canne de la main droite, en bas à gauche : *M. B^me Olivier del et sculp.*

Autre appuyé contre un mur, la main droite sur une rapière nue, 1re épr. T. B. avant la planche nettoyée.

162. **Olivier de Castres** (J.-J.). Composition de dix figures à mi-corps qui font un concert, au coin à gauche un tête de chien, et vers le milieu un jeune garçon apporte des pommes sur un plat, en bas au milieu : *Olivier S*, 1819. *Premier essai offert à ses compatriotes par J.-J. de Castres.* Épreuve de graveur non terminée.

163. **Papillon de la Ferté** (Denis-Pierre-Jean), né à Chalons-sur-Marne en 1727, mort en 1794.

Divers paysages; gravés par M. de la Ferté, intendant des Menus-Plaisirs du Roy, 1758. Titre n° 1, de 47 pièces numérotées, manque les nos 7, 8, 44, 46, le n° 23 est avant et avec le n°. — Le château du lieutenant-général de Troyes, en tout 45 p.

Le Recueil complet, relié en veau, mais sali avec de la couleur par un enfant, 47 p.

164. **Pearson** (X.). Paysage en hauteur, à droite une église, à gauche deux hommes conduisant cinq chevaux.

165. **Pechenard.** Paysage en travers, à droite un moulin à eau avec un petit pont de bois, la rivière coule jusqu'au coin droit. *Pechenard, scul.*

— Autre, sans nom, attribué, pont de trois arches, ruiné, et plusieurs fabriques vers la droite au fond.

166. **Pigeon** (Rv). Paysage. Marine, en travers. Au bas est écrit à l'encre : *I.-P. Hackert del à Rouen*, 1766. *Vue d'une maison sise à l'île de la Croix, du côté du Grand*

Cours. R. Pigeon, sculp., un bâtiment en panne est à gauche.

167. **Pommard** (le chevalier de), né vers 1720, mort 1764.

La Marchande de châtaignes, d'après Augustin de Saint-Aubin. Très jolie pièce. T. B. épr. et toute M.

168. **Pompadour** (Jeanne-Antoinette Poisson, marquise de), amateur éclairé des arts, née en 1720 ou 22, morte en 1764, a gravé à l'eau-forte.

Ses portraits d'après Natier, par Cathelin, et de profil par Littret.

— Manière noire, d'après Boucher. T. B. épr. M. par Watson?

— *La belle Jardinière*, d'après Vanloo, par Anselin, avant la l. T. B. épr. G. M. et avec la l.

— Autre diff. avant la l. T. B. G. M.

— En pied, d'après Latour, par L. Massard, de la galerie de Versailles. 7 p. Sera divisé.

Suite d estampes gravées par Mme la marquise de Pompadour, d'après les pierres gravées de Guay, graveur du roy. 63 p. Il manque les n°s 5, 17, 21, 25, 31, 35, 41, 42, 45, 47, 48, 52; presque tous ont toute la M. et plusieurs avant les numéros; en tout 32 p. B. épr.

Tête de Rome, profil à gauche. P. 10.
Profil de Fontenelle, avant la l.
Le Printemps et l'Automne, 2 jolies p. en haut., allégories, bas-reliefs avant le numéro, l'Automne en double avec le numéro.
L'Aurore et la nuit. 1752. 6 p.

D'après Boucher.

Le petit montreur de marmotte. 1er état, 2e état avec 1751, 3e état le n° 67. — Les buveurs de lait.
Le faiseur de bulles de savon. 5 p. T. B. épr.

amateurs

169. **Pouget,** delin. et sculp. — 1-75
Frontispice de l'*Abrégé chronologique de l'Histoire de France,* la Renommée accroche aux colonnes les portraits d'Hénault, de Thou, Mézerai et Veriot.
Portrait de *Milady countess of Bury,* avec quatre vers de Milton. 2 p.

170. **Pujol de Mortry.** Marchande de pommes que pleure, avec son enfant à gauche, reçoit les adieux du grenadier. Chez Alibert. — 6-50
Intérieur, avec soldats en goguette, celui de gauche fume. Chez Megret. 2 p. dédiées à Mme Pujol de Mortry.
En hauteur, d'après les dessins de L. Watteau, gravé en manière de crayon. 1766.

171. **Quesnoy** (Mlle du). D'après Boucher. — 2-25
Jeune fille assise, dirigée à droite, son panier sur ses genoux.
Jeune femme de profil à gauche et ses deux enfants.
Jeune fille vue de dos, son chien sous le bras droit. 3 p.

172. **J. H. R.** Buste d'homme de trois quarts dirigé à gauche; ou est au niveau de ses cheveux. *J. G. W. del J. H. R., sculps. aquà forti. Paris.* 1752; c'est la partie gauche de la planche. Sur la partie droite, dans un double filet carré, profil de vieillard barbu dirigé à droite, et sur la manche sont les mêmes initiales et dates. — 1

173. **Ramond** Paysage en travers. Torrent coulant du milieu du fond au coin gauche, une petite figure est sur le chemin qui aboutit au coin droit. *Ramond inv et S.* 11. — 1

174. **Riollet** (Marie), dame de Bretagne de la famille du Dresnay, — 1780, — 1809. —
Paysage en travers, avec pont de bois et pêcheur à la ligne, à gauche une femme descend à l'eau pour laver.
Eau-forte non terminée.

175. **Rohan-Rochefort** (la princesse de).
Paysage en travers, d'après Boucher, blanchisserie à droite, femme debout étendant du linge; au bas *gravé à l'eau-forte par Son Altesse Madame la princesse de Rohan Rochefort, sous la direction de son très-humble et soumit serviteur Louvion.*

176. **Ronceray** (Mme de). Allégories.
Les quatre Saisons, statues d'Amours adultes dans des niches :
L'Été, avec une espèce d'écrevisse.
L'Automne, avec du raisin, n° 2.
Le Printemps, avec un bélier, n° 3.
L'Hiver, avec un capricorne.
Le même, avec chez Joullain. 5 p.

177. **Roy** (F. de).
Saint Ildephonse, grande pièce d'après Rubens, gravée à l'eau-forte.

178. **Roy** (J.-B, de).
Grande composition de bestiaux, d'après Berghem, au milieu une femme trait une vache et une autre verse le lait, à gauche une vache pisse; le nom est au crayon. T. B. G. M.

179. **Saint-Maurice** (de), officier aux gardes.
Le Vieillard complaisant, d'après Lenain. 2 épr. *Pariset excud. C. P. R.* et *Basset l'aisné.*
L'Orqueste bachique. 1732, avec les deux adresses. 3 p.

180. **Saint-non** (abbé de).
— Recueil de griffonis divers. 17 p.
— Le même avec différences. 20 p.
— Voyage en Italie, d'après les tableaux, et autres objets, etc. 168 p.
— *Paris (le Révérend Pere Alexandre de), capucin du grand couvent*, gravé en 1755. Grand in-4.
— D'après Benard, *tiré du cabinet de M. de la Live de*

Julie. 1755. *Le Jeu du Bouchon* et *les Plaisirs variés*. 2 belles p.

— D'après Boucher. 1758. Cour de ferme, quatre moutons et béliers couchés au coin à droite. T. B. M. la femme sur l'escalier de la ferme, intérieur avec des fumeurs. 3 p.

— D'après Fragonard, le montreur d'ours. 1762. Jolie p.

— D'après Le Prince, le troupeau en marche, l'achat des œufs, le passage du gué, T. B., la cabane du pêcheur. 4 p.

— D'après Wille, l'amateur d'estampes, *tiré du cabinet de M. le comte de Vence.*

— D'après Berghem, gravé au château de Saint-Aubin, en Picardie, chez Mme la princesse de Boulainvilliers. T. B. G. M. 13 p. Pourra être divisé.

181. **Senones** (le vicomte de). Deux pâtres et animaux, d'après Berghem; vaches et moutons couchés, d'après Dujardin. 2 p.

Vues d'Italie, par et d'après lui. 9 p.

182. **Sergent** (A.).

— *Vue prise de la grille du château. Expérience du globe aérostatique de MM. Charles et Robert*. 1783.

— Mgr le duc de Chartres et M. le duc de Fitz-James signent le procès-verbal qui constate l'arrivée de MM. Charles et Robert. 2 p.

183. **Thiers** (le baron de), fils de M. Crozat.

D'après F. Boucher, en hauteur.

— Armoiries à deux écus ovales, avec sauvage assis à gauche.

— Jeune garçon assis et appuyé du bras gauche, qui dort.

— Petite montreuse de marmotte de face, à droite un chien aboie, sans marque.

— Enfant et jeune fille qui va mettre un oiseau dans une cage à droite, n° 5.

— Jeune bergère assise, son mouton à droite, n° 6.

— Jeune fille de profil à droite et garçon assis, n° 7. La même avant le numéro.

— La mère et les enfants buvant du lait, n° 9.

— Montreur de marmotte tenant la gourde de la main droite, n° IX.

— Trois enfants chinois jouant avec un oiseau.

— L'Amour montrant à lire à une jeune fille. 2 épr. avec différence, n° 12.

Pièces en travers.

— L'Amour assis à droite vers un enfant couché à gauche, sans marque.

— La bergère assise à gauche, près du berger, et trois moutons, sans marque.

— Paysage. Chaumière, à gauche homme et femme assise, vue de dos, sans marque. 15 p. Pourra être divisé.

184. **Thomon** (Thomas de), architecte ingénieur.

Lac de Nemi, à côté de Gensano, situé à six lieues de Rome, dédié à la comtesse de Hoyos, née Clary, un groupé de 8 fig. antiques est à droite.

— Paysage en travers avec 7 fig. au milieu, à droite sur une pierre *Tho de Thomon inv scul.* 1796.

185. **Tourdaigues** (J.-B. de Bruni de la), né à Aix en 1768, mort à Rouen en 1793.

Quelques eaux-fortes, dédié à Mme de Bonneuil par son très-humble serviteur J. La Tour d'Aigues. Titre au bas de la reproduction de l'Atelier d'Ostade en contrepartie, en hauteur.

— Petit paysage, à droite des arbres, à gauche un rocher sur lequel se détache un homme et son chien.

— Grotte à gauche, moine à genoux devant la croix.

amateur

— Grands rochers, au milieu un moine à genoux vers la gauche devant la croix.

— Autre grotte, avec saint de profil à gauche assis au milieu.

186. **Valory** (J.-H., chevalier de). 12.50

(1) Ane dirigé à droite entre une chèvre et deux moutons à gauche. *J. H. V***, sculp.*

(2) Deux maisons à gauche, avec un arbre en avant. Au bas à gauche, *le ch^er de V., sculp.*

(3) Fabriques avec barrage d'eau, à droite petite chute d'eau, laveuse au milieu.

(4) Le pêcheur à la ligne, un tonneau près des fabriques à gauche.

(5) Arche de pont avec statue à gauche, tour à toit pointu ruinée vers la droite.

(6) Fontaine sans eau avec arbre à gauche.

(7) Château fort avec cinq tours à toits pointus, à droite un monsieur et une dame.

(8) Pêcheur à la ligne, à droite arche de pont ruiné.

(9) Pont ruiné de deux arches, à droite un homme dans un bateau.

(10) Tour à toit pointu à droite, porte ouverte au milieu, femme et chien.

(11) Garçon se défendant d'un chien à gauche, fabriques au fond. *Chez Buldet. Le ch^r de V., sc.*

(12) Puits à gauche avec femme, chaumière avec figure à la fenêtre.

(13) Fabriques avec pont ruiné de deux arches, vers la droite figure assise les jambes nues.

(14) Deux ronds équarris sur la même planche, celui de gauche, pont avec une grande et une petite arche, avec une figure dessus; celui de droite, entrée d'une caverne à gauche avec deux figures; à chaque dans les angles du bas. *V., sculp. 1745.*

(15) Guérite à gauche, le soldat a les mains dans ses

poches et le fusil en bandoulière, vers la droite le sergent lui parle.

(16) Le pêcheur au filet au milieu, au fond fabrique et écluse à droite.

D'après Boucher.

(17) Auberge avec un croissant pour enseigne à gauche, un homme est assis vers la droite.

(18) Réservoir où une jeune fille puise de l'eau au bas d'une grosse tour vers la droite.

(19) Grand moulin à eau, deux figures et un chien à gauche.

(20) Jeune bergère coiffée d'un chapeau, assise près de l'eau dans laquelle elle fourre un bâton à gauche.

(21) Quatre enfants avec chariot dirigé à droite.

(22) Jeune fileuse debout, vue de dos, dirigée à droite.

(23) Jeune dame vêtue avec fourrure, regardant à gauche, d'après Watteau. Ces 2 p. sont en hauteur.

— **Watelet** (Claude-Henri), amateur et homme de lettres, membre de plusieurs académies, mort à Paris, 1786.

PORTRAITS.

Tous sont de profil dans des médaillons ronds sur une partie carrée, in-4, et d'après Cochin, à moins d'indication contraire.

187. *Watelet (Cl-H.), de l'Académie française, de celle de Peinture, etc.*, gravé par L. Lempereur. B. M.

(1) *Cl.-H. Watelet*, 1753, eau forte par lui, profil à droite. B.

(2) *J. D'Alembert*, 1754. B.

(3) *Baudoin, capitaine aux gardes françaises*, 1er état, eau forte pure, 2e état, terminé. B.

(4) *L. Bay de Curys*, 1762. B. M.

(5) *S. C. Boutin*, 1782. B.

187

amateurs Watelet

Lot 7

(6) *I.-F.-A. Brunet de Neuilly*, sans aucune signature ni date. B.

(7) *A.-P.-F. Chastre de Billi.* 1760. B.

(8) *F. de Chevert, lieutenant-général des armées du Roy.* 1763. T. B. M.

(9) *Clairault* (*Cl.-Al.*), etc. 1er état, la tablette blanche; 2e état, avec la lettre. B. M.

(10) *Copette* (*P.-F.*), 1753, doct. Sorb.

(11) *Copette* (*P.-F.*), 176. Le 6 à l'envers. B.

(12) *P. Joliot de Crébillon.* 1762. 1er état, eau-forte pure; 2e état, terminé. B. M.

(13) *D. Dodart.* 1er état, avant les noms des artistes, à droite, en bas; 2e état, avant les noms, et 1753.

(14) *M. Lady Hervey.* 1752. B.

(15) Hervey (Miss Fanny), en pied, assise dans un fauteuil, dirigée à gauche. Rare.

(16) *C.-M. Hurson, intendant de Toulon, 1771.* Épr. avec le nom sous la date.

(17) *Jacques Laure, chevalier de Breteuil.* 1752. B.

(18) *Marguerite Le Comte*, etc., etc., tenant un chien. 1760. B. M. Très rare.

(19) Marguerite Le Comte, de profil, dirigée à droite; la tablette blanche, 1753.

(20) *J.-B.-M. Pierre*, 1755.

(21) Poisson de Vandières? Pièce rare non terminée avant toutes lettres. La tête est dirigée à gauche.

(22) *A.-F. Poisson de Vandieres*, 1752, dirigé à droite. B. Epr.

(23) *J.-J. Rousseau*, d'apr. Taraval, 1766, 1er état, avec la l. et la tablette blanche; 2e état, la tablette ombrée.

(24) *J. Sarran*, 1765. B.

(25) *Louis de Silvestre.* 1753. B.

(26) Sommery (Ja. Eti. Mis de), sans noms ni dates. B.

(27) *A.-B.-J. Turgot, intendant de Limoges.* 1763. T. B. M. — Le même avec une planche rapportée avec repère et

titre *A.-R.-J. Turgot, ministre d'État, et contrôleur-général.* T. B. M.

(28) *Lud.-Fl. de Vallière.* 1755. B. M.

(29) *J.-N.-W. de Valogni,* 1753. C'est M. Watelet de Valogni, maréchal de camp.

(30) *Villeneuve, comte de Vence, (Cl.-A. de).* 1754. 1er état, avant les armes; 2e état, avec les armes.

(31) *Marc-René, marquis de Voyer.* 1754. 1er état, eau-forte pure. 2e état. Terminé B.

(32) Frontispice pour Corneille, un génie à gauche entouré de fleurs, son buste sur un piédestal rond, 1762. 1er état, avant la bordure; 2e état, avant un cadre orné et avant la lettre. B. M.

(33) Frontispice de l'art de peindre, in-8 et in-4 avec culs-de-lampes et portraits pour en-tête de pages, Raphaël, Léonard de Vinci, Corrège, Titien, Tintoret, Dominiquin, Guide. 19 p.

(34) Ruth et Booz, 1758, d'après Pierre.

(35) Fuite en Egypte en travers; saint Joseph éclaire le chemin. 1765. B. M.

(36) Fuite en Egypte, en hauteur; un ange les éclaire; ils se dirigent à droite.

(37) Têtes de garçon, de fille et de chien, 1758, d'après Pierre. B.

(38) Le même sujet, autre planche conjointement avec Pierre, dont les signatures à l'envers sont en bas. B.

(39) Groupe à la tête de bœuf, conjointement avec Pierre, dont les noms sont à gauche en bas.

(40) Tête de femme de face, coiffée en cheveux.

(41) — d'homme regardant en haut, 1753.

(42) — d'après le Guide, 1759.

(43) — de Rembrandt, d'après lui-même.

(44) — coiffée d'un gros bonnet dito.

(45) *La Stregua,* la Sorcière, 2 épr. dont l'une porte la date de 1738? au bas.

187 Amateurs

187

Amateurs
Watelet

(46) Jeune fille nue recevant le baptême, d'après Pierre, 1759, B.

(47) *Veni Coronaberis.* Allégorie du mariage de la fille de Marg. Lecomte, 1759, conjointement avec Pierre. B.

(48) Jeune fille importunée par un chien, croquis, 1754. B. M.

(49) Alchimiste lisant à la clarté d'une lampe, pièce en hauteur.

(50) Prêtre et Rabin morave, 2 pièces.

(51) Dame vue par derrière, et un enfant assis à terre à droite. B.

(52) Diane et ses Nymphes à la chasse, pièce en hauteur dont les coins sont arrondis, 1784. B. 1er état avant les coins carrés.

(53) Jeune marchand de gâteaux.

(54) Jeune mendiant, 1781. B. M.

(55) Mendiante avec deux enfants, 1752. B.

(56) D'après Boucher, intérieur, Mère avec ses trois enfants et un chat, dirigés à gauche, 1754. 1re épr. avant beaucoup de travaux, 2e épr. retouchée.

— La même en contrepartie, 1754.

(57) Sept figures militaires, genre de Salvator Rosa, 1754.

(58) D'après Greuze, la bonne Mère, 1er état avant toutes lettres, rare. 2e état avec les noms des artistes, 2 p.

(59) D'après Berghem, le Passage du ruisseau, le paysan portant la torche, 1759. 1er état avant les travaux sur la lune; 2e état avec des travaux de roulette; 3e état avec le nom sur le tertre au milieu du bas. B.

(60) D'après K. du Jardin, un âne dirigé à droite, à gauche un paysan ramasse à la pelle, et au fond un chien, 1750. B.

(61) D'après D. Téniers, vieux mendiant boiteux assis. *Grifonavit*, 1750. B.

(62) Le chat arrêté et conduit au corps de garde des singes. T. B. pièce avant la roulette, d'après Téniers.

(63) Tonneliers chauffant un tonneau. B. M.

(64) Intérieur d'une fabrique avec plusieurs figures et grand feu, 1764, en hauteur.

Intérieurs en hauteur, d'après Weirotter, 1765.

(65) Escalier d'un couvent, moine devant une femme assise au pied d'une Madone. 1re épr. avant les travaux à la roulette, 2e épr. avec ces travaux.

(66) Autre, avec quatre figures en haut de quelques marches, 1re épr. avant la roulette; 2e épr. avec.

Suite de paysages du cabinet de M. L. C...

(67) Titre en hauteur sur une colonne.

(68) En hauteur, Ruines d'un portique, 1752. 2e épr. les travaux à la pointe sèche non ébarbés et ébarbés.

(69) Ruine en travers avec fontaine, 1753.

(70) En hauteur, Saule à gauche, 1754. B.

(71) En hauteur, Fabriques, au milieu un tonneau. B.

Paysages en travers.

(72) Cour de ferme, au milieu un puits, 1784, avant et avec le trait carré.

(73) Ferme, au milieu un four, 1784.

(74) Souterrain éclairé par la porte ouverte en haut de l'escalier, 1758, avec M. Le Comte. 2e état avec l'homme accroupi au bas de l'escalier; 3e état avec la femme dans la porte.

(75) Paysage carré, 175? Maison à droite, d'après Marg. Le Comte.

(76) Marine, 1754, en largeur.

Paysages d'après Rembrandt, etc.

(77) 1754, Chaumière à droite, chariot à gauche. B.

(72) — La vache à droite qui s'abreuve, signée W.

(79) 1758, La même contrepartie plus longue.

(80) 1758, Paysage à la barque, carré. B. M.

(81) 1759), Le même plus grand en travers.

(82) Paysage très long en travers, au milieu un chariot à foin au devant de la fabrique, 1758.

(83) Maison de Marguerite Lecomte, épr. avant toutes lettres. B. 1755. Le titre à l'encre au bas.

(84) Le Rialto à Venise, 1738. B.

(85) Grande vue de Mantes, très longue, en travers, au milieu, au devant, deux vaches dont une couchée, 1758.

(86) *Raccolta di vasi*, dédié à Mad. Geoffrin, 1754, d'après Lordel. B. M.

(87) *Sei Vasi*, d'après Pierre, pour front. Vase
avec deux sirènes sur le couvercle,
avec anses et tête de femme au milieu,
avec deux sirènes formant anses,
avec tête au milieu qui tire la langue.

Fontaines, d'après Pierre.

(88) La petite, 1750, avec une sirène au milieu. B.

(89) La grande avec deux sirènes. 1er état, avant que le coin droit du bas de la planche soit écorné. — 2e état, le coin écorné. B. M.

(90) Ruines d'après Panini, arcades où sont quatre hommes et une femme; pour pendant, trois femmes et un homme dans une ruine avec des colonnes. 2 gr. p. en H. B. M.

(91) D'après Both d'Italie, ruine d'un pont. Très grande p. en travers. L. 59. H. 43.

(92) L'art de peindre, poème... par Watelet... Paris, 1760, in-4, fig. de Watelet, v. m. fil. d. s. tr.
Bel exemplaire.

— Vue de Paris avec du linge étendu sur le devant, près la rivière.

— Chaumière palissadée au bord de l'eau, d'après Rembrandt.

— La grange à foin, à droite un troupeau de moutons, à gauche, n. 2.

— Paysage non fini, groupe de cinq chaumières.

— Paysage au chariot, très long.

— Paysage au canal d°

— Paysage avec moulin d°

— Paysage aux palissades d° sera divisé.

188. **Marguerite le Comte**, etc., son portr. gravé par l'Empereur. 1er état, avec les vers, mais avant les noms sur la bordure. — 2e état, avec les noms. B. M.

(1) Portrait, le cardinal Albanc, 1764. Marguerite Lecomte, d'après Lavallée Poussin. T. B. M.

(2) Temple de Vesta, très petite pièce par Marguerite le Comte.

(3) Moulin en H., à gauche, Marguerite le Comte, 1758. à droite, Watelet à rebours.

(4) L'Obélisque, d'après Rembrandt.

Marguerite, meunière du moulin joli, sc., 1754. B.

189. **Vêze** (Jean-Charles-Chrisostôme), Pécharman, baron de); né à Toulouse en 1788, mort le 5 août 1854.

(1) L'Ange-Gardien, d'après F. de Troy, pl. 6.

(2) Jésus-Christ tenant sa croix, d'après Le Guide, pl. 8, Ces 2 p. sont gravées au trait. *C. Pécharmant, sc.*

Lithographies.

(3) Ruine d'un château en haut d'une montagne, deux fragments d'ornements sont sur le côté droit.

(4) *Château de Tancarville*, Ch. de Vêze.

(5) Site d'Italie, Fontaine avec statue au-dessus de la vasque, un moine est auprès.

(6) *Chapelle du couvent des capucins, hors des murs.*

(7) *Tour orientale du château d'Ecouen.*

(8) *Porte de l'escalier de l'orgue, église de Caudebec.*

(9) Tombeau, abbaye de Jumiéges.
(10) *Château de Polignac, Auvergne.*
(11) *Chapelle Sainte-Claire, au Puy (Auvergne).*
(12) Ruine d'un château dominant un lac.

Pièces gravées d'après ses dessins.

— Chatelaine près d'une statue de saint.
— *Plaisance, Parme*, vues, par Sauvage.
— Les Tombeaux des rois de France, à Saint-Denis.
— Vue au Puy en Velay.
— Vue à Angoulême, collége de Sorèze.
— Acqueduc de Pennautier et autres.
— Vue prise près de Gistain, en Espagne.
— Etudes de paysages au lavis.
— Pièces tirées de Villemain.
— *Vue du Monte Rosso, prise de san Nicolosi*, gravée par Ch. Bentley. Epr. avant la lettre, noir, papier blanc, Chine, et en couleur avec la lettre.

Pièces tirées de l'ouvrage de Delaborde.

Vue et détails de la tour des gendarmes à Caen, arc de triomphe et pont de Saintes, château de Bourdeilles, chateaux de Chalus, de la Rochefoucault, cloître Saint-Séverin,

2 feuilles de la généalogie Borlunt, en couleur.

190. **Vidal** (F.) Paysage en travers, au milieu un homme avec bâton qui se dirige à gauche, quitte une femme assise, au fond deux pêcheurs. *F. Vidal fe aq. fo., chez Pariset.*

191. **Vieurville** (le chevalier de la).

(1) Son œuvre, *dédiée à Mad. la comtesse de P*****, 1728. Titre avec quatre ronds où se trouve un chat tourneur, chat chimiste, chat botaniste, chat dessinateur.

(2) Deux figures, d'après Callot, à gauche, vieille de profil, dirigé à droite où se trouve un gros paysan.

(3) Deux mendiants, d'après Callot, dans un paysage, celui à gauche porte un drapeau, l'autre vielle.

(4) Paysage composé, à droite, demi rotonde avec trois figures, d'après Leclerc.

(5) Ruines romaines, à droite, cinq statues en haut d'un monument.

(6) Danse de neuf fig., d'après Callot.

(7) La bascule, d'après Leclerc.

(8) Paysage, à droite, gros arbre, homme et vache, au milieu, ruine, à gauche.

(9) Paysage, d'après Leclerc, avec deux fig. des Balli, de Callot, celui de gauche danse. 2 épr., dont une avec n° 8.

(10) Paysage très étendu, ruine d'une porte, à droite, avec un chévrier. 10 p. T. B. G. M.

192. **Wartell** fec. Buste de femme de profil, à gauche, coiffée avec deux plumes. Jolie petite eau-forte.

193. **Welte** inv. et fe. Groupe de huit jeunes gens et un chien, à gauche, un jeune garçon marche sur les mains le pieds en l'air.

194. **Wieilh de Varennes** (le chevaier R. A. A.)

Suite de paysages inventée et gravée par R. A. Wieilh, chez M. Le Brun. Titre, au fond, à droite, une fig. sous une arcade.

Trois figures, dont une femme assise, à droite, près d'une cabane, 1769.

Marine, au coin à droite, deux hommes dans un bateau, 1770. — La même avec n. 89.

Autre, au fond à droite, un petit pont de bois et au milieu deux hommes dans un bateau, 1771.

Pont ruiné de deux arches, à gauche au fond.

Grande ruine, au milieu à droite, vers le fond, deux fig.,

Suite de six petits paysages.

Vue du port de Rochefort du côté de la citadelle, dessiné et gravé par le chevalier de Varennes.

L'aurore, moulin à eau à droite.

L'heureuse pêche et *les paysannes laborieuses*. 2 p. dédiées à M. P. Laurent, chez Dubois.

Vue d'un belvéder dans la forêt de Compiègne, n. 14, en bas, à droite.

Vue prise dans les jardins du château de Sceaux, n. 15, chez Bénard.

La tour de Glaskouw, ou le général Lafayette a été détenu par l'Autriche.

Dix petites pièces, d'après les tableaux du cabinet du comte de Baudouin.

D'après Berghem, *le rendez-vous à la colonne.*
— J. Both, *montagne du Pausilype.*
— Goyen, *le départ pour le marché.*
— Loutherbourg, *le naufrage.*
— J. Miel, *les eaux purgatives.*
— — *halte de chasseurs.*
— Ostade, *la soirée des fumeurs.*
— Robert, *le palais de Médicis.*
— — *l'écurie italienne.*
— Wouvermans, *le manége.*

D'après Fragonard, grande fontaine à colonne, entre deux lions, à gauche, des laveuses et des bestiaux s'abreuvent, au fond, à droite, des tonneaux sous une voûte.

D'après Ruysdael, quatre figures dans le chemin, vers la gauche, avec deux chèvres.

26 p., pourra être divisé.

195. **Anonymes**, eaux-fortes, divers, etc. 38 p.

196. — Le jeu de pied de bœuf, très jolie composition de

trois personnes assises dans un jardin; le galant, à droite, vient de saisir la main d'une des dames. T. B. épr. avant toute lettre avec M.

197. — E. M. 14 septembre 1818. Deux têtes d'enfants avec des ailes, un ancre est au-dessous, rare. Lithog. T. B. Couplets chantés au dîner d'amis de collége, 19 janvier 1822, avec le repas en tête, composé de 12 personnes, dont une dame. Jolie P. très rare, lithog. T. B. 2 p.

198. **Aubry le Comte**. Portrait-lithog. de Mlle Darcier, actrice, avec dédicace signée. Très beau et rare, n'étant pas dans le commerce.

199. **Audran** (Benoist). Portrait de D. Bernard de Montfaucon. In-fol. B. M.

200. **Audran** (Jean). Portrait de Noël Coypel, d'après lui-même. T. B. M.

200. **Audran** (Charles).
Les quatre Saisons, 1634, figures académiques d'hommes. 1er état, avant les numéros et l'adr. de Ciartres. L. B. (227-230). T. B. épr. toute M. 4 p.
N°s 3 et 4 avec les numéros. 6 p.

201. **Aveline** (Pierre), d'après Georgion.
Moyse présenté a la fille de Pharaon. Grand in-fol. T. B. toute M.

202. **Balechou**, d'après Avéd. Portrait d'Anne-Charlotte Gaulhier de Loiserolle, femme d'Avéd. T. B. épr., et de Charles Coypel, peintre. 2 p.

203. **Baltard** (Louis-Pierre), architecte, né en 1764, mort en 1846, a gravé 540 pièces. *Voir* L. B.
Vues d'Italie, architecture, animaux, vignette *Alphonsine*, etc. 24 p.

204. **Baudouin** (d'après P.-A.), peintre.
Le matin, le midi, le soir, la nuit.
Le catéchisme, avant la l. T. B.
Les cerises, avant la l. T. B. G. M.

Le raisin, avant la l. T. B. G. M.

L'enlèvement nocturne, avant la l. T. B. G. M.

La même, avec la l. 10 p. Pourra être divisé.

205. **Beauvais** (N.-D. de). Portrait de Meissonnier (Juste-Aurélien), architecte, d'après lui-même. T. B. épr. M.

206. **Beisson.** La Madone de Foligno, d'après Raphaël, avant la l.

207. **Bellay**, de Lyon, mort en 1853, peintre.

Son portrait dans l'angle du bas à gauche d'une planche de 5 croquis, dont une tête de cheval au milieu. 2 épr. dont une Chine. T. B. G. M.

208. **Bergeret** (Pierre-Nolasque), peintre, a gravé à l'eau-forte, né en 1780, vivant.

Ces pièces sont très belles et en bon état.

— La Fuite en Égypte. 1er état. (L. B. 2).

— *Philippo Lippi, esclave*, avant et avec la l. (L. B. 3).

— Portrait d'André del Sarto. (L. B. 10).

— La promenade. (L. B. 13).

— Étude de Turc. 1er état. (L. B. 14).

— Homme au grand bâton dirigé à droite. Très petite p., non décrite, très rare.

— Honneurs rendus à Raphaël, et autres d'après ses tableaux. 9 p. Pourra être divisé.

209. **Bernard** (Samuel). Portrait de M. Hautman, joueur de violon (R. D. 2). 3e état.

210. **Bertaux** (Jacques, et Duplessis Bertaux). Chevaux au repos et 3 vignettes de la Révolution. 4 p.

— Recueil de 100 sujets de divers genres, composés et gravés à l'eau-forte par J. Duplessis-Bertaux. Paris, 1814, pet. in-4 obl. cart.

211. **Bertin**, élève de Valenciennes, peintre.

Puits carré monumental avec toit de tuiles et boule au-dessus; petite pièce en travers.

212. **Bidauld** (Jean-Pierre-Xavier), peintre, né à Carpentras en 1743, mort en 1813.

Buste d'Oriental barbu, avec plumes sur son turban; il regarde à gauche. Ovale. 1774.

213. **Blot** (Maurice), d'après Mme Le Brun.

Mgr le Dauphin et Madame, fille du roi, enfants, tenant un nid. In-fol.

214. **Boissieu** (Jean-Jacques de), peintre et graveur, né à Lyon en 1736, mort en 1810.

Les numéros entre ( ) sont ceux de Le Blanc.

Ceux qui suivent un R. de Rigal.

Son portrait, gravé par un anonyme, de trois quarts à gauche.

Ces épreuves sont toutes très belles et en bon état.

(20) Son portrait tenant le portrait de sa femme. R. 1.

(9) Huit études de têtes. R. 111.

(10) Études de têtes. 2e état.

(25) Les moines au chœur. R. 6.

(27) L'Écrivain public, épr. avant la totalité des travaux de pointe sèche et de roulette, et retouchée de teintes de lavis par l'auteur, qui a mis au crayon : *belle épreuve*. R. 8.

(29) Intérieur de ferme.

(30) Intérieur de ferme. R. 13.

(31) Le Maître d'école. R. 14.

(35) Le Maître d'école, Rare épr. d'eau-forte pure du 1er état. R. 18.

— La même, terminée avec tout son effet.

— La même, épr. moderne.

(36) Les Enfants et le chien, très rare épr. avant beaucoup de travaux à la roulette. R. 19.

— La même terminée avec tout son effet.

(37) La Leçon de botanique, très rare épr. avant divers travaux. R. 20.

— La même, plus récente.

(39) Les petits Charlatans. T. B. épr. de l'avant-dernier état. R. 22.

(40) Les petits Tonneliers. R. 23.
(46) Vielleur de la main droite. R. 29.
(47) Vieillard à front chauve. 1er état. R. 103.
(49) Tête d'homme. R. 105.
(50) La Boudeuse. 1er état. R. 106.
(53) Tête d'après Van Dyck. 1er état.
— Copie en contrepartie.
(63) Les Joueurs de boules. R. 10.
(72) Le temple du soleil, avant que les armes et la dédicace soient enlevées. R. 32.
(75) Saint Andéol. R. 41.
(88) Le Repas de l'Enfant. R. 59.
(93) Paysage. R. 64.
(110) Les petites Laveuses. R. 82.
(132) Pays montueux. R. 132. 1er état.
Pavillon des cy-devant carmes dechaussés de Lyon; Nuremberg, chez Frauenholz.
(137) Paysage d'après Ruysdael.
32 p. Pourra être divisé.

215. **Boissieu** (M. de), neveu de J.-J. de Boissieu.
La forge, d'après Lenain. B. épr.

216. **Bonnard** Portraits à cheval de Louis XIV, Monsieur, duc et duchesse d'Enghien, duc et duchesse du Maine, Marie-Anne de Bourbon Conty, Franç.-Louis de Bourbon Conty, Henri-Jules de Bourbon Condé, comte de Toulouse, Catinat, Montmorency, Vendôme. 15 p. B. G. M. Rares.

217. **Bosse** (Abraham, né vers 1605, mort en 1678.
Les numéros entre parenthèses se rapportent au *Manuel de l'Amateur d'Estampes*, par M. Ch. Le Blanc, dont nous avons suivi l'ordre de classement.
— Les Vertus théologales et cardinales, suite de 9 p. Dédicace (67). titre (68), la Foi (69), l'Espérance (70), la Charité (71), la Force (72), la Prudence (73), la Justice (74), la Tempérance (75). B. épr. avec M.

— Histoire de l'Enfant prodigue :
Il quitte ses parents (76). B. M.
Il garde les pourceaux (78).
Il revient chez son père (79).
Son père fait tuer le veau gras (80).
Le festin (81). 5 p.

— Mort de Lazare (83). B. M.

— Les Vierges sages et les Vierges folles (85 et 86), 2e état (87, 88 et 90), 1er état (91), 2e état, plus une copie allemande du 1er état. 7 p.

— Les Sept Œuvres de Miséricorde :
Donner à manger à ceux qui ont faim (92). 1er et 2e état, avec adresse de Leblond et les Capuchons.
Donner à boire à ceux qui ont soif (93). Leblond.
Loger les pèlerins (94). Leblond.
Visiter les prisonniers (95). 1er et 2e état, avec adresse de Poilly et le Capuchon. B.
Visiter les malades (96). 1er et 2e état.
Vêtir les nuds (97). Leblond. B.
Ensevelir les morts (98). 10 p.

— Frontispice pour la Vie de saint François de Paule (123). B. M.
Junon, Vénus et Pallas, chacune dans un rond. 170 à 173.
Frontispice de la Gnomonique (221). 1er et 2e état, avec le no 8 à droite en bas.
Frontispice. *Leçons données dans l'Académie* (482). 1er et 2e état, avec le no 6 à droite en bas.
Frontispice de la perspective (533). 1er et 2e état, avec les nos 60-4 à droite en bas et 62 en haut.
Frontispice. *Pratique de perspective* (535). 2 états différents, l'un avec 49 à gauche en bas, l'autre le numéro effacé et 63 à droite en haut, et 5 en bas.
Frontispice. *La pratique du trait* (530).

Frontispice. *Sentiments sur la distinction des manières de peintures*, etc. (532).
La Terre, dame à mi-corps (541).
Fragments et 2 pièces de l'*Ariane*.
En tout 22 p. Pourra être divisé.

— Les quatre Saisons :
Le Printemps (553). 1er état. Leblond, B. 2e état, Poilly et les costumes changés. *L'Été* (554). *L'Automne* (555). *L'Hiver* (556). 2e état, avec les Capuchons. 5 p.

— Les quatre Ages de l'homme :
L'Enfance (557), l'Adolescence (558), la Virilité (559). 2e état, la perruque allongée. 3 p.

— Les cinq Sens :
La Vue (561), *l'Odorat* (562) B. M, *le Goût* (563) B. M. *l'Ouïe* (564).
1er état, avant l'adr. de Ciartres.
2e état, avec Ciartres.
3e état. Curieux ; la planche réduite aux cinq personnes, en hauteur ; les coiffures des dames sont changées, au bas se trouve de la musique. Haut. 240 mill. larg. 186 mill., y compris la marge du cuivre.
Le Toucher (565), un coin déchiré. 7 p.

— La Vue (566), l'Odorat (567), dames en pied, vignette de la 4e partie de *Polexandre* (631). B. Louis XIII sous la figure d'Hercule (677), m. 4 p.

— Louis XIII recevant une députation de magistrats (678).

— *La Ioye de la France* (681). T. B. p.

— *La Fortune de la France* (700). T. B. Rare.

— La dame suivant l'édit (709). B.

— Les noms, surnoms, qualitez, armes et blasons des chevaliers et officiers de l'Ordre du Saint-Esprit, recueilly par d'Hozier. Paris, 1634, in-fol., fig., parch., avec les pl. gravées par Abraham Bosse. Très belles d'épreuves.

— Marche du roi et des chevaliers du Saint-Esprit (714). Festin donné aux chevaliers (716), colorié. 2 p.

35 — — *Cérémonie observée au contrat de mariage, entre Vladislaus IIII, roi de Pologne, et L. Marie de Gonzague.* (718) T. B. M. Un trou de vers dans le fond, rare. Copie plus grande tachée. 2 p.

58 — *Ostel de Bourgogne* (735). B. Le mot *Roy* a été coupé avec un canif. Rare

13 — — *Le maistre d'escole* (740). T. B., avec l'adr. de Leblond. *La maistresse d'escole* (741). 2e état, avec l'adresse de Poilly. M. 2 p.

31 — — La saignée (747). T. B. p.

14 — — L'atelier des cordonniers (749). B.

19 — Le sculpteur (742). B. M.
Le peintre (743). m.
Les graveurs (744). B. M.
L'imprimeur (745). B. M. 4 p.

7-50 — Le pâtissier (746). Un côté de la bordure coupé.
Le barbier (750).
Le remède (751). La bordure coupée. 3 p.

29 — *L'Infirmerie de l'Hospital de la Charité de Paris* (752). T. B. M. Rare.

5-50 — Le procureur (753).

12 — Bergère dansant avec son chien (759). B. Demoiselle chantant (768), et cavalier jouant du luth (769). 3 p.

36 — Le bal (771). T. B. 1er état. Rare. Avant les vers au bas.

34 — La signature du contrat (772). B. Avec Ad. de Leblond.
— La noce de village (773). B. 1er état.
— Le chaudeau aux mariés (774). 2e état. M.
— Les présents de noces (775). B. M. 1er état.
— Le déshabillé de la mariée (776). B. 1er état.
— Le retour du baptême (779). La bordure coupée.
— Les visites à l'accouchée (780).
— Le repas des dames seules (781). T. B. M.

8-50 — Owell (Rob), auteur du livre de la forêt de Dodonne (791), la tête est gravée par Mellan. T. B. Rare.

31 — le repas des dames seules

— Le jardin de la noblesse et la noblesse à l'église, 24 p. pourra être divisé (798).

— Habillements des gardes françaises du roy (831-839) 9 p. 3 p. sont avant le numéro dont le nº 2 qui est avant et avec, 2 p. sont tirées sans la bordure qui est une planche à part, en tout 9 p.

— Le mari battant sa femme (840).
La femme battant son mari (841). B. 2 p.

— Le rêveur vêtu d'un manteau fourré de malice (842). B. — p. Rare.

— Epitaphe de J. Callot, surmonté de son portrait (887). B.

— *Fontaine Belleau* (893). B. Un coin blanc déchiré.

— Judith tenant la tête d'Holopherne qu'elle met dans le sac que tient la servante, au fond à droite la ville de Béthulie, en bas. *A. Bosse in et fe.* Larg. 380 mil. H. 158.

— *Responce de la Damoiselle a la lettre du capitaine extravagant.* Demoiselle remettant une lettre à un jeune commissionnaire *Ciartres excud.* Pièce in-4. En tête d'un texte imprimé in-folio. 1640. Non décrit.

— La Pvcelle ov la France délivrée... par Chapelain. Paris, 1656. in-fol., portr. et fig. v. m.

D'après lui.

— Un peintre peignant l'amour, *C'est à bon droit— ce fifre en temps de paix*, *Mariette.* 2 p. gravées par M. Lasne.

— Le mauvais riche à table, G. Visscher excudit, ce sujet est entouré de six petits sujets : à gauche, la mort de Lazare, son âme enlevée au ciel, son convoi, à droite, mort du riche, son âme en enfer, son convoi en bas, un texte hollandais très-grande p.

— Visiter les prisonniers *Fransois van Beusekom excudit* entouré de six compositions, les œuvres de miséricorde en haut DE SEVEN WERCKEN VAN BERMARTICHEIT. — Autre pl. en haut HET TOONNEEL DER BARMHARTIGHEID. 3 p.

— Copies, par Aubry, les cinq sens, l'adolescence et la vieillesse. 7 p.

BOUCHER (François).

Né à Paris en 1704; mort en 1770, peintre du roy, a gravé à l'eau-forte.

Portraits de François Boucher.

218 (a) De profil, d'après Cochin, par Cars.

(b) De trois quarts, d'après Roslin, par L. Bosse, avant toutes lettres. — Le même avec la lettre.

(c) D'après le même, par Dagoty, manière noire.

(d) D'après le même, par Carmona, in-fol.

Eaux-fortes par lui.

— (1) Portrait de Watteau entouré par la Renommée, des amours et les grâces. Avant toute l. T. B. M.

— Le même avec quatre vers : *Les grâces qui — sur son tombeau*, et en bas en dehors *Boucher invenit et sculp.* chez Huquier. T. B. G. M.

Voir n° (21), l'autre portrait.

— (2) La Vierge allaitant l'Enfant-Jésus adoré par deux anges, à droite. Ovale en travers.

(3) Roi présentant son arc à un vieillard couché, beaucoup de figures dont un soldat romain au bord à droite, en travers. T. B.

— (4) Deux gros enfants buvant du lait, un chat se voit à gauche, *boucher* écrit à l'envers, est à droite en bas. 1er état, 2e état, chez Odieuvre, 3e état, chez Buldet. 3 belles pièces.

— (5) Deux amours dont celui de gauche tient un oiseau qu'il va mettre en cage, *boucher*, en bas à droite, chez Odieuvre. T. B. M.

— (6) Deux enfants couchés et dormant près d'un chat, à droite, chez Buldet. T. B. M.

— (7) Enfant montreur de marmotte dont la boîte est en

bas à droite, au-dessus de *boucher* à l'envers, chez Odieuvre. T. B. toute marge.

— (8) *Nouveau livre de diverses figures inventées et gravées en partie par F. Boucher,* chez Huquier. 10 p. B. Toute marge.

1. Titre, avec la lettre.
2. Paysanne assise tenant une cruche.
3. Homme vu de dos tenant des armes.
4. Deux jeunes filles tenant des fleurs.
5. Oriental assis, le bras droit étendu.
6. Jeune fille, vue de dos, un panier au bras gauche.
7. Mendiante avec deux enfants, par Watelet.
8. Trois enfants, celui du milieu est debout.
9. Mère grondant un de ses enfants.
10. Jeune fille assise près de son panier.

— Pièces séparées du même cahier dont le titre avant toute l. et n. 2, 3, 4, 5, 6, 9, 10. T. B. M. 8 p.

— (9) Bergère assise de profil, dirigée à droite; elle tient son panier de la main droite. T. B. sans nom.

(10) *La petite reposée.* A droite un enfant, au milieu une femme assise regarde en bas à gauche où est *F. Boucher, 1756.* Avant toute l. T. B. G. M.

— La même avec l. l., chez Buldet. T. B.

(11) *La blanchisseuse,* chez Buldet. A droite, jeune femme étendant du linge près d'une baraque d'où sort un jeune garçon. T. B. M.

— Deux paysans dorment, celui du fond est couché sur le ventre, en bas à gauche *Boucher inv.*, et à droite *Uxor ejus sculpsit.* T. B. M.

Cette pièce est gravée par sa femme.

— (12) Berger enfant, de profil à droite, jouant de la musette au son de laquelle danse son chien, au bas à gauche *F. Boucher fecit aqua forti*, et à droite *A. Aveline term.*, jolie p.

— Le même, du même sens, gravé à la manière du crayon.

— (13) *Recueil de diverses figures chinoises*, de son cabinet, 12 p. Titre, c'est un musicien. 2. Médecin chinois. 3. Dame chinoise. 4. Botaniste. 5. Paysanne. 6. Magicien. 7. .... 8. Musicien. 9. Demoiselle. 10. Autre musicien. 11. Soldat. 12. Autre soldat. En tout, 11 p.

— (14) Figures chinoises, musicien de profil, à droite, n. XI; danseuse avec cercle à sonnette dirigée à gauche, n. XII, 2 p. T. B. G. M.

— (15) Etude académique d'homme couché à terre, la jambe droite levée. A, nº 10, en travers.

— (16) Académie d'homme assis sur ses armes. B. nº 9, en hauteur.

— Le même, imprimé en rouge chez Huquier,

— (17) Statue de Vénus prenant une colombe dans un casque que tient l'Amour, sans nom. T. B. M. 6 p.

— (18) *Andromède*, elle est effrayée du monstre marin qui est à gauche, au dessous de lui dans l'eau, est *F. Boucher inue* 2, avant toutes lettres dans la marge, rare.

— 2e état, *Inventé et gravé à l'eau forte, par F. Boucher, terminé par P. Aveline*, chez Huquier, etc., dans la marge. T. B.

— *Andromède*, 2e état et 3e état. Chez Basan et Poignant; fragment d'une estampe en contrepartie.

— (19) *Vénus et Cupidon*. Elle est appuyée sur le côté gauche et tient de la main droite une couronne que Cupidon cherche à attraper, en bas à gauche : *Boucher, inv et fecit*. — La même, gravé par ......, épr. rogné.

— La même contrepartie, jolie eau forte avant toutes lettres.

— (20) *Livre d'étude d'après les desseins originaux de Blomart*, etc., avec privilége, chez Odieuvre, 12 p. B. épr. G. M.

Pièces gravées par Boucher,
d'après A. Watteau pour les 2 vol. d'Études.

Ces pièces sont très belles, la plupart avec grandes marges et en 1er état avant les nos en haut, avant l'adr. d'Huquier et avant les fonds de 3e état, quelquefois les trois états s'y trouvent.

— (21) Portrait de Watteau à mi-corps. T. B. épr. avec G. M.

— (22) Buste de femme de face, les mains posées l'une sur l'autre, rare. Epr. avant le trait carré. T. B. M.

— (23) Têtes d'études d'après Watteau, plusieurs avec différences avant et avec l'adr. d'Huquier. T. B. G. M. 15 p.

— (24) Portraits d'acteurs, La Thorillière et autres, la plupart 1er état avant l'adr. d'Huquier. T. B. Epr. 10 p.

— (25) Études de petites figures en pieds d'hommes, de dames, cavaliers, etc., en 1er et 2e état. 15 p. T. B.

— (26) Études de figures en pieds d'enfants, d'hommes et de dames, avec 1er, 2e et 3e état. T. B. 15 pièces.

— (27) Figures de dames en pied avec différences. 10 p. T. B.

— (28) Figures de dames en pied. 10 p.

— (29) Figures d'hommes et de dames en pied. 10 p. T. B.

— (30) Figures de dames la plupart assises ou couchées. 10 p. T. B.

— (31) Titre, suite d'études d'après nature, montreurs de marmottes, etc. 10 p. T. B.

— (32) Pierrot et autres, en tout 1er état avant le trait carré ou avant le no. 4 pièces avec leurs différences, en tout 8 p. T. B.

— (33) Gilles vu de dos, ayant une mandoline en bandoulière, 2e état avec l'adr. d'Huquier, et avec un dessin de fond fait au crayon, très vraisemblablement par Boucher. Au verso est un autre dessin, un chevalier dans des ornements.

— (34) Crispin assis regardant à gauche avec l'ad. d'Huquier.

— (35) *Pomone*, épr. de 2e état avec privilége, à droite en bas.

— (36) *La troupe italienne*, chez F. Chereau, superbe pièce. T. B. G. M.

— (37) Sujets de composition à mi-corps avec différences, dont une dame à sa toilette. 6 p. T. B.

— (38) Pastorales en hauteur, deux sujets. 1er et 2e état. 4 p.

— (39) Pastorales en travers, les Saisons? Printemps avec des retouches à l'encre par Boucher; l'Été, l'Hiver avant les cordes du traineau, 3 p.

— (40) *Veuë de Vincennes*. T. B. épr.

— Paysages en hauteur et en travers, plusieurs avec différences. 20 p. T. B. Pourra être divisé.

— (41) Arabesques, *le Dénicheur de moineau*, 1er état.

— 2e état, du cabinet de M. de Julienne, et avec privilége. 2 épr. B.

— (42) Les Saisons, *le Printemps*, *l'Été*, *l'Automne*, *l'Hiver*, chez Cars, 4 p. B. épr.

— (43) Pastorale, le Mai et *la Coquette*. 3 p. B.

— (44) Figures chinoises tirées du cabinet du Roi, 12 p. T. B. M.

— (45) Six pèlerins et pèlerines avec un chien, le tronc d'un gros arbre est à gauche, très rare.

Chaumière à gauche, homme et femme vers la droite, près de deux arbres qui se croisent au milieu.

Ces deux petites pièces sans noms sont dans le goût de Boucher et de Watteau.

Pièces d'après Boucher.

— (a) Histoire des Peintres de Ch. Blanc, les deux livraisons de Boucher.

Titres du premier et second livre d'esquisses gravés par Huquier, cartouches blancs avec emblêmes religieux, à la Pagode, etc. Cartouche en hauteur, nº 4, la Justice en haut et deux chevaux en bas, chez Huquier, T. B. en tout 7 p.

— (b) *Recueil de Fontaines inventées*, chez Huquier, nºs 1, 5, 6.

Second livre de Fontaines, nº 1, 2, 3, 4, 5, 7, gravés par P. Aveline, chez Huquier, 9 p.

— *Recueil de Fontaines inventées*, etc., chez Huquier, 7 p. B.

— (c) Tête de jeune homme regardant à droite, tient un crayon de la main droite et la gauche sur un portefeuille, en bas à gauche *F. Boucher*, probablement le portrait de son fils. T. B.

— Le même, gravé par Demarteau, nº 188, *onzième estampe à plusieurs crayons*. T. B. M.

— (d) Tête de jeune femme de profil, dirigée à gauche, ou est en bas *Bouché*, le B à l'envers. T. B.

— (e) *Ninette*, gravée par Lebas, avant et avec la lettre, c'est madame Favart, rôle de Ninette à la Cour, 2 p. T. B. G. M.

— (f) *Le Puits*, par Chedel; jeune fille vue de dos et paysage, par le chevalier de V., scène pastorale, 4 p.

— (g) Intérieur flamand, neuf figures fument et boivent, à droite en bas un jeune enfant joue avec un baquet, gravé par Saint-Non., épr. avant les noms.

— La même, plus travaillée, avec les noms, 2 B. épr.

— (h) Les Œuvres de Molière, gravées par L. Cars, avec le portrait d'après Coypel. 34 p. T. B. épr. toute M. in-4.

— Les Œuvres de Molière, in-8, dess. et gravées par J. Punt, 1739-40. 34 p. B., plus 6 p. par L. Legrand, en tout 40 p.

— (i) Vignette in-8 et in-4 pour divers ouvrages, Molière et autres. — La nativité et la petite ménagère. 32 p.

10-50 — (j) Pièces séparées des livres de têtes et de sujets, pastorales, les enfants voyageurs, gravés par Huquier, les graces naturelles, par Henriquez. 12 p.

5 — (k) *Repos champêtre, Vue d'un pont*, T. B. épr., et jeune pâtre les pieds dans l'eau, dirigé à gauche, T. B. G. M. 3 p. gravées par Ryland.

6.50 — (l) Soldats buvant et jouant aux dés. 2 p. Goût de Salvator Rosa. Sujets chinois et autres, en tout 8 p.

Wig 9 — (m) 5e livre de groupes d'enfants, gravés par Huquier, chez Chereau. 5 p. dont le titre.

Wig 13 50 — (n) *Les buveurs de lait*, joli groupe d'enfants, gravé par Daullé, chez sa veuve.

L'amour nageur et *l'amour oiseleur*, *la peinture* et autre. 8 p.

5 — (o) *L'école de l'amitié*, gravé par Delastre, chez la veuve Daullé. T. B. M.

La poésie lyrique, Départ de Jacob, Bergers à la fontaine, etc. 6 p.

— (p) *La belle cuisinière*, gravée par Aveline, avec 4 vers, chez Basan. C'est le pendant de

8 — (q) *La belle villageoise*, gravée par Souheyran, eau forte pure. T. B.

— La même, terminée avec 6 vers, chez Huquier. T. B. M.

— *L'heureux âge*, fragment de la composition le groupe d'enfant seul, gravé par Ravenet fils. T. B. 4 p., pourra être divisé.

4 — (r) Paysages, vues de Charenton, etc., gravés par Basan, Chedel, Le Bas, Moitte, Saint-Non, Roclam. 14 p.

3 — (s) Jésus-Christ et les douze apôtres en pied, in-fol. 13 p.

4.75 — (t) Les graces au bain, le panier mystérieux, etc., etc. 7 p.

218 Boucher

Vig

Vig

Vil. XX.

— (u) Sujets, Pastorales, Figures, Têtes, gravés par Demarteau, genre crayon, imp. en rouge, 80 p., sera divisé.

— (v) Têtes et sujets, genre crayon, noir et couleur, gravés par Bonnet et Demarteau. 12 p.

219. **Boucher fils** (Juste-François), architecte, a gravé à l'eau forte des arabesques de sa composition et de l'Architecture, né à Paris en 1740. - 1781.

— Cahiers d'arabesques, par F. Bo. de 6 feuilles, 1er cahier A. 2e cahier B. 3e suite C. 4e suite D. Voir (L. B. 20-67) de l'œuvre de F. Boucher père. 25 p.

— *Ve Cahier d'Arabesques* plus grand, 6 feuilles, chez Chereau fils. T. B.

— *VIe Cahier d'Arabesques* format plus carré. A. 6 feuilles. Le même cahier, la lettre A est effacée et remplacée par F, au bord du trait carré, épr. faibles. 6 p., plus 3 autres p., en tout 15 p.

— Copies des quatre premiers cahiers, par Kolmann, chaque cahier sur 1 feuille; quatre pièces et pièces doubles des six cahiers, dont plusieurs avant la lettre et le numéro. — Incomplets. 43 p.

— *Nouveau livre de vases, dessiné et gravé par Boucher fils*, chez la veuve Chereau. 8 p. sans numéro.

— *Nouveau livre de vases, par F. Bo.*, chez la veuve Chereau. 7 p., le numéro en bas à droite.

— *Livre de tombeaux composés et gravés par F. Bo.*, chez la veuve Chereau. 7 p. avec numéro.

— Vases, tables grecques, tombeaux, figures, etc., dont plusieurs avant la lettre et le numéro. L. B. 1 à 16 et autres. 21 p.

— Livre de dessins d'architecture, par F. Bo., chez Chereau. 6 p. numérotées. T. B. M.

— Le même cahier, dont deux pièces avant le numéro,

plus deux autres pièces même grandeur. 1re vue des ruines d'Athènes et de Rome, en tout 11 p. B.

Cet œuvre, composé de 149 p. pourra être divisé.

220. **Bouchet** 1693. Portrait d'Adrien Vander Cabel, peintre, d'après lui-même, avec quatre vers. *Ce Peintre, — Fortune.* B. rare.

221. **Boulogne** (Louis de), le père, peintre, né à Paris en 1609 - 1674.

La Vierge au mur (R. D. 2), rognée d'une ligne dans le bas.

222. **Bourdon** (Sébastien), peintre.

L'ange conseille Saint-Joseph, avant l'adresse de Mariette (R. D. 23). Fuite en Egypte (24 et 25) en 1er état, (26) 2e état.

Vierge sur une arche souterraine, attribuée (R. D. 3). 5 p. B. épr.

223. **Bouys** (André), portraits de Hérault (Charles), peintre (R. D. 7) rare, De Troy (François), peintre (12) rare. B. épr. 2 p.

224. **Brascassat** (J.-R.), peintre, a gravé à l'eau forte et lithographié, vivant.

Mouton couché, à droite, il regarde vers la gauche ou se trouve quelques plantes. Sans nom ni date.

Croquis, études d'animaux en tous sens, une vache couchée près d'un tronc, à l'opposé quatre chèvres et moutons couchés. Première idée de la pièce suivante.

Quatre chèvres et moutons couchés, près d'un chardon à gauche, l'on voit au fond à droite, un pâtre couché près de deux moutons. Ces eaux fortes sont très rares, n'ayant tiré que quelques épreuves.

Etudes par J.-R. Brascassat, 1831. 6 p. lithog. In-fol., chez Rittner et Goupil.

225. **Brebiette** (Pierre), peintre, son portrait in-4, en largeur. *Aug. Quesnel ex.* Frises nos 8, 11, 12. 4 p.

226. **Brissart** (P.) del. et sculp.
Statue équestre d'Henri IV sur le Pont-Neuf. T. B.

227. **Calame**. Essais de gravure à l'eau forte, 1833-1840. T. B. épr. sur chine. 24 p.

228. **Caron** (Adolphe), d'après Gérard.
La duchesse de Berry et ses enfants. T. B. épr., avant la lettre.

229. **Caron** (Toussaint), d'après Couder.
Le lévite d'Ephraïm. Épr. avant la lettre, sur blanc.

230. **Cars** (Laurent), suite de composition d'après F. Boucher, pour les œuvres de Molière avec le portrait, d'après Coypel, par Lépicié. 34 p., toute M. On a joint le portrait de F. Boucher, par Cars, toute M., et celui de Cars, par Migor. 36 p., T. B. épr.

— Portraits de Michel Anguier et Sébastien Bourdon. T. B. épr. M. — 2 p.

231. **Casanova** (François), peintre, né à Londres, 1730.
Combat de deux cavaliers, dirigés à gauche. T. B. épr.

232. **Chabanne** (Emanuel-Flavien), peintre à Lyon, né vers 1800, vivant.
Portrait de *M. A. P. F. Robert Dumesnil*, æt. 59, 1837, auteur du peintre-graveur français. T. B. épr. M.

233. **Challe** (Charles-Michel-Ange), peintre, né à Paris 1718-1778.
Femme nue vue de face, elle essuie son pied droit et a le gauche dans l'eau. Ovale. En bas, *M. C. Challe J. S.* 1744.

Femme nue de profil, à gauche, essuyant ses pieds, assise sur ses vêtements, près de l'eau. Ovale. 2 épr. dont une avant beaucoup de travaux.

CHARDIN (JEAN-BAPTISTE-SIMÉON),

Peintre, né à Paris en 1699, mort en 1779.

Portraits de Chardin.

234. (a) Peint par lui-même, 1771, gravé par Chevillet, petit in-fol. avec des lunettes.

(b) D'après Cochin fils, par Cars, in-4. B.

(c) D'après Cochin fils, 1776, par Rousseau, in-4. T. B. G. M.

(d) *Fra. Marg. Pouget*, sa femme, d'après Cochin, par Cars, in-4. T. B. G. M.

Pièces en hauteur.

(1) Le dessinateur, assis à terre et vu de dos, dirigé au fond à droite, très jolie p., gravée par J. J. Flipart, 1757, chez Cars. B. épr. avec M. Rare.

(2) *Le Peintre*, singe peignant un amour en singe, gravé par Surugue, avec 4 vers. Épr. un peu rognée et collée. Rare.

(3) *L'écureuse* et *Le garçon cabaretier*, tirés du cabinet de M. le comte de Vence, gravés par C.-N. Cochin, chez lui. 2 p. B. toute M.

(4) L'enfant au moulin et tambour, par Cochin.

(5) *La gouvernante* avec 4 vers, toute M.

(6) *La mère laborieuse* avec 8 vers, gravées par Lepicié, 1739 et 1740. 2 p.

(7) *Le Benedecité*, gravé par Lepicié, 1744, avec 4 vers, chez Lepicié et Surugue.

(8) *La ménagère*, gravée par Dupin, chez Crepy. B. G. M.

(9) *La pourvoyeuse*, chez de Noyers, avec 4 vers.

(10) *La Ratisseuse*, 2 pl. différentes, gravées par Lepicié, avec 4 vers, chez l'auteur et Surugue.

— (11) *Le négligé du matin*, gravé par Le Bas, 1741, chez lui, avec 4 vers. B. épr., toute M. — 13-50

— (12) *L'œconome*, gravé par J. Ph. Le Bas, 1754. T. B. épr avant toutes lettres. — 145-

— La même avec la lettre, 4 vers, chez Le Bas. B. — 36-

— (13) *Les amusements de la vie privée*, gravés par Surugue, 1747. — 15-50

— (14) La serinette, gravée par L. Cars, chez lui. — 15-

Pièces en travers.

— (15) *Le château de cartes et La maîtresse d'école*. 2 sujets à mi-corps, gravés par Lepicié, avec 4 vers, chez la veuve Chereau. B. épr., toute M. — 18

(16) *Dame prenant son thé*, à mi-corps, gravée par Filleul, avec 6 vers, chez lui et chez Le Bas. B. épr. — 25

— (17) *La Fontaine* et *la Blanchisseuse*. 2 p. gravées par Cochin. Chez lui. — 18

Copies de ces p. en hauteur, avec le nom de Cochin. 4 p.

— Contrepartie. Gouvernante et Mère laborieuse, plus petites, par Gautier, avec les vers.

— Autres, du sens de l'original, in-4 et in-8, avec les vers et le haut cintré.

— La Ménagère et la Rôtisseuse. In-4, ceintrées. — 3-25

— La Pourvoyeuse et la Rôtisseuse. In-8, ceintrées. 10 p.

— Copies modernes en petit, par MM. Charles Jacques et Subercazes, qui ont *faussement* signés *Chardin sculpsit*. La Gouvernante, la Mère laborieuse, l'Écureuse, la Pourvoyeuse, le Bénédicité, le Négligé du matin. 6 p. Le Jeu de cartes, par M. Ed. Hédouin, tiré de l'*Artiste*, la Vivandière, la Mère laborieuse et la Rôtisseuse, manière noire, publiées par Haid. En tout, 10 p. — 15

235. **Charlet.** Les hommes font les décorations, etc., et autres pièces lithographiées. Très belles épr. 20 p. — 10-

236. **Chereau** (François). Portraits de Louis de Boul- — 8-50

longne, peintre, B.; Élisabeth-Sophie Chéron, peintre, T. B.; Nicolas Delaunay, directeur de la Monnaie, et Nicolas de Largillière. 4 p.

237. **Choffard** (Pierre-Philippe). Son portrait gravé par lui-même. In-8. T. B. épr. avec M. Grand conseil assemblé dans une salle, 1750. T. B. épr. G. M. et armoiries de Navarre et autres accolées, 17781. 3 p.

238. **Clermont** (G.), directeur de l'Académie de Reims vers 1750.

Groupe de quatre Amours jouant avec des raisins. A gauche, *Clermont, inv. et exc.*

239. **Cochin** (Nicolas), père.

— Portrait de Boutemie, profil à droite, supporté par deux Amours en tête d'une dédicace typographique de trente-deux vers en son honneur.

— *Jacob poursuivi par Laban.*

— Les Noces de Cana, d'après P. Véronèse. T. B.

— Les Noces de Cana, d'après André Vicentinus. Signé *Natal. Cochin, sc.* T. B.

Histoire de l'Enfant prodigue :

(1) *Pater da mihi portionem.*

(2) *Dissipavit substantiam suam.*

(3) *Adhæsit uni civium et misit illum.*

(4) *Pater peccavi in cælum et coram te.* 4 p. T. B. épr. K. Audran ex. en tout 8 p.; pourra être divisé.

240. **Cochin** (Charles-Nicolas), fils.

— Son portrait par Daullé, d'après lui-même, profil à gauche, rond équari. In-4. T. B. M.

— Assomption de la Vierge d'après Coypel, l'Optique, Poltronerie de Sancho, etc. 7 p.

— Portraits d'Eutache Lesueur. T. B. épr. M. et Jacques Sarrazin l'aîné, sculpteur. 2 p.

— *Concours pour le prix de l'étude de têtes,* gravé par J.-J. Flipart, en 1763, d'après Cochin. B. G. M.

— Collection de vignettes, fleurons et culs-de-lampes,

ou suite chronologique de faits relatifs à l'Histoire de France, composés par Cochin et gravé en partie par lui-même. Paris, 1707, in-4, fig. (40), br.

241. **Collignon** (F.-Jules), vivant.
Le jeune pâtre assis à gauche, d'après Jules Dupré. 1844. Très jolie eau-forte sur Chine. T. B. G. M., et intérieur de bois, gravé par A. de Bar, 1846, cintrée par le haut. Épr. Chine très belle. 2 p.

242. **Coypel** (Antoine), peintre, né à Paris en 1661, mort en 1722.
Son portrait d'après lui, par Duchange, in-fol., et par Massé, in-fol. 2 p. très belles.
— Pan vaincu par les Amours. R. D. (10). 2e état.
— Allégorie à la gloire de Mgr. le Dauphin. (R. D. et L. B. 11). Très belle épr. 2 p.

243. **Coypel** (Charles), né en 1694, mort en 1752 ou 3, premier peintre du roy, a gravé à l'eau-forte.
Portrait de J.-A. Maroulle. R. D. (22).

244. **D'Andiran** (Frédéric). Nérac et ses environs. 12 croquis d'ap. nature, lithog. et texte in-fol.

245. **Daret.** Portrait d'Étienne d'Aligre, chancelier. Gr. in-4. T. B. épr. M.

246. **Daullé** (J.), graveur, né à Abbeville en 1703, mort en 1763.
Portraits de Catherine Mignard, comtesse de Feuquière. (L. B. 29), T. B. Hyacinthe Rigaud peignant le portrait de sa femme. 2 p. in-fol.

247. **Debucourt** (Philippe-Louis), né en 1757. mort en 1830.
La fête de la grand' maman; belle épr., rognée à l'ovale, pièce en couleur.

248. **Decamps** (Alexandre-Gabriel), né à Paris en 1803, a gravé à l'eau-forte.

Eau-forte.

— Les ânes sous le toit à gauche et le garçon turc assis à droite. 2 épr. dont une Chine; tiré des *Artistes contemporains*.

Lithographies.

— Une Rencontre, — le petit Savoyard. T. B.

— Croquis publiés par Giraldon, nos 1 à 6. T. B. épr.

— Sujets de chasse publiés par Gihaut. 1 à 6.

D'après lui.

— Le Jeu du Tonneau, le Coup décisif, Sancho, de *l'Artiste*. — Les Poules, par Eug. Leroux. T. B. en tout 20 p.; pourra être divisé.

240. **Demarne** (Jean-Louis). Son œuvre, en très belles épreuves, 1er état, avant les planches nétoyées et les angles terminés. 44 p., dont plusieurs avec différences en parfait état de conservation; pourra être divisé.

(1) Frontispice, épr. du 1er état, rare.

— 2e état, avec le no 1 à droite en bas.

(2) L'Ydylle de Gessner, petite p. très rare; c'est la première eau-forte du maître.

(3) Jeune femme refusant les caresses du vieux.

(4) Le bateau. 2 épr. différentes de ton.

(5) Les trois figures sous les arbres près de l'eau.

(6) La lecture ou la famille, avant le trait carré.

(7) L'âne couché et l'ânon debout. 2 épr.

(8) Les deux vaches couchées sur la gauche et la femme sur la droite.

(9) La maison au petit pont de bois sur la droite.

(10) La vache buvant dans le bassin.

(11) La vache de profil à droite.

(12) La vache près de l'arbre à gauche, avant le trait carré. 2 épr.

(13) L'homme sortant de la porte du parc.

(14) Idylle, fig. près d'une chute d'eau.

(15) Le troupeau buvant près du pont de pierre.

(16) L'arbre renversé sur le torrent.

(17) Le troupeau sortant de la bergerie. 2 épr. dont une avant beaucoup de travaux.

(18) Le vieux tronc sur la droite et les deux bouleaux au milieu.

(19) Le vieux tronc sur la droite et le vieux chêne au milieu, 2 épr. dont une avant le nom.

(20) La fileuse près de l'homme couché à gauche.

(21) Le troupeau près de la statue à gauche. 2 épr.

(22) La femme qui courre à droite, avant le nº 16.

(23) La vache et le veau.

(24) Les deux vaches qui se lèchent.

(25) L'ancienne porte ruinée.

(26) La bourasque, le troupeau sur le pont.

(27) Les deux figures près de l'autel ruiné.

(28) Le chien et le chapeau.

(29) La paysanne tirant l'oreille.

(30) Les figures à gauche entre les deux tauroboles.

(31) L'homme et le chien entrant dans la porte.

(32) La famille sous les arbres vers la droite. 2 épr.

(33) L'enfant que l'on tient sur la chèvre.

(34) La femme de profil et la chèvre que l'on trait.

(35) Le repos, par Devisme, retouché à l'encre de Chine par Demarne. Épr. avant la l. 44 p.

— Œuvre de J.-L. Demarne, Epr. modernes. 38 sujets imp. sur 28 feuilles. T. B. exempl.

— L'Idylle gravé par Salomon Gessner que Demarne a copié pour sa première eau forte. B. et rare épr. avant, beaucoup de travers.

250. **Demarteau**. Vierge-Jésus, d'après C. E., très jolie petite p. T. B. avec M. et sainte Thérèse, d'après Bernin.

251 **Descourtis**, d'après Schall. . .
Le départ et l'orgie de l'enfant prodigue. 2 T. B. Epr. en couleur sans M.
L'amant supris, et les espiègles. 2 T. B. Epr. imprimées en couleur, toute M.

252 **Desprée** (J. L.). Portrait de Perronet (Jean-Rodolphe), architecte, de profil à gauche, in-4.

253 **Desrochers** (E.). Portraits de Bourdaloue (Claude de), chevalier, in-fol. Poerson (Ch. Franç.), peintre, B.

254. **Dieu** (Antoine), né à Paris, en 1662.
Son adresse de Me Peintre, *Au Grand Monarque*, avec le portrait de Louis XIV.

255 **Drevet**. Portraits d'André Félibien, in-4. B. et François Girardon, sculpteur. B. Epr. avec M. 2 p.
— Portrait de Boileau, Louis de Boullogne, Marie Cadesme, Robert de Cotte, cardinal de Fleury. Keller et sa femme, Mitantier, duchesse de Nemours, Rigaud (Hyacinte). 2 Epr., dont une avant la draperie allongée. 11. p., pourra être divisé.

256 **Ducerceau** (Jacques Androuet). Châteaux de Fontainebleau, Saint-Germain et Verneuil. 3 p.
— Le premier (et le second) volvme des plvs excellents Bastiments de France... par Iacqves Androvet, Dv. Cerceav... Paris, pour ledit Iacqves Androuet du Cerceau, 1607, 2 tom. en 1 vol. in-fol. v., br., très bel exemlaire avec témoins.

257 **Duchange**. Portraits d'Antoine Coypel peintre avec son fils, T. B. Epr., et Charles de Lafosse, peintre.

258 **Dumont** le Romain (J).
Deux pendants, terminés par J. Daullé. *Le Spectacle ambulant*, — *Croissez, tendres enfants*.

259 **Dupont** (Henriquel), dess. et graveur.
Portraits. Alex. Descune, dessinateur, in-8.
— André Chénier, avant toute l., Epr. Chine.
— Molière, d'après Ingres, avant toute l., Chine,
— Marie d'Orléans, d'après A. Scheffer, in-fol., très rare, n'ayant pas été mise dans le commerce.
— Carle Vernet, avant l. l., Chine.
Chasse au sanglier d'après Jadin, avant toute l., Chine.
Michel-Ange gardant son domestique malade, avant toute l., Chine.
Ces Epr. sont T. B. et avec toute M. 7 p., sera divisé.

260 **Dupuis** (C.), architecte, à Versailles.
Recueil de vases, dessiné et gravé par lui. Chez la veuve Chereau. 13 p. dont le titre; le n° est en haut à droite, excepté le 2 qui est à gauche.

261 **Dupuis** (Charles). Portrait de Nicolas de Largillière, peintre. T. B. Epr. G. M.

262 **Echard** (C.). Cahier de ruines et de paysages d'après nature, dessinés et gravés par Echard, numérotés de 1 à 6. Chez Chereau. 6 p.

263 **Edelinck** (Gérard et Nicolas). Portraits tirés des grands hommes de Perrault et autres. 15 p.
— Bossuet (R. D., 150). 1er état., Philippe de Champagne (104), C. Le Brun (238), Jules Hardouin Mansart (267), Moreri (280), Savary (314), 2e état avant le cuivre, coupé du bas B., Israël Sylvestre (319), Verien (335), 8 p.

264 **Eisen** (Charles), né à Paris, en 1761—1778.
Saint Éloy prêchant. Ch. Eisen. pinx. sculp.
— D'après lui, par Aliamet, Aveline, Sornique. 12 p., dont quelques doubles.
— Les quatre heures du jour. 4 p.
— Les quatre saisons, 4 p. gravées par de Longueil. B. Epr. toute M.

265 Nouveau recueil des troupes qui forment la Garde du Roy, dessiné par *Eisen*. Paris, chez la veuve de F. Chereau, 1756, in-fol., mar. r., arm.

266 **Elluin**, d'après Le Clerc.
Portraits de M. et Mme Lerucite, acteurs, T. B. Epr. avec M., avant les vers dans la tablette. 2 p.

267 **Fauchery**, d'après Richard de Lyon.
Valentine de Milan. Epr. avant l. L., Chine, les noms d'artistes à la pointe.

268 **Ficquet.** Portraits de l'Arioste, Eisen, Montaigne, Vadé et autres. 13 p.

269 **Flamen** (Albert). La Cercelle (R. D. 404), et Chalo Saint-Mars veu du costé de Saint-Hilaire (R D. 532). 2 p.

270 **Floding** (Pierre), graveur suédois, trav. à Paris.
Portrait d'Alexandre Roslin, peintre, T. B. Epr. toute marge. Rare.

FRAGONAND (Jean-Honoré)

Né à Nice 1732, membre de l'Académie, mort en 1806.

271. Son portrait de face dans un rond au milieu d'herbes, in-8, gravé à l'eau forte par C. Le Carpentier, 1803. Malgré cette signature, le fond semble être de Fragonard.

Les dimensions sont prises du noir de l'estampe,
les marges sont toujours en dehors de la dimension.
Cet œuvre, presque complet,
est généralement très beau et avant les nos de Jombert.

(1) Conception de la sainte Vierge, assise à droite et regardant le Saint-Esprit en haut à gauche. Un petit et un grand ange sont devant elle, sans nom. H. 124 Mil., L. 69 Mil.

(2) Circoncision, d'ap. Tintoret, église Saint-Roch, à Venise. L. 128 Mil., H. 86 Mil.

(3) Institution de l'Eucharistie, d'ap. Seb. Ricci, église du Corpus Domini. H. 112 mil., L. 87 mil.

(4) Les disciples au tombeau, d'ap. Tintoret, église Saint-Roch, à Venise. H. 128 mil., L. 86 mil., 1764.

(5) Les pèlerins d'Emaüs, d'ap. Seb. Ricci, Corpus Domini, à Venise. L. 140 mil., H. 90 mil.

(6) Ange dominant deux figures, tenant palmes et couronnes, d'ap. An. Carrache. L. 129 mil., H. 82 mil.

(7) Deux apôtres, d'ap. An. Carrache, coupole à Plaisance, 1764. L. 130 mil., H. 87 mil.

(8) Saint Marc, d'ap. Lanfranc, aux Saints-Apôtres, à Naples. 1er état, le fond blanc. H. 116 mil., L. 80 mil. Le même, 2e état, le fond ombré. H. 111 mil. L. 80 mil.

(9) Saint Luc, d'ap. Lanfranc, aux Saints-Apôtres, à Naples. Haut. 110 mil., L. 80 mil.

(10) Sommeil de saint Jérôme, d'ap. Géov Lys, église Saint-Nicolas, à Venise. H. 153 mil., L. 104 mil.

— Le même, 2e état, édition de Joubert avec nº 8 à droite en bas.

(11) Deux femmes sur un nuage, d'ap. Liberi, palais Rezzonico, à Venise. H. 150 mil., L. 105 mil.

— Le même, 2e état, avec le nº 5 et les angles terminés.

(12) Auguste et Cléopâtre à table, d'ap. Tiepolo, palais Lobbia, à Venise. H. 140 mil., L. 117 mil.

(13) Guerrier devant un tribunal, d'ap. Tiepolo. palais Delphino, à Venise. H. 156 mil., L. 101 mil.

— Le même, 2e état, avec le nº 7.

(14) Ange apparaissant à Agar, près de son enfant, d'après Castiglione, à Venise. H. 118 mil., L. 79 mil., non signée.

(15) Deux femmes sur un cheval qui descend vers l'eau à droite, d'où sort une autre femme vue de dos. L. 130 mil., H. 80 mil. 19 p. T. B.

(16) Deux satyres faisant sauter par dessus leurs bras

croisés une jeune fille, 1763. Bas-relief ovale sur un fond d'herbages, carré. L. 200 mil., H. 134 mil.

(17) Satyre portant une jeune femme sur son dos, et s'appuyant sur un jeune homme. Ovale, etc., pendant du précédent. L. 200 mil., H. 135 mil.

(18) Famille de satyre en repos, bas-relief carré au milieu d'un fond pastoral historié. Larg. 203 mil., haut. 134 mil.

(19) Famille de satyre dansant, pendant du précédent. Larg. 202 mil., haut. 156 mil. 4 p.

(20 Le Parc. Au milieu, sur le soubassement de la Statue, *Fragonard*. Larg. 141 mil., haut. 103 mil.

(A) Le même parc, sans nom et sans la statue. Larg. 152 mil., haut. 105. Sans nom attribué.

(B) Bacchante dirigée à gauche regardant un petit satyre. Haut. 83 mil., larg. 64 mil. Sans nom attribuée.

(C) Intérieur. Un petit enfant debout à gauche près de sa mère assise, écoutant une femme qui est à droite avec trois autres figures. Eau forte légère. Haut. 283 mil., larg. 173 mil. Sans nom attribué.

(21) Homme à droite derrière une table, auquel deux autres apportent de l'argent. Au milieu, en bas, Fragonard, 1778. Haut. 230 mil., larg. 176 mil. 5 p.

(22) *L'Armoire*, grande pièce. La jeune fille pleurant est de profil à gauche. Epr. avant l. l. La même avec l. l. *Fragonard, sculp. invenit.*

— Réduction, contre-partie. *La Cachette découverte*, gravée par De Launay avec 4 vers.

272. **Gérard** (Mademoiselle), née en 1762.

Belle-sœur et élève de H. Fragonard.

(1) Petite fille jouant à la maman avec un chat emmailloté. Derrière une colonne, vers la droite, un autre enfant arrive avec un chien, et un autre chien flaire à gauche. Au bas, dans la marge, *première planche de*

Mlle Gérard, âgée de seize ans, 1778. Un petit hibou sur une branche est au-dessous.

(2) Homme de profil assis à gauche, tenant la tête d'un chien pendant que sa femme met son enfant sur le dos du chien. Dans le coin à droite on lit à moitié effacé, *Gérard*, et dans la marge, sous les traces du brunissoir. Dédié à messieurs et dames, et les lettres de l'alphabet. Larg. 225 mil., haut. 171 mil. T. B.

(3) Mosieùr Fanfan *jouant avec M. Polichinelle et Compagnie. A Paris, chez Naudet, marchand d'estampes, port au blé. Naudet, Xc.* A gauche.— *Fragonard, sp.*, à droite, Jeune enfant se sauvant vers la droite emportant polichinelle et une poupée que deux chiens mordent. Haut. 227 mil., larg. 171 mil., non compris la marge, où est le titre. Charmante pièce. Ces 3 p. sont très rares et pourront être divisées.

D'après Fragonard, par l'abbé de St-Non.

273. Grand parc à Rome, 1761, avec dessinateur. La danse de l'ours, 1762. Vue prise à la ville d'Est à Tivoli, nos 3, 4, 5, 1764. Intérieur de ferme à la manière noire, 1770. 6 p. T. B.

274. *Le Chiffre d'amour*, par Delaunay. T. B. Epr. Toute M.

275. Les beignets, le Petit prédicateur et l'Heureuse fécondité. 3 p. par Delaunay. B. Epr. Le Pot au lait, par Ponce. 4 p.

276. Par Denon, Saint-Non et autres. 23 p.

277. **Fragonard** (Théophile).

Lithographies diverses et tirées du Voyage dans l'ancienne France de M. le baron Taylor. 37 p.

278. **G**..... Portrait de Lantara en pied de profil à droite. Il parle à ses oiseaux, *dessiné d'après nature par Wateau*, avec 4 vers. Chez les Campions, rare.

279. **Gallimard** (C, O.), 1754.

Le génie des arts conseillant la peinture, très jolie vignette d'après Cochin. T. B. Epr. toute M.

280. **Gamelin** (Jacques), le père, peintre et graveur, à l'eau forte, né à Carcassonne le 3 octobre 1738, élève de Rivalz, mourut le 12 octobre 1803.

La résurrection de Lazare. In-4 en H. P. sans nom.

Advinent, peintre en mignature... 1791. Ovale, 2 états, l'un avant toute lettre, l'autre avec la lettre.

Advinent (Madame), fille de l'auteur; elle est vue en buste et tient un porte crayon de la main g. In-4.

Gamelin (Madame), femme de l'auteur. In-4.

Gamelin fils aîné (portrait de), appuyé sur son bras gauche. In-4. 2 états, l'un avant toute l., l'autre avec la l.

Gamelin (Louis), tenant un sabre. In-4. 2 états, l'un avant toute lettre, l'autre avec la lettre.

Un homme âgé, assis, tourné à gauche, à mi-corps. In-4, sans nom.

Deux études de portraits en buste, l'un vu de face, l'autre vu de trois quarts, à droite. Sur une feuille in-4 en larg.

Petit portrait de femme, de profil à droite. Ovale in-16.

Combats de cavalerie. 8 pièces in-4 en larg., gravés en 1791.

Un cheval tourné de profil, à droite, avec une planche indiquant *le nom des muscles ou des parties extérieures du cheval*. 2 p. in-4 en larg.

Etudes d'animaux. Suite de 6 p. in-4 en larg. et en haut., grav. en 1791.

Quatre costumes de berger et bergères des Alpes, et d'une dame française, d'après Advinent. In-4 en larg., gravé en 1791.

Theurel (Jean), né à Orléans..., âgé de 90 ans... 1788, p. sans nom, gravée d'après un dessin de J. Gamelin père; au-dessous, dans un cartouche, la bataille de Fontenoy.

Cet œuvre, composé de 30 p. rares, pourra être divisé.

281. **Gamelin** fils, dessinateur et graveur à l'eau forte, né vers 1770, fils et élève du précédent.

La fuite en Egypte, copie d'une estampe de Rembrandt. In-4. en larg., gravée en 1791.

Tête de cheval, d'après Gamelin père. In-8 en larg., gravée en 1791.

282. **Gaultier** (Leonard) et autres, portraits de Louis XIII à genoux et priant, Gamache, Marie de Médicis et autres. 8 p.

283. — Chronologie Colée, portraits de Caron, Cujas, Duaren, Duranti, Robert Etienne, Robert Garnier, Gouffier Bonnivet, La Guesle, Lautrec, Philander, Germain Pilon, Lavalette, Turnebus. 14 p.

284. — Mariage de la Vierge et autres. 7 p.

285. **Gericault** et **C. Vernet**.

Études de chiens et chevaux. 14 p.

286. **Gibelin** (Esprit-Antoine), peintre, né à Aix en 1739-1814.

La fidélité récompensée, à gauche, une jeune nymphe couronne un jeune homme agenouillé. Ovale sans nom.

287. **Gilberg** (Jakob), né en Suède en 1724, trav. à Paris. Son portrait, dessiné et gravé par lui-même. 1755. In-4. Rare.

GILLOT (Claude),

Peintre, né à Langres en 1673, mort en 1722, a gravé à l'eau forte, fut le maître de Watteau.

288. Son œuvre composé de 395 pièces gravées par et d'après lui, dont la principale partie est dans un volume relié venant de la collection Bachaumont. Les épreuves sont très belles et en bon état.

— Son portrait d'après lui, gravé par J. Aubert.

— Portraits, costumes en pieds des acteurs de la Comédie

italienne ; Fabio, Romagnesi, Pantalon, Crepin, Quinson, Duchemin père, La Torillière père, Montmenil, Ermand, Dangeville père. 10 p. avant la lettre, plusieurs avant les terreins, la même suite avec la lettre. 10 p.

— Fabio, eau forte, dirigé à gauche, sans nom.

— *Arlequin esprit folet*, avant et avec la lettre. Arlequin sur la selette. Scaramouche faisant le portrait d'Arlequin. Mezetin, Pierrot, Arlequin et Scaramouche, 4 scènes de comédies avant la lettre. 5 p.

— La sérénade, gravé par Huquier.

— Fables de Lamotte. 68 p.

— L'agioteur.
La justice qui détruit la fortune des agioteurs.

— Le grand hyver de 1709.
Cérès affligée de voir la terre stérile.

— *Livre de Portieres, Apollon, Neptune, Baccus, Flore, Diane, Thetis*. 6 p. chez Huquier.

Scènes de Satyres, en hauteur.

— L'enfance, l'adolescence, la virilité et la vieillesse. 4 p.

En travers.

— La naissance, l'éducation, le mariage, les obséques. 4 p.

— Feste de Faune, Feste de Pan, Feste de Bacchus, Feste de Diane, 4 p. avant l'ad. de Basan, Pan et Bacchus avec l'ad. 2 p.

— Le sabat, eau forte pure et avec la lettre. Le sabat aux suppliciés.
Le salut respectueux au grand diable. 4 p.

— La passion des richesses, de l'amour, de la guerre et du jeu. 4 p.

— Pan en arlequin sur sa bourique, gravé par Sarabat.

Gillot

4 p. Soleirol 15.

— *La vie de N.-S. Jésus-C. Inventée et dessinée par Gillot.* 1er état, chez Huquier. 60 p.

— La même, 2e état, chez Huquier et la veuve Chereau. 60 p., toute M.

— Songe de Saint-Joseph, la Vierge et Jésus servis par des anges, la rencontre à Emaüs. 3 p.

— *Rêve magique. — Ecole de jeunesse.* 2 p.

— Le travail, et le délassement. 2 p. avant et avec la lettre. 4 p.

— Querelle distinguée et commune. 2 p.

— Les quatre âges de la vie, plaisirs innocents, avant et avec la lettre. 3 p.

— Triomphe de Minerve et de Mars. 2 p.

— Mascarade et marche de calotins. 2 p.

— Sommeil de campagne, avant et avec la lettre, et sommeil de ville. 3 p.

— Danse et repas commun, gravés par Caylus, en tout 20 p.

— *Nouveaux dessins d'habillements à l'usage des ballets, opéras et comédies, inventés par M. Gillot,* chez Duchange et Joullain. 75 p. costusmes, dont le titre, gravés par Joullain.

— Homme et femme de qualité, en habit de bal, gravés par Joullain. 2 p.

— Mezetin, Arlequin soupirant, Scaramouche, Arlequin glouton. 4 p. par Joullain.

— Scènes de théâtre, gravées par Scotin. 13 p.

— Le sommeil, par Scotin Major.

— Titre du livre de scènes comiques, eau forte pure.

— Testes de différents caractères. Six têtes à la feuille, 2 p. et copie de trois têtes, par Vivares.

— La collation préparée dans un jardin, gravée par Cochin, eau forte pure et avec la lettre.

— Composition, l'automne? avec chasseurs.

— La laitière et le pot au lait, avant et avec la lettre. 2 p.

— Dessus de Clavecin, 1 et 2, gravés par Caylus, chez Gersaint et Surugue. 2 p.

— Livre d'arabesques 11 p. Le titre manque et titre de dessins d'arquebusiers. 12 p.

289. Pièce historique attribuée à Gillot. Tombe de M. Paris. Approchez de ce tombeau, chrestiens, etc. etc. 5 lignes au bas d'une composition d'un grand nombre de figures, sans nom ni date.

290. — Pièce satyrique, très curieuse, arlequin sur un char, dirigé à droite, traîné par divers animaux, montés par Mercure, don Quichotte, etc. Le temps plane, monté par Pierrot, Polichinelle suit le char et représente les arts, en bas, dans une tablette. *Il y a encore de grands artistes, mais la frivolité*, etc., etc. Pièce très rare. T. B. épr. avec M.

Pièces doubles de l'œuvre de Gillot.

291. Nouveau recueil d'estampes faites pour l'édition in-12 des Fables de La Motte, inventées et gravées par C. Gillot. Paris, Huquier. In-8, cart. Belles épr.

— Fables nouvelles... par de La Motte... Paris, 1719, in-4, fig. de Gillot, demi-rel.

— Costumes de théâtre, gravés par Joullain. 63 p. dont quelques doubles, avec différence. Feste de Faune, de Diane, Pan, Bacchus. 4 p. avant l'ad. de Basan.
Fête en l'honneur de Bacchus.
Costumes du Théâtre italien, 10 p.
Scène de théâtre, l'agioteur.
Vie de Jésus-Christ. 58 p.
Marche de calotins, les 4 âges de la vie.
Sommeil de campagne, le travail, avant la lettre.
La laitière et le pot au lait.

Et 12 autres pièces doubles, en tout 155 p., pourra être divisé.

292. **Girard**, d'après Gérard, portrait de M. Thibaud, professeur de perspective, avant la lettre.

293. **Greuze** (Jean-Baptiste), peintre.

— *La philosophie endormie.* 1re épr., eau forte pure, attribuée à Fragonard. T. B. M.

— 2e état terminé par Aliamet, avec la lettre B.

— *Le ménage ambulant*, ne l'éveille pas, lecture de la Bible, *Les écosseuses de pois*, par Le Bas. 1760. B. épr. Le tendre désir. 5 p.

294. **Grignon**. Portraits de Jean Bureau, chambellan de Charles VII et Louis XII, — Jacques Cœur, surintendant des finances de Charles VII. 2 p. rares.

295. **Guelard** *in et fecit*. Allégorie des arts, femmes peignant et sculptant.

296. **Guérin** (François), 1779. *La Marchande de pommes*, d'après Amant.

297. **Guérin** (Chr.). Portrait de mon père, In-4.

298. **Hallé** (Noël), peintre.

Jeune femme de profil à gauche donne à manger à un enfant pendant qu'un autre dort à droite, *Hallé deli et sculp*. Pièce en hauteur extrêmement curieuse, étant tirée avec un cache d'une partie du fond dans lequel l'artiste a dessiné un troisième enfant qui réclame aussi de la nourriture.

— Médecin pansant la jambe d'un guerrier blessé, 1738, 2 épr. dont une 1er état. T. B. 2e état, chez Briceau, n° 99.

— Antiochus renversé de son char, 1739. T. B.

— Allégorie pour un plafond, l'Amour, une femme accroupie et une autre figure couchée à droite les bras derrière le dos. *N. H. f.*

Adoration des bergers dans l'église du chapitre de Roye

en Picardie. *Hallé invenit pinxit et sculpsit*, 1er état. T. B. G. M.
2e état *et sculpsit*, 1771, chez l'auteur et Joullain, 6 p. Pourra être divisé.

299. **Helman**, 1777, d'après Bertaux. Le Charlatan français et allemand, 2 p. B. épr.

300. **Henriquez** (B. L.), d'après de Troy. *Pan et Syrinx*, grand in-fol. T. B. épr. M.

301. **Hillemacher** (Ernest), peintre vivant.
Cuirassier allumant sa pipe, dirigé à droite.
Moine à genoux, dirigé à gauche.
Homme dormant couché près d'un fût de colonne, 3 p.

302. **Hillemacher** (Frédéric-Désiré), né en 1811, vivant, frère du peintre, graveur à l'eau forte.

Sujets religieux.

La Vierge au coussin, d'après André Solario, 2 épr. avant la lettre.
Résurrection de Lazare, d'après le dessin du cabinet van den Zande, attribué à Raphaël ou à Perin del Vaga.
L'Eucharistie, d'après Vicente Joanes, avant la médaille de Philippe II, et avec le titre et la médaille (*O Salutaris hostia*). 2 épr.
Saint-Bruno, d'après le tableau appartenant à M. Beneck.

Antiquités.

Triomphe d'Amphitrite, planche ovale, d'après Brebiette.
Forum de Pompeia, 2 épr. dont une avant les colonnes canelées.
Bacchus enfant.
Galba, — Vespasien, médaille.

302 Hillemacher

Compositions familières.

Les joueurs de trictrac.
Le peseur d'or, d'après Robert Fleury.
La peseuse d'or, avant et avec la lettre.
Le joueur de cornemuse, d'après D. Teniers, avant et avec la lettre.
L'entente cordiale, avant la lettre.
Le cabaret, avant le titre.
L'atelier, d'après le dessin d'Aug. Carrache, du cabinet de M. le baron de Vèze, épr. avant et avec la lettre.
Les pêcheurs, avant et avec la lettre.
La même, très rare, la planche n'ayant tiré que 4 épr.
L'enseigne, très petite pièce, 1er état.

Figures de fantaisies en pied.

Le paysan assis, d'après Ostade, avant et avec la planche coupée.
La Cungeta, 4 états différents.
Jeune paysan de la campagne de Rome, 2 états différents.
Le repos, jeune Italienne assise.
Le petit joueur de cornemuse, d'ap. Norblin, 1er état.
Le liseur (1), le musicien vieilleur (3), la jambe de bois (4), l'homme à la gaule (5), la fileuse, épr. et contre épr., l'homme au broc, 2 épr. différentes.
L'Amour pèlerin, très-petit.

Figures de fantaisie en buste.

Le buveur de Téniers, tiré du cabinet de M. le chevalier Camberlyn, 4 états différents, eau forte pure, avant et avec la lettre.
Le buveur de van Ostade.
Le vidrecome, d'après Téniers, 3 états différents.

Portraits.

Giovanni Bellini pittore, avant et avec la lettre.
Boucher (Alexandre-Jean), violon, d'après Girodet Trioson, avant et avec la lettre, et une épr. portant la signature autographe d'Alexandre Boucher.
Charles VIII, roi de France, d'après Léonard de Vinci, avant et avec la lettre.
Cimarosa (Domenico), compositeur. 3 états différents.
Favras (T. Mahy de), d'après le dessin de David, 19 février, 1790.
Madame Godefroy.
La Grazia, modèle de Rome, 3 épr. différentes.
Kreutzer (Rodolphe), violon, avant et avec la lettre.
L'Hôte (Nestor), orientaliste, avant et avec la lettre.
Locatelli (Pietro), violon, avant et avec la lettre.
Mazas (Jacques Féréol), violon, 3 épr. différentes.
Murat, lithographié.
Norblin, d'après lui-même.
Ostade en pied assis, 2 épr. dont une avec des retouches au crayon par l'artiste.
L'homme à la toque et aux mains, d'après Raphaël, 2 épr. différentes.
Roland de la Platière (J.-M.), tiré du cabinet de M. Danquin, avant et avec la lettre.
La Rosa, modèle de Rome, 3 épr. avant et avec la l.
Viotti (J.-B.), violon, avant la lettre, rare, la planche perdue après 30 épr.

Paysages, animaux.

Vue d'Amsterdam, 2 épr. différentes.
La vache et les deux moutons couchés, la planche effacée, tirée à 6 épr.
La vache broutant, ces 2 p. d'après Faber.

302 Hillemacher

Miscellanées.

Croquis divers, dont Napoléon vu de dos, 2 épr.
Armoiries; étiquette pour la Bibl. Van den Zande, 3 p.
Ces pièces sont belles épr. avec marges, 103 p. Pourra être divisé.

303. **Hoin** (Claude-Jean-Baptiste). Son portrait, gravé par lui-même, 1787, in-4, T. B. épr. G. M.

304. **Huet** (Jean-Baptiste).
— Son portrait dessinant profil à droite, avec attributs, au lavis, sans nom ni date. B. épr. toute M.
— Paysage long en travers, à gauche femme près de fabriques et d'un puits, 1764 Jolie p. T. B.
— Pastorales en travers, 1778, à droite un chien près de deux femmes et un enfant.
— Autre, à gauche chèvre couchée près de deux femmes assises : *Naudet direxit*. 2 p. en pendant, toutes M. T. B.
— La Cène, d'après F. Boucher, 1792, dans les angles du haut deux anges, 5 p. Pourra être divisé.
— Études et fragments de bestiaux, sujets de bergeries à l'eau forte. T. B. épr. 21 p.
— D'après lui, par Auvrai, Demarteau, etc., imprimé en couleur. 4 p. B.

305. **Huet** fils. Le chien et les oies, et le renard et les poules, 2 p. sur la même feuille. T. B. M.

306. **Huet** (Paul), peintre vivant, 1833.
Paysages à l'eau forte, 3 p. T. B. G. M.

307. **Huquier**. Portrait de Gilles-Marie Oppenort, directeur des bâtiments du Régent, eau forte pure, ovale, avant l'entourage, rare.

308. **Huquier** (J.-G.), le fils.
Buste de jeune fille dirigée à gauche, qui se fait becqueté par son oiseau, d'après F. Boucher. Jolie pièce, T. B. épr.

309. **Huret** (Grégoire).
Titres; la duchesse de Longueville mettant ses frères les princes de Condé et de Conti encore enfants sous la protection des dieux pour pénétrer dans le palais de l'Éloquence, T. B., et portrait de Boyceau (Jacques), sieur de la Barauderie, Saint-Bonnet (Jean de) de Toiras, 4 p. Pourra être divisé.

310. **Ingres**, 1825. Lithographie tirée de l'ancienne France, quatre prince assis. T. B.

311. **Isabey** (Eugène), par et d'après. Marines et autres lithographies, 8 p.

312, **Jacque** (M.), peintre et dessinateur à la Manufacture royale des Gobelins.
Vases nouveaux composés par lui, chez Daumont, 6 p.

313. **Janinet** (J......-François). Son portrait, gravé par lui-même. Ovale in-4. Rare.

314. **Johannot** (d'après Tony), 12 vignettes et portrait pour La Fontaine, 13 p. T. B. épr.

— Trente vignettes pour les Œuvres de Walter Scott, d'après Alfred et Tony Johannot, gravées par divers. Paris, Furne, 1831, gr. in-8, br.

315. **Joullain**, 1733. Portrait de François Desportes, peintre, en pied, B. épr.

316. **Joyant** (Jules-Romain), peintre né vers 1800, mort à Paris en juin 1854.

(1) Vue à Venise, haut. 145 mil., larg. 99 mil.

(2) Autre vue vers la droite, un homme conduit une gondole. Haut. 195 mil., larg. 139 mil.

(3) D'après Boissieu, les figures sur le pont, contre-partie, épr. et contre épr. Larg. 152 mil., haut. 113 mil.

(4) Vue animée d'un grand canal de Venise, signée à gauche dans l'eau, *Jr Joyant ft*. Larg. 236 mil. Haut. 173 mil.

(5) Fleurs entrelacées formant une très longue frise. Long. 610 mil. Haut. 30 mil.

Ces pièces sont très-rares. T. B. et toute M.

317. **Julien** (Simon) de Parme.
Croquis de figures, en bas à gauche un Amour attaché. Autre en haut à droite deux Amours avec des fleurs. 2 pièces.

318. **Lafage** (Raymond), 1650-1684.
La Peste des Philistins (R. D. 3), *vere sua Raymondi Lafage effigies*.
La sua caricatura de la collection Richardson.
Triomphes de Vénus et de Bacchus et Ariadne, 2 p.
Bacchanale au Satyre, 6 p.

319. **La Fosse** (J.-C. de). Vases et piédestaux, etc. 10 p.

320. **Lagniet.** Proverbes, dont titres des 1er et 2e livres et la pièce *Fin*, en tout 22 p.

321. **Lagrenée** (Jean-Jacques).
Annonciation, l'ange à gauche, la Vierge à droite, en hauteur.
Vieillard, la main droite à son bonnet et dessinant de la main gauche. Très petite pièce en travers, sans nom.
Annonciation, d'après Rembrandt, l'ange de face, à droite, en hauteur.
Adoration des bergers, composition en travers.
Vierge et Jésus, d'après le Guide. Ovale en travers.
Vierge, de profil, embrassant Jésus, à droite. 1792.
Les saintes femmes au tombeau du Christ.
Le testament d'Eudamides.
Périclès à la mort de son dernier fils. Épr. et contre épr.
Homme à gauche, à qui des femmes présentent à boire, n. 4.
Peste des Philistins, n. 6.
Quatre enfants jouant avec une chèvre, 1783.
Sacrifice au dieu Pan. 1er état, avant le haut de la planche coupé, et 2e état.

Buste d'un paysan russe assis, tenant un bâton de la main droite.

L'ange faisant brûler la victime.

Saint-Jérôme... 18 p., pourra être divisé.

322. **La Hyre** (Laurent de), la Sainte-Famille à la palme. (R. D. 6.), plus une copie contre partie. L'amour (17) et les quatre enfants (20). 4 p.

323, **Lami** (Eugène), Les six quartiers de Paris, en couleur. 6 p. Chez Delpech.

LANCRET (Nicolas),

Peintre de sujets galants, né en 1690, mort en 1743.

Sujets de théâtre.

324. (1) M. Thomassin et Mlle Silvia, de la comédie italienne. Très jolie petite pièce, gravée par Cars, avec 4 vers, *Ces aimables acteurs. — peindre.* Arlequin est à droite. Très rare. B.

— Le même sujet contre partie, gravé par Marvie, avec les noms désignés sous les vers, chez Crepy. B. G. M.

— Copie aussi contre partie, avec changement, 4 vers, lorgnant cette jeune bergère. 3 p.

— (2) Le Théatre Italien, gravé par G. F. Schmidt, en H., 4 vers. *Ici les yeux badins* — font rire les vicieux. T. B.

— (3) La joye du Théatre, gravé par Crespy.

— Le même, chez Basset, 2 p.

— (4) Le Glorieux et le Philosophe marié. gravés par Dupuis. 2 p. B. avec M.

— (5) Camargo (Mlle), gravée par L. Cars.

Épr. eau forte pure, la même terminée, chez l'auteur et la veuve Chereau. 2 p.

— (6) Grandval, peint en 1742, gravé en 1755 par Le Bas, chez lui. B.

— (7) Sallé (Mlle), gravée par de Lamessin, chez Surugue. B.

Pastorales et sujets galants. Pièces en hauteur.

— (8) Titres des 2e et 3e livres de pièces de clavecin, gravés par Cochin et Thomassin, en hauteur. 2 p.

(9) La belle Grecque et le Turc amoureux, gravés par G.-F. Schmidt, chez de Larmessin, Crepy ex. 2 p.

— (10) *Près de vous belle Iris ce fantasque minois.*

(11) *Quand vous voulez toucher quelque cœur amoureux.*

(12) *Lise s'en va changer d'humeur et de visage.*

(13) *Quoi! n'avoir pour vous trois qu'une bouteille?* 4 p. T. B. Gravées par M. Hortemels, la dernière en plus. — En 1er état, avant les noms d'artistes. 5 p.

— (14) *Dans cette aimable solitude.* Jolie dame assise écoute le galant appuyé sur un piédestal, à gauche, la suivante est debout.

(15) *Par une tendre chansonnette.* Jeune homme debout jouant de la flûte, dirigé vers trois figures, à droite. Ces deux jolies pièces T. B. sont gravées par C.-N. Cochin. 1er état, avec les vers au bas.

— Les mêmes, 3e état, la planche coupée au-dessus des vers, avec chez Basset; une en 2e état, avant chez Basset, et une copie contrepartie. 4 p.

— (16) Le Berger indécis. J. Tardieu direxit. Jolie pièce rare. B.

— (17) La Musique champêtre, gravé par Fessard, 1758; chez Joullain et chez Crespy. T. B. M.

— Autre avec l'adresse de Pillot.

— Le pendant, les Bergers à la fontaine, d'après Boucher. T. B.

— (18) *Veux-tu d'une inhumaine emporter la tendresse?*

(19) *Trop indolent Tircis, laisse la symphonie.* 2 p. gravées par S. Silvestre, avec 8 vers au bas; chez F. Chereau. T. B.

20 — (20) Conversation galante, gravée par Ph. Le Bas. T. B. G. M.

(21) Groupe d'une première idée de cette pièce. Eau forte rare.

16 — (22) *Que le cœur d'un amant est sujet à changer*, gravé par S. Silvestre Le Moine; chez Chereau, avec 8 vers au bas. B. M.

4.25 — (23) Partie de plaisir, gravée par Moitte; la même réduction demi-grandeur et contrepartie, *le troque de la coiffure*.

23-50 — Les quatre saisons.

(24) Le Printemps, gravé par B. Audran, avec 8 vers. 1re épr, T. B.

— 2e épr. avec *les quatre sugest du cabinet de M. La Faye*, au-dessus de l'adresse de Chereau.

(25) L'Esté, gravé par G. Scotin.

(26) L'Automne, gravé par N. Tardieu.

(27) L'Hiver, gravé par J.-P. Le Bas.

Chez la veuve de F. Chereau. 5 p.

14-50 — Les quatre éléments.

(28) L'Air, gravé par Tardieu, avec dédicace à M. de Beringen. B. M.

(29) La Terre, par C.-N. Cochin. B. M.

(30) L'Eau, par Desplaces, sans M.

(31) Le Feu, par B. Audran. B. M.

Chez la veuve Chereau. 4 p.

Pièces en travers.

8 — (32) Epigramme, très petite pièce rare, tirée d'un livre de contes en vers, par M. M. P., le bas est coupé on ne peut voir les noms de Lancret et de Petit, sc.

12 — (33) Les gentilles baigneuses, gravé par Moitte, avec 8 vers, *je vous hais, vains habbillemens*, n. 30. T. B. G. M.

(34) Les charmes de la conversation, gravé par Petit, avec 8 vers, chez F. Chereau. T. B. 1 p.

— La même et une pièce en contrepartie, avec changements gravé par Balzer.

(35) L'occasion fortunée, gravée par G. Scotin, eau forte pure; la même terminée, avec 8 vers, chez F. Chereau. 5 p.

— (36) La coquette de village, par de Larmessin; chez lui et chez Buldet.

Contes de Lafontaine.

— (37) On ne s'avise jamais de tout. — Pâté d'anguille. — Le gascon puni. — Le petit chien qui secoue de l'argent. — Les deux amis. — Le faucon, catalogue de Schmidt (103), gravés par Schmidt sous le nom de Larmessin. 6 p.

— La servante justifiée. — Les oies de frère Philippe.
Les Remois. — Les Troqueurs.
A femme avare, galant escroc (102).
Nicaise (99); cette dernière seule a l'adr. de Buldet.
Gravés par Schmidt et de Larmessin. 6 p. T. B. toute M.

— Suite de 4 copies allemandes, chez *Hertli*; (1) les Troqueurs; (2) à femme avare; (3) le petit chien; (4) le gascon puni. 4 p.

— Les quatre parties du jour.
(38) Le matin, G. M., le midi, l'après-dinée, la soirée, G. M., gravées par de Larmessin. 4 p. B.

— ~~Les quatre saisons.~~

— Les quatre saisons.
(39) Le printemps, l'été, l'automne, l'hiver, gravées par de Larmessin. 4 p. T. B. toute M.

— (40) Le jeu de cache cache mitoulas.
Le jeu des quatre coins, gravés par Schmidt (100 et 101)

quoique portant le nom de Larmessin. T. B. épr., toute M. 2 p.

— (41) Le concert pastoral, chez la veuve Chereau, Gautrot et Joullain.

(42) Les agréments de la campagne, 2 p. gravés par Joullain; chez Duchange et chez lui, avec 8 vers. La mandoline et les deux enfants sont à gauche. B.

— *Le même*, contrepartie avec les vers, sans nom de graveur ni d'éditeur. B. 3 p.

— (43) Récréation champêtre, gravé par Joullain; chez Duchange et chez lui, avec 8 vers. B. toute M.

— (44) L'amusement du petit maitre.

(45) La belle complaisante, gravé par de F..., chez de Larmessin, avec 4 vers. 2 p. B.

— (46) Le jeu de pied de boeuf, gravé par de Larmessin, avec 4 vers. B.

(47) Les amours du Boccage, par de Larmessin, avec 4 vers, m. état.

(48) Le maitre galant, par Le Bas. B. M. 3 p.

— Les quatre ages.

(49) L'enfance, l'adolescence, la jeunesse, la vieillesse, gravés par de Larmessin; chez lui. 4 p. T. B. toute M.

— Copies allemandes; chez Georges Merz, à Augsbourg. 4 p.

— (50) *Le jeu de Colin-Maillard*, gravé par C.-N. Cochin, eau forte pure.

— Le même terminé, chez Cochin et chez Le Bas, avec 4 vers.

— Le même avec l'adr. de Le Bas seule, grande pièce. B.

— Réduction demi-grandeur, contrepartie avec les vers et les noms, *l en Crel p.*

— (51) Repas italien, gravé par Le Bas; chez lui. Dédié à Monseig. Grimaldi, avec 6 vers. Grande p.

— Etude de tête d'homme, tirée de ce tableau. 2 états

différents avant et avec le numéro 13 en haut, à droite. 3 p.

— Réductions en petit de divers sujets, par L. Jacob et autres, dont quelques doubles. 24 p.

325. **Larmessin** (Nicolas de). Portrait de Claude Hallé, peintre. B.

326. **Lasne** (Michel). Son portrait par Hubert. Rare. T. B.

— Chevalier (Nicolas), chancelier. T. B. épr., G. M.

— Meteзeau (Clément), architecte. Rare. Epr. avec la petite pl. en bas, copie du brevet du roy. B.

Quesnel (François), peintre. 2 p.

— Anne d'Autriche. Rare m., Balthasar Baro, natif de Valence, jeune et plus âgé, Laffemas, Montaigu, Niceron. 6 p.

327. **Laugier**, 1842. Tête de Christ, de profil à gauche. Epr. chine, avec le nom de l'auteur seul. T. B. G. M.

— 1848, d'après Ingres. Portrait en pied de Lesueur, avant toutes lettres, chine, toute marge, avec dédicace à M. de Veze et signature autographe du graveur.

328. **Le Bas** (Jacques-Philippe). Son portrait, profil à gauche, par Cathelin, d'après Cochin, rond équarri, in-4. T. B.

Groupe de bergers et bergères, eau forte, sans aucun nom. T. B. épr. M.

— Orphée et le paradis terrestre. 2 p. d'après *Oudius*, et 2 p. d'après Teniers, représentants des canards barbotants. B. épr.

Bacchus et Ariadne, eau forte pure.

David Teniers et sa famille, d'après lui-même. B. épr., M. 6 p.

329. **Lebeau**, d'après N. Tanche. Jeune fille laissant jouer son oiseau avec un pucelage. T. B. épr. M.

330. **Le Brun** (Charles), peintre, né à Paris en 1619.-1690.
L'Aurore (R. D. 4). 2e état.

331. **Le Brun** (Louise-Elisabeth-Vigée). Son portait d'après elle-même; différents dont celui de Muller. 7 p.

332. **Le Canu**, invenit et sculpsit.
Plan et élévation de fontaines. 6 p.
Suite de tombeaux antiques. 6 p.
Suite de poëles antiques. 6 p.
Ces trois cahiers sont avec numéro; chez la veuve Chereau. 18 p.

— Renouvellement d'alliance entre la France et les Suisses. Siége de Douay, 1667. Louis XIV dans la tranchée. 2 p. T. B. épr., toute M.

333. **Le Clerc** (Sébastien). Titre au duc de Bourgogne, petite tête d'Anne d'Autriche en Minerve, cinq armoiries ensembles, dont une tenue par Minerve, la grande galerie de Versailles, *la galerie de l'hôtel royal des Gobelins*. B. épr. M. et titre à M. de Beringhen. 6 p.

— Batailles d'Alexandre-le-Grand... peintes en cinq tableaux, par C. Lebrun, précédées d'une perspective de la galerie des Gobelins et suivies de l'estampe de la multiplication des pains...
Le tout représenté en 7 pl., dessinées et gravées par Sébastien Le Clerc... Paris, 1774, in-4, fig., demi-rel.

334. **Leclerc** (d'après). Vie débauchée de l'Enfant prodigue, réclamant les bontés de son père, et réjouissances. 3 p. avec M.

335. **Le Lorrain** (Louis-Joseph), peintre et graveur, né à Paris en 1715, mort à Saint-Pétersbourg en 1760.
Second tableau, la descente d'Ulisse aux enfers pour consulter l'âme de Teresias; ce titre et l'explication des 18 numéros est écrit à la main dans la marge, probablement par l'artiste même.

336. **Lelu** (Pierre). La lanterne magique; — le ménage champêtre. 2 p. T. B. avec M., très rares.

337. **Lemaitre** (A.-F.), d'après Michalon; la mort de Roland, sur chine avant la lettre, et blanc avec la lettre. 2 p.

338. **Le Mire** (N.), 1762. Vignette très jolie, la galerie du palais marchand. T. B. épr., toute M. Billet de la Comédie Française, 2 places à l'amphithéâtre; charmant cartouche T. B.
Allégorie, le gâteau des rois et autres. 4 p.

39. **Le Moine** (d'après François). Adam et Eve, par Cars B. Annonciation, eau forte pure et terminée par Cars B. Jacob apperçoit Rachel, eau forte pure, par Cochin B. M. et plafond. 5 p.

340. **Lempereur** (L.). Portrait d'Etienne Jeaurat, peintre. T. B. épr. G. M.

341. **Lempereur** (Louis-Simon), graveur, né à Paris en 1728, mort en 1807.
Son portrait gravé par lui-même, d'après Trinquesse, de face ovale équarri. T. B. Épr. G. M.
Loth et ses filles, d'après de Troy. B. Epr. Bacchus et Ariadne. B., et l'enlèvement d'Europe, d'après Pierre. 3 p.

342. **Lenfant** (Jean). Portrait de Nicolas Blasset, architecte et sculpteur. T. B. Epr.

343. **Lepicié** fils. 1755. Portrait d'homme à bonnet fourré, d'après Vien, dirigé à gauche, ovale équarri. T. B. G. M.

344. **Le Prince** (Jean-Baptiste). *IIIe Suite de divers cris de marchands de Russie*, titre, marchand de beurre finlandais, le boucher, le marchand de poisson vivant.
Le marchand de volaille et de gibier. Le marchand de branche d'arbres. Le cocher de traineau public, 2 épr. de chacune de ces 3 p., dont une à l'eau forte avant l. l.
Paysage, à gauche, femme une cruche à la main droite.

Le four, la nourrice, cabaret ambulant, la ferme, habillements divers.

D'après Boucher.

Ecrans, n° 9. Jardinière un panier au bas gauche marchant à droite.

N° 11. Jeune fille prenant de l'eau avec une cruche à une fontaine à gauche, chez Huquier. 20 p. Pourra être divisé.

345. **Leu** (Thomas de), et autres portraits d'Henriette de Balzac, Gabrielle d'Estrées, Charles de Lorraine, et Charlotte-Cath. de la Trémouille, par Jaspar-Isac. 4 p.

346. **Liotard** (Jean-Etienne). Son portrait gravé par lui-même, in-4. rare. T. B. Epr. M.

— Portrait de RENÉ HERAULT, lieut.-général de police. Très-rare. B. Epr.

— LE CHAT MALADE, d'après Watteau. B. Epr. Rare.

347. **Liottier** (Ch.). Portrait de Pierre-André de Suffren, vice-amiral, profil à gauche, ovale équarri. B.

348. **Llanta**. Portrait du vénérable Jean-Baptiste De la Salle, instituteur des écoles chrétiennes.

Le même, entouré de neuf portraits de supérieurs-généraux des frères.

Deux très-grandes lithographies, sur papier de Chine. T. B.

349. **Lochon** (R.). Del. et sculpt. Portrait d'Henri d'Orléans, duc de Longueville. T. B. Epr. M.

350. **Lorrain** (Claude-Gellée, dit Claude le), né en 1600, mort en 1678 ou 82.

— Berger et bergère conversant (R. D. 21). Etat avec les coins aigus et avec *Con Licenza*, intermédiaire du 3e au 4e etat.

La danse sous les arbres (R. D. 10.)

351. **Loutherbourg** ou **Lutherburg** (Philippe-Jacques), peintre, né à Strasbourg en 1740, mort à

Londres vers 1814, académicien, a gravé à l'eau forte.
Quatre têtes séparées sur la même feuille, à gauche, oriental à bonnet fourré, P.-L.-J. autre en turban; signé, Vieillard, 1770. Nègre de profil en bas, à droite, signé.
Le prince Joseph des Maronites, en pied, eau forte pure, le même terminé au lavis.
Fils aîné du prince des Maronites.
Fils cadet du prince des Maronites.
Domestique Maronite, — 5 p.

— Matelot oriental, les bras derrière le dos, sa pipe se voit à droite; il regarde en avant. Sans nom. Rare.

— 1re *suite de soldats dessinés et gravés*, chez l'auteur. 6 p. en plus le titre. 2e état. 1re *suite*, etc., est sur la pierre et dans la marge Se vend chez Lenfant, etc., et chez Niquet. En tout 7 p.

— *Seconde suite des figures dessinées et gravées*, chez l'auteur, etc., 6 p. T. B.

— Troisième suite, le matin, le midi, le soir et la nuit. 4 p. 1er état.

— La vache et l'ânon passant le gué. T. B.
Le repos, le berger assis à gauche donne à manger à un veau. Pièce longue en travers. T. B. Epr. et contre-épr. 2 p.

— *Tranquillité champêtre*, avec les armes, avant l'adresse. T. B. épr. M.
2e état, chez Lenfant, 3e état, chez Martinet, 4e état, les armes enlevées. Pourra être divisé.

— *La bonne petite sœur*, 1er état, avant le trait carré renforcé et avant les armes, avec quatre vers en bas. Rare.
2e état, avec les armes, avant l'adr. T. B. Epr. M.
3e état, chez Lenfant, Maigret, et Mathonet. T. B. Epr.
4e état, chez Lenfant et Niquet. B.
5e état, chez Martinet.
6e état, les armes enlevées. Pourra être divisé.

Figures, charges en pied.

— *From the Haymarkett, From warvick lane.* 2 épr. de chaque. 1775 et 1776. *From soho, From Oxford, From Eaton, From Wales.* 1776. En tout 8 p. T. B. et curieuses.

— La boutique du barbier, curieuse pièce au trait. Signée 1770. Très-rare.

— Le baiser du crocheteur, très-jolie pièce sans nom ni date. T. B. Epr. M. Très-rare.

— *An Exhibition*, groupe de personnages, en admiration devant des tableaux, pièce curieuse, et très-rare. Epr. de lavis en ton de sépia. T. B. avant les travaux à la pointe.

— Le même, avec les travaux à la pointe pour arrêter les contours et les ombres, et avec le titre anglais, ton de sanguine. T. B. Epr. Rare.

— *La nature à mon premier hommage*, grande pièce, délivrance d'un prisonnier.

D'après ses dessins, par divers,

En hauteur.

— La danse des chiens, par S. Non

Le petit fermier et la petite fermière, par Naudet.

Le petite fernier et la petite fermière, par J. ***.

La vendange, par Lingée, le gué par de Ghendt.

La petite Fermière, par Patas. T. B.

En travers.

L'orphé rustique, et *Fraiche matinée.*

— *1re suite d'animaux inventés et dessinés par J.-P. Loutherbourg et gravés par M. Pfenninger*, titre eau forte pure. avec retouche à la sanguine et au crayon par l'artiste.

2e état, avec l. l. et chez l'auteur. B.

3e état, chez Martinet. T. B. M.

4e état, chez Marel.

— L'abreuvoir, 2 épr. chez Martinet et Marel.

— Le pâtre jouant de la flûte au milieu de son troupeau. T. B. avec le nom de Pfenninger, et le nom effacé.

— Le coup de vent.

— L'âne près du pâtre assis à droite, *Dédié à M. Dumont le Rom.* T. B. épr.

— Le berger dormant à gauche, le chat à droite, dédié à M. J.-G. Vern. T. B. Epr.

— Le berger soutenant la bergère sur l'âne pour passer le gué. *Dédié à M. Geffrier.* B. G. M.

Le repos du berger, par Laurent, 13 p.

— Vue de Mondragon en Dauphiné et le doux repos des bergers. Ces 2 p. par Laurent. T. B. Epr. toute M.

Tom Jones, par Picot.

Lithographies. 3 p.

352. **Loyr** (Nicolas). Cleobis et Biton traînant leur mère.

353. **Lubin** (Jacques). Portraits de Ballin, Balzac, Godeau, Seguier, Sirmond, Sponde. 6 p. B. épr. G. M.

354. **Malbeste** (G.). Groupe tiré du dessin de Moreau de la plaine des Sablons. T. B. Epr. avec texte. Tour des gendarmes à Caen, eau forte pure avec des croquis dans la marge.

L'âne ruant, *G. Malbeste sculp. Aqua forti, l'an onze, d'après Berghem, dessiné au lavis*, par Swebach-Desfontaines, eau-forte pure. 3 p.

355. **Massé** (Charles). Jacob ex Mesopotamia (R. D. 118). Jacob cum omnibus suis (119). Moyses in Ægyptum cum uxore (120). 3 p.

356. **Masson** (Antoine). Portraits de Pierre Dupuis (R. D. 25) et André Le Nostre (R. D. 38). B. épr. 2 p.

357. **Marvy** et **Ch.-Jacques**, eaux-fortes, 1843. Cahier de 20 p. et titre, rare. C'est le 1er cahier qu'ils ont publié.

358. **Massard** père. 1772. Etude du tableau de la dame de charité, d'après Greuze. T. B. épr.

359. **Meissonier**. Le fumeur, eau forte. B. Epr. rare.

360. **Mellan** (Claude). Son portrait et celui de Michel de Marolles, 2 p. 1er état, avant les planches coupées.
Dalila coupant les cheveux à Samson à mi-corps. *C. Mellan G. Pinx et s.*
Judith tenant la tête d'Holopherne, d'après Virginia de Vezzo. 4 p.

361. **P. M.** (P. Mercier), peintre et graveur, a gravé plusieurs pièces, d'après Watteau, qu'il a cherché à imiter dans ses tableaux.
— *Le Matin*, dame prenant son café, gravé en manière noire, par Negges.
— Berger et bergère qui se dirigent à gauche précédés de leur chien, gravé par Ravenet, en hauteur.
— L'escamoteur, à droite, émerveille, cinq personnes dont un homme debout à gauche appuyé au dossier de la chaise. 8 p.

362. **Meulen** (d'après Van der). La reine allant à Fontainebleau.
Château de Vincennes, du côté du parc.
Valenciennes prise d'assaut, 1667.
Paysage dédié à E. Jabach. 4 p. B.
— Les campagnes de Louis XIV, gravées par divers. 1 vol. gr. in-fol. du cabinet du roi.

363. **Miger** (Simon-Charles). Portraits de Marie-Antoinette, d'après Boze, 1785, gravé en 1814, à l'âge de 80 ans. T. B. Epr. C'est un des plus beaux portraits du personnage.
— Hubert Robert, peintre, 2 épr. avant et avec l. l. T. B. G. M.
— Louis-Michel Vanloo, peintre, et Joseph Vien, peintre. 4 p.

364. **Mongez** (Madame). Portrait de Pie VII, d'après David, eau forte. T. B. Epr. G. M.

365. **Monnier** (Henri). Esquisses parisiennes, 1827, 5 p.

Les messieurs de bonnes maisons, grisettes, une grande dame, etc., couleur, en tout 14 p.

366. **Montagne** (Michel de Plate). Le passage du Bac (R. D. 10). 2e état.
Montagne (Nicolas de Plate). Allégorie. Appollon sur un nuage (R. D. 14). 2 p.

367. **Moreau l'aîné** (Louis-Gabriel). Quatre paysages sur la même planche. Escalier dans un paysage en hauteur.

368, **Moreau le jeune** (J. M.). Portrait du duc de Choiseul (Et.-Fr.). T. B. Epr., toute M. Le même, eau forte pure. 2 p.

— Dame à qui l'on apprend à jouer de la flûte, groupe de trois figures assises à droite, d'après D. Teniers. Avant la l. T. B. Epr. Le même avec la l. terminé; par Le Bas. 2 p.

— *Fondation pour marier dix filles, renouvelée en 1761 par M. le marquis de l'Hospital.* Huquier perfecit, d'après Gravelot.

— Billet d'entrée pour les expériences du globe aérostatique de MM. Charles et Robert, 1783. Rare. Pouvoir de l'amour, d'après Deshayes; et vignettes, d'après Greuze. 6 p.

— Suites d'estampes pour servir à l'Histoire des Mœurs et du Costume des Français dans le dix-huitième siècle. Paris, 1775-1776, 2 part. 1 vol. in-fol., 36 pl. gravées par divers, d'après J. M. Moreau jeune.

369. **Mouilleron**, habile lithographe vivant.
Rembrandt peignant sa mère, d'après Robert Fleury, et le joueur de guitare, d'après Meyssonnier, 2 p. T. B.

370. **Moyreau** (Jean), graveur, son portrait gravé par lui-même, avant toutes lettres, in-fol. Portrait de Desfriches, peintre, profil à droite, rond équarri, in-4, rare. T. B. G. M. 2 p.

371. **Nanteuil** (Célestin). Eau forte, titre de Lucrèce

Borgia, 1833, l'Hermitage, lithogr., et scène du Dante, d'après Delacroix, artistes contemporains, 3 p.

372. **Nanteuil** (Robert). Portrait d'Antoine Le Paultre, architecte (R. D. 127). 2e état, avant l'adr. de Jombert.
— Harduin de Perefixe (R. D. 211). 1er état.
— Voiture (Vincent) (R. D. 234). B. épr.

373. **Natoire** (Charles-François), 1700-1777.
Le Printemps, eau forte pure (R. D. 4).
— Le même, et l'Automne terminée par Aveline; dernier tableau du côté droit latéral, par Fessard. T. B. épr. G. M. 3 p.

374. **Nicolle** (V.).
Paysage en hauteur.
Mur au milieu duquel une fontaine surmontée d'une statue, à droite un dessinateur.
Porte voûtée basse avec mascaron, vers la gauche un homme appuyé contre une borne.
Mur de parc avec fontaine d'une tête de lion, à gauche homme marchant à droite.
Voute dans laquelle coule l'eau d'un canal qui tient tout le devant, à droite bateau avec 2 fig. 4 jolie p. T. B. avec M.
— Feu d'artifice et salle de festin pour la naissance de Monseig. le Dauphin, 1782, 2 p. T. B. G. M.

375. **Oudry** (Jean-Baptiste), peintre né à Paris, 1686-1755, a gravé à l'eau forte.
Son portrait, gravé par J. Tardieu, d'après de Largillière, 1729, avec attributs.

Sujets de chasses.

Frontispice (R. D. 1), le chevreuil forcé (R. D. 2), le renard vaincu (R. D. 3), le loup aux abois (R. D. 4), chez Huquier, les vers sont coupés.
Le chien braque en arrêt, m. 5 p.

— Roman comique (R. D. 55 et 56). 3e état, (57) 3e et 5e état, (58, 59, 60, 61), 3e état, (62), 4e état, (63, 64, 65), 3e état, 12 p.

D'après Oudry.

— 3 pièces des Fables de La Fontaine, dont le portrait avant la lettre, le mulet et grand cerf terrassé par sept chiens, eau forte pure, 3 p.

376. **Parrocel** (Charles).

Le cuirassier assis (R. D. 22), 1er état, avant la lettre, et avec nombre de retouche à la plume par l'artiste.

377. **Pasquier** (J.-J.).

Paysage en travers, d'après Dorly, à gauche un petit berger près de trois moutons.

Appolon et Neptune donnant avis à un roi pour bâtir un port; dans un cartouche rocaille en tête de page, 2 pièces.

378. **Patas.** Portrait en pied de Mlle Colombe Lainé, de la Comédie-Italienne. T. B. épr. G. M.

PATER (Jean-Baptiste),

peintre, né à Valenciennes en 1695, mort à Paris en 1736, élève de Watteau.

379. Eau forte par lui, scène d'un camp, officiers avec des dames, à gauche un soldat assis tient son fusil sous le bras. Pièce en travers sans aucun nom, rare.

Pièces en hauteur.

— L'Officier galant. Lebas, dir., chez lui et à Amsterdam, chez Fouquet. T. B. M., avec quatre vers.

Pendant, scène de campement, soldats jouant et buvant avec des dames. Lebas, dir. B. — 2 petites p.

— L'Orchestre de village, gravé par Ravenet.

Étude de la tête de paysan tirée de cette pièce.

— Marche comique, gravé par Ravenet, chez lui et chez Lebas, avec huit vers. T. B. avec M.

— La belle Bouquetière, terminée par Fillœul, avec huit vers, chez lui.

L'agréable société, Fillœul *sculpsit*, chez lui, avec huit vers. B. M. 2. p.

— Les Plaisirs de la jeunesse.

(1) Collin-Maillard.

(2) Le concert amoureux.

(3) La conversation embarrassante.

(4) La danse, avant le n° 4; ces pièces, gravées par Fillœul, chez lui, avec huit vers à chaque en bas, B. M. 4 p.

— La même suite, chez Surugue et chez Buldet, le n° 4 est avec l'adr. de Fillœul et le n°. — 4 p. B. M.

Pièces en travers.

— Le Roman comique.

Arrivée des comédiens.

Bataille arrivée dans le tripot.

La Rappinière tombe sur la chèvre.

La Rancune coupe le chapeau de Ragotin, avant et avec la lettre, d'après Dumont.

Arrivée de l'opérateur à l'hôtellerie, avant et avec privilége.

Ragotin à cheval, sa carabine lui tire entre les jambes, avant chap. 19, tom. 1.

Le poëte Roquebrune rompt la ceinture.

Ragotin déclame des vers.

Ragotin retiré du coffre.

Le Destin retire Ragotin du rosier, avec et sans le titre.

Un serrurier coupe le pot, d'après Dumont.

Pyramide d'ailes et de cuisses de poulet.

Madame Bouvillon ouvre la porte.

Madame Bouvillon pour tenter le Destin.

Ragotin trouve des Bohémiens.

Ragotin poussé brusquement dans l'eau.

19 p. gravées par Surugue, Lepicié, Jeaurat et B. Audran, B. épr. avec M. Ce lot peut être divisé.

— Contes de La Fontaine.

Les aveux indiscrets, sans M.

Le savetier, sans M.

Le cocu battu et content.

La Matrone d'Ephèse.

La courtisane amoureuse.

Le glouton, 6 p. gravées par Fillœul, chez de Larmessin et chez Buldet. B. épr. avec M.

— La bonne-aventure, eau forte pure et terminée, le Mai. Ces 2 p., gravées par Patas, sont tirées du cabinet Choiseul. B. Conversation, composition de huit personnes. Épr. rognée.

— Le Baiser donné et le Baiser rendu, gravés par Fillœul, avec douze vers, chez de Larmessin. B. M. 2 p.

— *Le Baiser donné*, contrepartie chez Dupré; réduction des 2 p. in-4 en travers et autre réduction in-8, par Jacob, 5 p.

— Le désir de plaire, 1743.

Le plaisir de l'été, 1744, gravés par Surugue, chez lui, avec quatre vers, 2 p.

— Le Bain, gravé par Duflos, avec huit vers, chez Crepy, G. M.

L'essai du bain, gravé par Voyez, chez Beauvarlet.

— *Tentes de vivandièrs du quartier général*, gravé par Baudouin, 1er état.

2e état retouché par Hemery, chez le père et Avaulez, 2 pièces.

— Mlle Dangeville la jeune, gravé par Lebas, chez Laporte et Surugue.

— Écrans imp. en rouge, dans le goût du maître, chez Dubois : le Cocu, le Cuvier et les Oies du frère Philippe, ce sont des compositions différentes des grandes pièces, 3 pièces.

380. **Percenet**, architecte.

Recueil de vases *composés et gravés*, 1re et 2e suite de 7 pièces numérotées, chez la ve Chereau, 14 p. B. épr.

381. **Pesne** (Jean), graveur. Son portrait, d'après lui-même, gravé par Schmidt, in-folio, contrepartie, grand in-4, par Valperga, et plus âgé, par Trouvain, petit in-folio. B.

Portrait de Nicolas Poussin (R. D. 6) avec *Audran ex.* B. M. 4 p.

382. **Peyron** (Jean-François-Pierre), peintre, né à Aix, en 1744-1815.

Mort de Socrate, 1er état, avant les contretailles dans le fond, contre épreuve du 1er état, 2e état avec chez Naudet, 3 p.

— Mort de Miltiades, 2 épr. dont une avant, chez Naudet.

— Socrate et Alcibiade chez Aspasie, 2 épr. dont une avant chez Naudet.

— *Socrate prêt à boire la cigüe*, inv. peint et gravé, par P. Peyron, 1790, in-fol. B. épr.

383. **Picart** (Bernard).

Exécution de Marie-Stuart et de Charles Ier. 2 jolie p.

— D'après lui, vignettes pour Boileau, 15 p. dont 6 rares. T. B. épr. toute marge, dans un petit vol. cart.

384. **Picart** (Étienne). Portrait de François Tallemant, abbé de Valchrétien, B.

PIERRE (Jean-Baptiste-Marie),

peintre du roi, né vers 1714, mort en 1789, a gravé à l'eau forte.

385. Son portrait profil à gauche, d'après C.-N. Cochin, gravé par Saint-Aubin, 1775. T. B. G. M.

Pièces gravées par Pierre.

En hauteur.

— Groupe à la tête d'âne, vieillard, jeune fille et enfant, 1756, haut. 228 mil., larg. 172 mil.

Groupe à la tête de bœuf, jeune fille et vieillards, en bas à gauche de ses 2 p. *C. H. Watelet, J. B. M. Pierre, una, cademque die sculpsere in villa Molotrinæ Gallice Moulin joli.* T. B. avec M., haut. 226 mil., larg. 172 mil.

Groupe à la tête de chien, jeune garçon et fille, Pierre et Watelet, 1758, à l'envers à droite, haut. 245 mil., larg. 181 mil.

— Le même, par Watelet seul, qui a signé sur le bord chapeau.

Cahier d'études de figures, 1756, grandeur du cuivre, haut. 176 mil., larg. 112 à 116 mil.

(2) Jeune homme assis sur une pierre, dirigé à gauche et tenant un portefeuille sous le bras droit. 2 épr., l'une T. B. sans M., l'autre faible épr. G. M.

(3) Femme assise allaitant son enfant, dirigée vers le devant à droite. T. B.

(4) Homme de profil à gauche, à bonnet fourré et les pieds nus, bout de bateau à droite.

(5) Paysan coiffé d'un chapeau, tenant un bâton de la main gauche, sous sa houpelande. T. B. 2 épr., dont une avant d'être ébarbée.

(6) Femme à genoux de profil, dirigée à gauche, où est une croix.

(7) Mendiant assis de profil a droite, il tient son gobelet de la main gauche.

(9) Jeune mendiant debout, dirigé à gauche où sont trois autres au fond; il y a un trait carré à cette pièce, 2e épr. avant, et avec le n° sans date.

Femme debout dirigée vers le devant à droite, elle tient son éventail de la main gauche, avant le n°, pendant du précédent, sans date.

Mendiant à béquilles, le pied droit suspendu, il est de profil à gauche, tendant son bonnet de la main droite.

12 p. très jolies eau-forte.

Mendiant de profil à gauche, appuyé sur un grand bâton,

Pierre, 1759, 1er état, le cuivre porte haut. 226 mil., larg. 171 mil.

2e état, le cuivre coupé, haut. 122 mil., larg. 80 mil.; en haut à gauche, tome II et page 93 à droite, fait partie des estampes du dictionnaire des graveurs de Basan.

L'Hiver, jeune fille n'ayant que le haut du corps couvert, elle est derrière un homme enveloppé assis, dirigé à droite et se chauffant, gravé à la manière du crayon, en haut, *Pierre*, 1758, 2 épr , dont une à la sanguine. T. B. G. M.

L'Écuyer novice dirigé à droite et l'écuyer téméraire dirigé à gauche sur la même planche, sans nom ni date. M. le baron de Veze dit dans ses notes, avoir vu cette estampe avec le nom, la date de 1754 et les titres désignés; haut., 275 mil., larg. 189 mil.

— *Fugiendo*, femme en chemise presque nue, elle fuit vers la gauche, où sont deux saules, au-dessous 1759 et à droite *Pierre*. Très jolie pièce. T. B. avec M., haut. 178 mil., larg. 133 mil.

— Saint François guérissant une femme malade; Hyène obéissant à Saint François. Ces 2 p. ovales font pendant, haut. 169 mil., larg. 124. T. B. G. M.

— *Les Oies du frère Philippe*, d'après Subleyras, le jeune homme montre le fond à droite où est un groupe de femmes dont une baissée prend un chien. Jolie pièce. T. B. M., haut. 190 mil., larg. 141 mil.

Joueur de cornemuse de profil, dirigé à droite, vers une femme, tenant son enfant nu sur ses genoux, au bas, à gauche, P. F., haut. 228 mil., larg. 165 mil.

— Sainte-Famille, la Vierge tenant Jésus, dirigée à gauche, adorés par deux têtes d'anges, saint Joseph à droite, regarde au bas du même côté. *Pierre*, 1758.

— Autre pendant du précédent, la Vierge vue de dos, fait chauffer Jésus au feu qu'un jeune enfant, à droite, va alimenter avec le bois qu'il apporte, Saint-Joseph est à gauche debout de profil, 1759; haut. des cuivres, 390 mil., larg. 360 mil. 2 p. très vigoureuses T. B. avec M.

— Saint-Charles Borromée donnant la communion aux pestiférés de Milan; il est de profil dirigé à gauche et tient l'hostie de la main gauche, au milieu en bas, P. F.; haut. 445 mil., larg. 300 mil. 2 épr. dont l'une avant le cuivre nettoyé.

Pièces en travers.

— Mascarade chinoise faite à Rome, 1735, dédiée au duc de Saint-Aignan. B., larg. 425 mil., haut. 269 mil. non compris la M.

— Marché de village. au fond, à droite, un saltimbanque, au coin gauche en bas, *Pierre f*ᵉ. Jolie p.; larg. 170 mil., haut. 118 mil.

— Marché de village où l'on voit lanterne magique et marchand d'orviétan, à gauche, un chien courant après un mouton, bouleverse un panier d'œufs, sans aucun nom ni date, avec des retouches à l'encre; larg. 205 mil. haut. 156 mil. T. B.

— La danse au son de la flûte d'une jeune fille vue de dos vers la droite, au fond, à gauche, une statue homme sur un dauphin, sans nom ni date; larg. 287 mil., haut. 212 mil. T. B.

— Danse de la fête de village, au son de clarinette, mandoline et tambour de basque, à gauche trois figures son, sur un piédestal et à droite au coin, un chien qui dort, sans nom ni date; larg. 410 mil., haut. 255 mil.

Pièces d'après Pierre.

En hauteur.

— Frontispices, etc., petite pièce pour *Conte de Fée*, tome II du dictionnaire des Graveurs et autres.

La Bergère, par Et. Fessard. 5 p.

— Marché au poisson, marché aux légumes, 2 p. gravées par Pelletier. T. B. épr. G. M.

— La sculpture, gravé par Marie Madeleine Igonet, mai 1751, chez Surugue. T. B. épr. G. M.

La Lanterne magique, gravé par Daullé; le Supplice de Prométhée et le repos de Bacchus, 2 p. gravées par Chenu. En tout 4 p.

Pièces en travers.

— Le chansonnier, la curiosité, la danse de village, 3 p. avec 4 vers sans aucuns noms, attribués

Les villageois de l'Apenin et les *jardinières italiennes au marché*, 2 p. gravées par J. Ouvrier.

Le marché de Tivoli, par Pelletier, 6 p.

— Groupe de 5 têtes dont un chien, à la manière du crayon, et *Bacchanales*, pièce ronde. Ces 2 pièces gravées par Demarteau.

386. **Poilly** (François de). La fortune, Intérieur de bibliothèque avec moines. Ces 2 p. sont dans un cartouche orné. 2 p. B.

387. **Poilly** (J.-B.). Portrait de François de Troy, peintre. B. G. M.

388. **Poussin** (Nicolas). Son portrait gravé par Pesne avec *Audran ex.* B. G. M.

— Portraits divers de N. Poussin, 7 p.

Pièces diverses, compositions d'après ses tableaux ou dessins, 63 p., en tout 70 p.

389. Nuova Raccolta di nº 24 Rami... La Vita di Maria SSma... d'invenzione e designo del celebre Nicolo Poussin. Incisi da Alessandro Mochetti. In Roma, s. d., in-4º, fig. (24), cart.

390. **Prudhon** fils, sculpt. — Portrait de Prudhon père, peintre encore jeune. Très jolie p. très rare. T. B. épr.
Deux muses d'après Prudhon, pere lithographie par Boilly, 2 p.

391. **Puget,** del. et sculp. Vaisseau à pleines voiles allant à gauche, au fond un petit, et une barque à droite. Cette eau forte semble d'un graveur.

392. **Raffet.** Napoléon à cheval. T. B. épr. d'une très grande lithographie rare.

393. **Ragot** (F.), d'après Dumoustier. Portrait de Charles de l'Aubespine, garde des sceaux. T. B. épr. Curieux.

394. **Ransonnette** (N.), 1790, del. et sculp. Henri IV ramené au Louvre après le coup funeste qu'il reçut à la rue de la Ferronnerie, le 10 mai 1610. T. B. épr. grand in-fol. toute M.

395. **Ravenet** (Simon-François). Son portrait, gravé par lui-même, d'après Zaffanii, 1763, in-4°. T. B. épr.
Portrait du Corrège. *Parma,* 1781, in-fol. rare.

396. **Regnesson** (Nicolas), Peintre debout faisant le portrait d'une dame assise à gauche, pièce en hauteur. *Parlé bas je vous prie.* B.
Portrait de Wilson de la Colombière. B. épr.

397. **Rigaud** (J.). Les plus belles vues de palais, châteaux, etc., de Paris et ses environs. 123 p. Anciennes épr. toute M. Quelques-unes plus courtes de marge et une rognée. Le n. 97 manque. La table imprimée s'y trouve.

RIVALZ (Antoine),

Peintre, a gravé à l'eau-forte, né à Toulouse en 1667, mort en 1735. Robert-Dumesnil, vol. 1, page 271.

Voir plus loin son portrait par Bart. Rivalz.

398. Son portrait tiré de D'Argenville et de l'artiste méridional, lithographié par Perrin.
Minerve protégeant la Muse de la peinture. R. D. (1). 3 p., dont une contre-épr.
Minerve permettant l'entrée de son temple (R. D. 2). 3 épr. différentes avant la planche nettoyée et avant

l'éraillure donnant sur la main de la Muse, et une contre-épr.

La méditation de la Muse de la peinture (R. D. 3).

La Muse peignant Junon. R. D. (4).

Ces 8 p. sont B. et la plupart avec M.

Allégorie à la mémoire du Poussin (R. D. 5).

Symphorianus M. Le saint est au milieu à genoux, dirigé a droite, ou une femme, debout, désigne du doigt deux anges qui apportent des fleurs et des palmes; le bourreau, derrière, le prend par l'épaule gauche et se dispose à lui couper la tête avec un sabre court; au fond, à gauche, le proconsul, sur un trône élevé, fait un geste de la main gauche; m. état. Cette pièce, *très rare,* dont parle Hubert et Rost, n'a pas été vue par M. R. Dumesnil.

— Traité sur la peinture, par Me Bernard Dupuy du Grez... Toulouse, 1699, in-4, fig., v. b.

Figures d'Antoine Rivalz, très belles d'épreuve.

D'après Ant. Rivalz.

— Deux anges foudroyants l'ignorance, l'envie et autre à tête de cochon, tandis que Minerve fait entrer les arts dans le temple. Avec 4 lignes latines. *Dimittat-Vocat.*

Allégorie; on présente les rennes du char de l'État probablement à Louis XV. Avec 6 lignes latines. *Aspice-Jungunt.* Ces 2 p. gravées par Ambrosius Croizat, d'ap. Ant. Rivalz.

— Portrait de Jean-Pierre Rivalz, père d'Antoine. B. épr. avec M.

309. **Rivalz** (Barthélemy), cousin d'Ant. Rivalz, d'après lequel il a gravé à l'eau-forte. Les dimentions sont le noir de l'estampe, non compris les marges ou peuvent se trouver les titres.

— Joannes Petrus Rivalz, *picturæ, sculturæ, architecturæ peritiæ,* et *vitæ probitate insignis.*

Ant. Rivalz, pinx. — Bart. Rivalz, sculp. Portrait du père d'Ant. Rivalz : il était architecte, né à Toulouse, en 1625-1706, fut le maitre de R. de La Fage, il feuillette un livre d'architecture et regarde à gauche. Superbe pièce. T. B. avec M. Haut., 225 mil. Larg., 172 mil.

— Antonius Rivalz Pictor. *Ant. Rivalz, pin., Bart. Rivalz, sculp.* Il est presque de face, dessinant de la main gauche, 3 pinceaux dans une palette sont au coin droit. 1er état. T. B. Haut., 230 mil. Larg., 175 mil.

— 2e état. Au-desous du nom, en 4 lignes. *Solertia penicilli conspicuus, in scola Romana Laurea donatus, exteris notus, suis carus, Patriæ bene meritus. Sub auspiciis et munificentia octouirorum Capitolinorum Tolosanam picturæ academiam Erexit, anno* 1726. T. B. épr. avec M.

— *Antonio Rivalz pictori uxoris ejus effigiem a se moisam offerebat Bartholo Rivalz, anno* 1722. Portrait de la femme d'Ant. Rivalz, d'après lui-même; elle tient un livre de la main gauche, et elle est presque de face. H., 170 mil. L., 128 mil.

— *Diane chasseresse,* elle est a mi-corps dirigée à droite, ou l'on voit deux têtes de chiens; elle tient un dard de la main droite et regarde à gauche, d'après Ant. Rivalz. 1re épr. avant le titre. H., 219 mil. L. 170 mil.

Arrie et Pœtus. Arrie, à gauche, de profil tient de la main gauche le poignard dont elle vient de se percer; Pœtus la soutient, en bas. *Ex museo Antonii Glassier, artis picturæ amatoris.* H., 220 mil. L., 170 mil.

Pendant du précédent. Pœtus soutient du bras droit Arrie, qui se meurt, et se frappe à son tour. Ces 2 p. sont d'après Ant. Rivalz. H., 230 mil. L., 170 mil.

— *La Sainte Famille,* fuite en Égypte. Saint Joseph conduit l'âne vers la gauche. Épr. sans aucune lettre dans la marge, d'après Ant. Rivalz. H., 255 mil. L., 194 mil.

Sainte Cécile, a mi-corps, jouant du tympanon; elle regarde, à gauche, la musique que lui tient un ange, et un autre ange, vu de dos, joue de la mandoline à droite, d'après Ant. Rivalz. H., 219 mil. L., 180 mil.

— Martyre de saint Barthélemy. Des bourreaux attachent le bras et le pied droit du saint et l'exécuteur, avec son couteau, va commencer; un grand prêtre montre la statue de Jupiter au proconsul, qui est sur son trône, à droite, avec les noms, mais avant le titre. H., 470 mil. L., 368 mil.

— Chute des anges rebelles. Dans un gloire d'anges, l'Archange, armé de l'épée flamboyante, plane au-dessus des rebelles, qui tombent; un dragon se voit, en bas, vers la fournaise. Grande pièce. Une planche rapportée, en bas, contient la dédicace armoirié à M. de Beauveau. Haut., 485 mil. Larg., 370. La dédicace, 60 mil.

400 **Robert** (Hubert). *Les soirées de Rome, dédiées à Mad. Le Conte, par R...* Suite de 10 p. in-8, en hauteur avec numéro.

— Le titre et 3 p. avant le numéro. T. B. 4 p.

401. **Roëhn** (Adolphe), père, peintre.

Pièces en hauteur.

Le paysan sur l'âne, près de la femme.
Ménage rustique, l'homme va boire.
La danse des chiens.
L'arracheur de dents.
Le chiffonnier et la marchande d'arlequins.

Pièces en travers.

Le charlatan de village.
La chute sur les foins.
Bivouac de Napoléon 5-6 juillet 1809, avant la bataille de Wagram. Ces 8 p. sont T. B. et très rares. Chine toute marge.

402. **Roettiers** (C.-N.).

Groupe de fig. orientales, odalisque présentant une coupe à un bacha. B. G. M.

Roettiers (François).

Le serpent d'airain, Moïse et les Tables de la loi, et bacchanales avec des satyres. 6 p.

403. **Roqueplan** (Camille), peintre vivant.

Son portrait, galerie de la Presse, par M. Alophe, épr. chine, avec dédicace et signature autographe à l'encre. Par Deveria, 2 épr. chine et blanc, et la charge par Benjamin. 4 p.

Pièces lithographiées par lui.

Cahier A., chez Motte, rue des Marais.

Le chasseur breton, courses, l'école, le rendez-vous, les chartreux, sauvetage, la mare, avant et avec l. l., les moines, le départ, la chapelle bretonne, le parc, la lecture. 14 p. dont 2 doubles. T. B. épr. chine.

Cahier, chez Motte, rue Saint-Honoré. Les enfants perdus, les enfants retrouvés, la cuisinière, l'escalade, la plage, gros temps, le joueur de vieille, avant et avec l. l., le pardon refusé, les deux mères. 10 p. T. B. épr. chine.

Croquis n. 12, les trois journées, n. 1 et 2.

Titre de 1830. Plage, marine, vue de Paris, sans titre.

Vignettes, chatelain et sa famille qui se chauffe, 1830, l'embarquement et le débarquement, les amans, les amants dans la barque, l'automne, 2 états diff., le message, titre d'album.

Mort de l'espion Moris, 1re planche, rare, et 2e planche, avant et avec l. l.

La récompense, les pommes.

La conversation, le doux propos, pour Walter-Scott, n. 3 et 6.

Deux dames, dont une écrit sur la vitre, avant l. l.

Scène de la fronde, le cardinal, avant et avec l. l.

Massacre des enfants de Clodomir, la princesse de Condé.

Le bénitier, la procession, 2 épr. de chaque, la fontaine.

Pour l'artiste.

Scène de la Saint-Barthélemy, vue à Gisors, les petits villageois, la belle jardinière, je ne sais pas lire, la chapelle, vue d'Italie, dans les Vosges, la lecture, la promenade, le dôme des Invalides, le petit campagnard, les cerises, vue près de Marly. 16 p.

Chaumière entourant un moulin a vent, dirigé à droite, gravé au vernis mou, sans nom, attribué à M. C. Roqueplan. Très rare, ainsi que la première épr. du sujet suivant.

Moulin a vent, dirigé à gauche, ou se trouve un étang, verni mou, attribué à M. C. Roqueplan.

Le même, plus terminé avant toutes l.

Le même, totalement terminé et d'un très bel effet, dans la marge, au bas, *Camille Roqueplan, — Louis Marvy.*

Le même, le nom de Roqueplan effacé.

Pièces d'après lui, par Menut Alophe.

J.-J. Rousseau, une belle nuit d'été, la Madeleine, dirigée à gauche pour l'artiste, la Madeleine, dirigée à droite pour la revue des peintres, avant et avec l. l., le repos.

Le lion amoureux, 3 épr. diff. états, le billet, le payeur de rentes.

Par divers, un vieil amateur de curiosités, Diane de Turgis et Mergy, les femmes au lavoir, sortie de la procession.

Artistes contemporains, vivants, galerie d'amateurs, etc. 12 p. T. B.

Vignettes en bois, l'hermite, mort de Charles V. 4 p.

Plus de 80 vignettes en bois coupés, de la revue des enfants, dessinés par Roqueplan.

La liberté pour Béranger, avant l. l., sujet de J.-J.

Rousseau, 3 p. différentes, vue de La Haye, par Lucas, combat d'Echingen, de la galerie de Versailles.

Galerie Durand-Ruel, 9 p., par et d'après Cam. Roqueplan. Ces épr. sont le dernier état, tirées à deux ton.

Cet œuvre, composé de plus de 130 p., est très beau, en parfait état, pourra être divisé.

404. **Roullet** (Jean-Louis), portrait de Lully (Jean-Baptiste), surintendant de la musique du roy.

405. **Ruhierre,** d'après Lafitte et Benard, buste de Louis XVIII, pour titre de l'Égypte. T. B. épr. Très grand in-fol.

406. **Sablet** (Jacob), 1786.

Homme assis de profil, le bras gauche appuyé sur une table, dirigé à droite.

Homme assis presque de face, la main droite sur un livre ouvert.

Homme assis, tenant un bouteille de la main droite.

Homme assis de profil, à gauche la main droite sur un livre ouvert devant une croix.

Homme a genoux de profil, à gauche.

Femme assise de profil, à gauche, elle prie les mains jointes.

Paysanne romaine assise presque de face, le bras gauche sur le cou d'une jeune fille de profil.

Autre paysanne assise de profil, à gauche, une jeune fille de face lui prend la main.

Ces 8 p. signée, *J. Sablet, pinx. et sculp. Romæ*, 1786, sont T. B. épr. G. M.

407. **Saint-Aubin** (Augustin de), dessinateur et grav. Portraits, groupe de la famille d'Orléans, Blanchard, C. N. Cochin, Coustou (Guillaume), Dumont, Gauzargues, Jeliotte, Linguet, Mondonville, Montaigne, Montesquieu, Pellerin, in-4 et in-fol., entouré de médailles, Pierre, Valenciennes.

15 p. T. B. épr. avec M., pourra être divisé.

408. **Saint-Aubin** (d'après). Vignettes, mes Gens. 6 p. Très belles épr.; ballet dansé à l'Opéra, par Basan. Belles épr. 10 p.

409. **Saint-Igny.**
Suite de costumes, gravée par Briot. Nos 1, 4, 5, 6 à 12, 20. 11 p.

410. **Saint-Jean** (d'après de). Femme de qualité déshabillée pour le bain. Pièce faisant suite aux appartements. B. avec M.

411. **Saly** (d'après). Première et deuxième suite de vases antiques et autres. 24 p. B.

412. **Sarrabat** (Isaac). Portrait de Boudan (Alexandre), imprimeur en taille-douce (R. D. 10). B. épr. M.

413. **Schuppen** (P. Van). Portrait du Fr. Vander Meulen, peintre. B.

414. **Silvestre** (Israel). Profil de la ville de Paris. 1 p. T. B. G. M.
— Profil de la ville de Poissy, rare. 1 p. T. B. G. M.
— Vues de Paris, France et Italie. 38 p. B. épr.
— Perspective de la ville de Paris, vue du pont des Tuileries. Grand in-fol. en travers. 1 p.
— Les plaisirs de l'isle enchantée ou les fêtes et divertissements du roy, à Versailles, divisez en trois journées, et commencez le 7e jour de may de 1664. Paris, 1673. In-fol. Belles épr., fig. d'Israel Silvestre. V. m. fil. arm.

415. **Silvestre** (N.), le fils, graveur.
Enfants portant les attributs d'Hercule, d'après Le Moine. In-4 en larg. 2 épr. dont une avant. *Chez l'auteur et chez Duchange,* sans le nom du graveur. 2 p.

416. — **Silvestre** (Nicolas-Charles).
Les nymphes de Diane protégées par un Reseau contre les poursuites des satyres. N.-C. Silv., inv. et sc. C. P. R. Épr. avant la lettre. Pièce très gracieuse et rare.

— D'après F. Le Moyne, projet d'un plafond pour la Banque à Paris. Grand in-fol.

417. **Sixdeniers**, d'après Horace Vernet. Portrait de frère Philippe. T. B. épr., les noms d'artistes à la pointe et signée H. Vernet au crayon.

418. **Subleyras** (Pierre). Son portrait tiré de Dargenville.

Le serpent d'airain. 1er état, avant la lettre, non décrit. T. B. ép,

2e état, le ciel repris au milieu, en haut, et avec *Tabula a Pietro Subleyras*, etc., 1727, en deux lignes (R. D. 2).

La pénitence, la Madeleine essuyant les pieds. Pièce longue en travers. 2 épr. dont une avant les lignes *Observer*, etc., etc. B. épr.

419. **Surugue fils**. Le père de Rembrant. Epr. avant toutes lettres. T. B. épr. M.

420. **Tardieu** (Jacques-Nicolas). Portrait de Bon de Boullongne, peintre, d'après lui-même. Petit in-fol. T. B. épr. G. M.

421. **Thevenin** (C.) Prise de la Bastille, 1789.

422. **Tremolliere** (Pierre-Charles), peintre, né en 1703-1739.

Son portrait de trois quarts à gauche, rond équarris. In-4, rare.

Etude académique d'homme assis, dirigé à droite, en travers, *Huquier ex.*

Le baptême et la confirmation. 2 belles p. avant la lettre.

Les mêmes avec la lettre; chez Alibert. B. G. M.

Deux pièces d'après Watteau, dont une avec le fond terminé. 2e etat.

Alphée et Arethuse, d'après lui, par Fessard. B. épr.

423. **Trouvain** (Antoine). Portrait de Jean Jouvenet, peintre. T. B. épr. in-fol. en travers avec M., et Jean Pesne, d'après lui-même. B. 2 p.

424. **Vallet** (Pierre), 1608. Son portrait gravé par lui. (R. D. 152). B. épr. R.

— Le jardin du roy très chrestien Henry IV, roy de France et de Navarre..., par Pierre Vallet... Paris, 1608. In-fol., fig., demi-rel.

425. **Vangelisty**. Portrait de Pierre Constant d'Ivry, architecte. T. B. épr. Rare.

426. **Vanloo** (Carle), peintre. Son portrait d'après lui, par Demarteau. In fol. T. B.; d'après P. Lesueur, par Klauber et autre. 3 p. B.

— *Six figures académiques dessinées et gravées par C. Vanloo*; chez Beauvais. Homme tenant ce titre de la main droite, p. en H.

Homme prêt à mettre un cadavre dans un caveau, à gauche, en travers.

Homme debout, pensif, regarde à droite.

427. **Vanloo** (Joseph). Eaux-fortes d'après les dessins de Bened. Castiglione, du cabinet de M. Ricard, à Aix. 4 p.

428. **Verdier** (d'après F.) L'histoire de Samson. 40 p. dont le titre imp. 2 sujets à la feuille. T. B. épr., toute M.

429. **Vernet** (Claude-Joseph), peintre, a gravé à l'eau forte.

Son portrait, gravé par Nicolet, 1781, d'après Cochin, profil à gauche, rond équarri.

Eaux-fortes par lui.

Les Pêcheurs, à droite, près du tronc d'arbre, en H.

Port de mer avec château en haut d'un grand rocher, à droite; en travers.

D'après lui.

L'officier en promenade du midi et promenade du matin et du soir. 3 p. B. épr., toute M.

430. **Vernet** (Horace), lithographies par lui.

Portrait de la maréchale Macdonald, duchesse de Tarente, très-rare, étant portrait de famille. T. B. épr. sans marge.

Portraits de Guérin, peintre. *Rome* 1830. T. B. épr., et Carle Vernet, peintre. B. épr. 2 p.

Sujets de chasses, militaires et autres, dont quelques-uns du 1er temps de l'artiste. 24 p. B. épr.

431. **Vidal**, d'après Monnet. Les nymphes surprises. 1re épr. avant toutes lettres et avant les cheveux flottants.

432. **Vien** (Joseph-Marie), né en 1710.

Mascarades à la turque, nos 9 et 17. 2 p. T. B. toute M.

433. **Vignon** (Claude). Les corps de Saint-Pierre et Saint-Paul dans le sépulcre (R. D. 10); la marge blanche du bas coupée.

434. Souvenirs d'Italie, dessinés d'après nature et lithographié par Villeneuve. Recueil de 32 pl. en 1 vol. in-fol., demi-rel. mar. r.

435. **Villot** (Frédéric). Venise pittoresque et essais et études à l'eau-forte, dont son portrait. 30 p.

436. **Vouet** (Simon), peintre, né à Paris en 1582.-1641.

Son portrait, par F. Perrier (R. D. 12).

Sainte-Famille (R. D.) T. B. épr.

WATTEAU (Antoine),

né à Valenciennes en 1684-1721. Peintre du Roi, a gravé à l'eau forte; membre de l'Académie de peinture et sculpture.

437. Son œuvre, composé de plus de 950 pièces, y compris les différents états.

Portraits de Watteau,

peints par lui-même.

20 1) (a) Encore jeune, la tête seule de trois quarts, les cheveux négligés, dirigé à gauche, gravé par Filloeul. 7.

(2) (b) En buste de trois quarts, à gauche, gravé par L. Crepy fils, avec 4 vers : *Avec un air, — aisé — tenir la vie, — J. Verduc.*

— 1er état, chez Gersaint.

— 2e état, le nom de Crespy effacé et avec à Paris, chez Odieuvre.

— 3e état, la planche coupée au-dessus des vers.

c) A mi-corps dans son atelier, tenant la palette de la main droite, gravé par B. Lepicier; chez Odieuvre.

— A mi-corps, gravé par Boucher, coupée du bas.

(d) Copie anglaise, par W. Hibbart

(e) Au trait, pour la biographie avec texte de Pujol. 2 épr. différentes.

(f) Très petit, sur une carte géographique.

(g) Tiré de Dargenville.

20 — (3) (b) A mi-corps, tenant son crayon de la main gauche et la droite appuyée sur son portefeuille, gravé par Boucher. Au bas, dans une tablette, 4 vers.

Watteau, par la nature, orné d'heureux talents.
Fut très reconnaissant des dons, qu'il reçut d'elle;
Jamais une autre main ne la peignit plus belle
Et ne la sut montrer sous des traits si galants.

C. Moraine. T. B. épr. G. M.

22 50 — (4) (i) M. de Julienne jouant du violoncelle près de Watteau, ils sont dans un jardin avec statue; gravé par Tardieu. Epr. d'eau forte pure.

20 50 — La même terminée avec 6 vers en deux rangs : *Assis, auprès de toy, — ton art divin,* avec privilége du Roy. T. B. G. M.

— Jean de Julienne tenant dans ses mains l'estampe du portrait de Watteau, d'après de Troye père, gravé par J.-J. Balechou, 1750. 1er état. — 29

— 2e état, avec la perruque diminuée et avec gentilhomme ordinaire du roi, et 1752. — 5

Portraits divers.

— (5) J.-B. Rebel, musicien compositeur, gravé par Moyreau. Eau-forte pure. B. — 13-50

— Le même terminé avec la lettre. T. B. M.

— (6) Antoine de la Roque en pied, assis dans un paysage où sont des nymphes, gravé par Lépicié, avec privilége. — 6-50

(7) Retour de chasse; c'est le portrait de Mad. de Vermenton, nièce de M. de Julienne, assise dans un paysage, dirigée à droite; gravé par B. Audran; chez F. Chereau. T. B. M.

(8) La plus belle des fleurs, si *fière*, 4 vers au bas d'un buste de jeune femme tenant des fleurs dans son vêtement; gravé par J.-M. Liotard; chez Thomassin. T. B. } 28

Eaux fortes de sa main.

— (9) Figures de modes, *dessinées et gravées à l'eau forte par* Watteau *et terminées au burin par Thomassin le fils,* dans un cartouche surmonté d'une tête de satyre; au bas, *se vend chez Thomassin, rue Saint-Jacques, à Paris.* 80

Cette suite provient du cabinet de Bachaumont.

— L'homme accoudé (R. D. 1).

— Le promeneur, vu de face (R. D. 2)

— L'homme appuyé (R. D. 3).

— Le promeneur, vu de profil (R. D. 4).

— La femme, marchant à gauche (R. D. 5).

— La femme, marchant au fond (R. D. 6).

— La femme assise (R. D. 7).

1er état, avant la lettre et avec le trait carré, état inconnu à M. R. Dumesnil, et serait intermédiaire entre son 1er et 2e état. T. B. épr. 8 p.

— La même suite, sur le titre, *à Paris, chez Duchange, graveur du Roy, rue Saint-Jacques, et chez Jeaurat*; au bas, à gauche de chaque pièce, *Vatean, inv. et fecit*; c'est le 3e état décrit par R. D.; belles épr. avec une ligne de marge en plus du cuivre. Il y a une épr. double du n. 2, avec une raie dans le ciel. 9 p. avec le titre. T. B.

— La même suite, de différents états, le titre avec *Hecquet*, et les nos 3, 4, 7 doubles avec différences. 11 p. B.

— (10) La troupe italienne (R. D. 8). Epr. avant la lettre, *peint et gravé à l'eau forte par Wattaux et — retouché au burin par Simonneau l'aîné*, état non décrit par R. D.

— 2e état de R. D., avec l'adr. de Sirois.

— 3e état, le nom de *Wattaux* n'est pas changé; *chez F. Chereau, rue Saint*, etc., et *C. P. G.* et non *R.* Cet état n'était pas connu à M. R. Dumesnil.

SUJETS RELIGIEUX.

— (11) Tobie faisant enterrer les morts ; gravé par Huquier; David, par Scotin; Saint-Antoine, par C.-N. Cochin et par Jacob; *le Pénitent*, par Filleul. Croquis de moines en prières, avec différences, par Audran et autres, en tout 10 p.

— (12) LA SAINTE-FAMILLE, gravée par Jeanne-Renard du Bos. 1er état, avant toutes lettres. B.

— 2e état, avec l. l., du cabinet de M. de Julienne, avec privilége du roi. B.

— 3e état, galerie de M. le comte de Bruhl, avec ses armes; chez la veuve Chereau.

— La même, gravée par C.-L. Wust. A Dresde, chez P. Resler, du même sens. 4 p.

Sujets satiriques.

— (13) La Peinture, Singe, dirigé à gauche, admirant son tableau, ovale équarri, au bas 4 vers : *Telle doit, — un singe.*

(14) La Sculpture, Singe, dirigé à droite, taillant un buste; pendant du précédent. *Ce singe, — la nature.* 2 p. en haut., gravées par Desplaces, éditées par Duchange. T. B. G. M.

— (15) Le chat malade, gravé par J.-E. Liotard; au bas, 16 vers. T. B. p. en haut. Rare. M.

— (16) Le Naufrage, allégorie ou M. de Jullienne sauve Watteau à son retour en France; en travers; gravé par le comte de Caylus; chez Gersain.

— (17) Malade, à droite, poursuivi par des garçons apothicaires commandés par un docteur bâté, qui est à gauche. Composition de 10 figures, gravée par le comte de C. et terminée par Joullain. Au bas, deux rangs de 4 vers : *Qu'ay-je fait? — Faculté,* pièce en travers. 1er état, adresse de Gersain. T. B. M.

— 2e état, avec des armoiries au milieu et n. 35 à droite; l'adresse de Gersain est remplacée par *gravé d'après,* etc., dans la galerie de M. le comte de Bruhl, etc., etc. B.

— (18) Le départ pour les isles, en travers, gravé par Dupin, avec 10 vers en deux rangs : *Allons il faut partir, — faire deux.* T. B. M.

(C'est l'enlèvement des filles de joie).

Sujet historique.

— (19) Louis xiv *mettant le cordon bleu à M. de Bourgogne, père de Louis XV,* etc., gravé par N. de Larmessin, avec privilége du roy. B.

SUJETS MILITAIRES.

11 — (20) LA VIVANDIÈRE, gravé par Dupin, chez lui; *je suis utile dans la guerre, — et soutenu plus d'un assaut*, en 6 vers. B G. M.

(21) DÉTACHEMENT FAISANT HALTE, gravé par C. Cochin; chez Sirois.

Si nous reprenons, — nouveaux lauriers, en 8 vers.

(22) *Les fatigues de la guerre.*

(23) *Les délassements de la guerre.*

Gravés par G. Scotin; chez Gersain et Surugue.

(24) RECRUE ALLANT JOINDRE LE RÉGIMENT, gravé par Thomassin; chez Sirois; *à voir marcher cette recrue, — fatigue du voyage*, en 12 vers. T. B. M.

8-50 — (25) Défilé et halte. 2 p.

(26) Gravées par Moyreau. T. B.

10 — (27) ESCORTE D'ÉQUIPAGES, gravé par Cars, eau forte pure.

— La même, terminée avec la lettre, avec privilége du roi. T. B. M.

— Copie contrepartie, par Cl. Du Bosc, publiée à Londres.

13-50 — (28) CAMP VOLANT.

(29) RETOUR DE CAMPAGNE. 2 p. gravées par N. Cochin; chez F. Chereau. T. B. G. M.

8 — (30) PILLEMENT D'UN VILLAGE PAR L'ENNEMI, gravé par B. Baron; chez Boydell, à Londres, 1771. T. B. G. M.

(31) DÉPART DE GARNISON, gravé par Ravenel; chez Gersain et Surugue. B.

SUJETS MYTHOLOGIQUES,

En hauteur.

14 — (32) Vénus et l'amour, eau forte par Ph. Pariseau. L'amour tient une flèche de la main gauche. Ovale.

(33) LE SOMMEIL DANGEREUX, gravé par M. Liotard; chez la veuve Chereau et Surugue. T. B. M.

(34) POMONE, gravé par Boucher; chez F. Chereau. T. B. M. 20

— Les quatre saisons, ovales, équarris. 40

(35) LE PRINTEMPS, gravé par Desplaces.

(36) L'ESTÉ, gravé par J. Renard du Bos.

(37) L'AUTOMNE, gravé par Faissar.

(38) L'HIVER, gravé par J. Audran.

Tirés du cabinet Crozat, avec privilége. 4 p.

— (39) Vénus désarmant l'Amour, gravé par B. Audran d'après l'invention de Paul Véronèse, peinte par Watteau. Epr. avant l. l. T. B. M. 65

Sujets en travers.

— (40) ACIS ET GALATHÉE, gravé par Caylus. Eau-forte pure. 31

— La même, terminée, avec 8 vers en 2 colonnes : *On n'aime guerres, — Traits de Polyphème.* Chez Duchange, Gautrot et Joullain.

(41) Deux nymphes des eaux avec leurs urnes. Croquis gravé par C. Vanloo. T. B. M.

(42) DIANE AU BAIN, gravé par P. Aveline; Chez Gersaint et Surugue.

— (43) LES AMUSEMENTS DE CYTHÈRE, gravé par L. Surugue; chez la veuve Chereau et Surugue. B. M. 60

— 2e état avec l'adresse de la veuve Chereau seule. B. M.

(44) LES ENFANTS DE BACCHUS, gravé par Fessard, avec privilége du Roy.

(45) LES ENFANTS DE SYLÈNE, gravé par Dupin; chez lui. 2 p.

— (46) FÊTES AU DIEU PAN, gravé par M. Aubert. 36

(47) LES ENFANTS DE BACCHUS. T. B. M. 2 p.

— LE TRIOMPHE DE CÉRÈS, gravé par Crepy; chez F. Chereau. T. B. 39

(49) L'ENLÈVEMENT D'EUROPE, gravé par P. Aveline; chez Gersaint et Surugue. B. M. 2 p.

SUJETS GRACIEUX.

170 — (50) La toilette du matin. Une chambrière apportant un vase avec une éponge à sa maitresse, qui se lève. Pièce gracieuse en hauteur, dessinée et gravée par P. Mercier. Très rare et B. M. 1 p.

28 — (51) LE BAIN RUSTIQUE, gravé par Antoine Cardon. En travers, T. B., toute marge.

(52) Le bain. Société de dames prenant ce plaisir, gravé V. M. Picot; attribué à Watteau.

PAYSAGES.

14-50 — (53) COLATION CHAMPESTRE, gravé par Crespy fils; 4 vers: *Soit à boire, — d'aimer.*

— 1er état, avec l'adresse de Crespy.

— 2e état, chez Basset.

(54) LA RUINE, gravé par Baquoy, B., et Fête champêtre, par Boucher, no 270. 4 p.

26 — (55-56) L'ABREUVOIR, LE MARAIS, chez Chereau. T. B. M. 2 p.

6 — (57) CHASSE AUX OISEAUX, gravé par Caylus. 8 vers: *Comme ayant, — à la Pipée.* T. B. M.

(58) RETOUR DE GUINGUETTE, gravé par Chedel. Du cab. de M. de Courdoumer, avec privilége. B. M.

20 — Les quatre saisons, du cabinet de M. de Julienne.

(59) LE PRINTEMPS, gravé par Brillon.

(60) L'ÉTÉ par *Moirau.*

(61) L'AUTOMNE, par J. Audran.

(62) L'HIVER, par de Larmesin.

— (63) LA CHUTE D'EAU, du cabinet de M. de Julienne, gravé par Moyreau. T. B. M.

(64) LE MOULIN DE QUINQUENGROGNE. On dit que le tableau est de Watteau, et gravé pour faire le pendant à la Chute d'eau.

437 Watteau

Lep. 52. V. 80

Gravé par Élis. Cousinet, d'après. Lancret; chez Moitte. Epr. avant toute lettres et avant l'échancrure pour les armes.

— La même, avec les armes et avec la l.

SUJETS DE THÉATRE.

En hauteur.

— (65) Pendant de la troupe italienne (10), gravé par Thomassin le fils. 8 vers en deux rangs : *Sous un habit de Mezetin, — les yeux et l'oreille, — Gacon.* 1er état, chez Sirois.

— 2e état, chez F. Chereau.

— Copie servile. La place du nom du graveur est blanche, Gacon ne s'y trouve pas, mais il y a l'adresse de Sirois; les lettres n'ont pas la pureté du burin.

— (66) LA TODRILÈRE, célèbre acteur; assis, dirigé à droite, gravé pas Du Bosc.

(67) LE DOCTEUR, gravé par B. Audran; chez la veuve Chereau et Surugue. T. B. M.

(68) L'ALLIANCE DE LA MUSIQUE ET DE LA COMÉDIE, gravé par Moyreau; chez Gersaint et Surugue. T. B. M.

Sujets de théâtre en travers.

— (69) Adonis, petite pièce très rare représentant une actrice dans ce rôle. Elle est au milieu, tenant une fleur de la main droite; de ce côté, quatre nymphes sont couchées au bas d'un buste de Pan; à gauche, une fontaine avec statue de nayade; plus loin, l'amoureux faisant sa déclaration à la princesse assise; derrière eux, Crispin fait un signe. Avant la lettre, au milieu en bas, à la pointe, *avec privilége du Roy*.

— Copie, contre-partie par Probst; chez Wolff, à Augsbourg, avec 4 vers allemands et latins.

(70) SPECTACLE FRANÇAIS, gravé par Dupin; chez Declaron, rare.

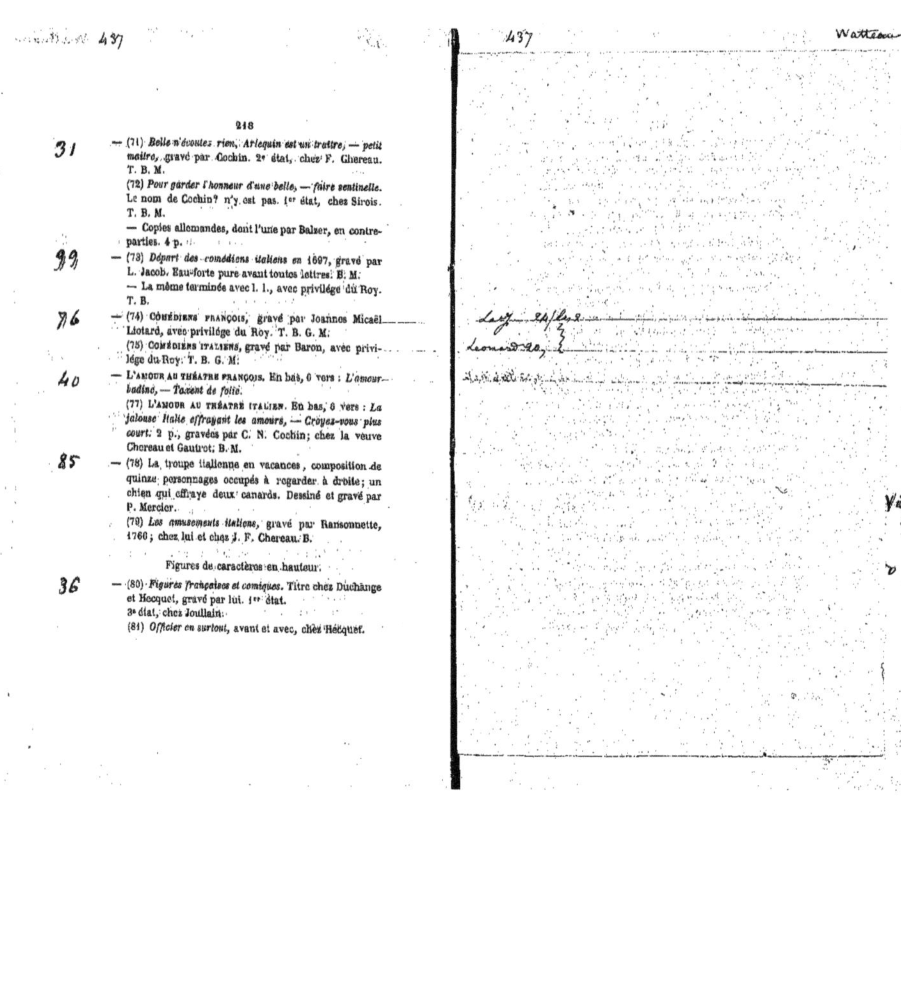

— (71) *Belle n'écoutez rien, Arlequin est un traître, — petit maître,* gravé par Cochin. 2e état, chez F. Chereau. T. B. M.

(72) *Pour garder l'honneur d'une belle, — faire sentinelle.* Le nom de Cochin? n'y est pas. 1er état, chez Sirois. T. B. M.

— Copies allemandes, dont l'une par Balzer, en contre-parties. 4 p.

— (73) *Départ des comédiens italiens en 1697,* gravé par L. Jacob. Eau-forte pure avant toutes lettres. B. M.

— La même terminée avec l. l., avec privilége du Roy. T. B.

— (74) Comédiens françois, gravé par Joannes Micaël Liotard, avec privilége du Roy. T. B. G. M.

(75) Comédiens italiens, gravé par Baron, avec privilége du Roy. T. B. G. M.

— L'Amour au théatre françois. En bas, 6 vers : *L'amour badine, — Taxent de folie.*

(77) L'Amour au théatre italien. En bas, 6 vers : *La jalouse Italie effrayant les amours, — Croyez-vous plus court.* 2 p., gravées par C. N. Cochin; chez la veuve Chereau et Gautrot. B. M.

— (78) La troupe italienne en vacances, composition de quinze personnages occupés à regarder à droite; un chien qui effraye deux canards. Dessiné et gravé par P. Mercier.

(79) *Les amusements italiens,* gravé par Ransonnette, 1760; chez lui et chez J. F. Chereau. B.

Figures de caractères en hauteur.

— (80) *Figures françaises et comiques.* Titre chez Duchange et Hecquet, gravé par lui. 1er état.

3e état, chez Joullain.

(81) *Officier en surtout,* avant et avec, chez Hecquet.

(82) Le promeneur tenant sa canne de la main droite, gravé par Cochin; sans titre avant l'adresse.

(83) Homme assis sur un banc de pierre, avant et avec; chez Joullain.

(84) Dame assise drigée à droite, par Thomassin fils.

(85) *Demoiselle de qualité coiffée en cheveux*, avant et et avec ; chez Hecquet.

(86) *Pèlerin de l'île de Cythère*, chez Hecquet.

(87) *Dumirail en habit de paysan*, avant et avec, Hecquet.

(88) *Mlle Desmares jouant le rôle de pèlerine*, avant et avec, Hecquet.

(89) *Poisson, en habit de paysan*, avant et avec, Hecquet.

(90) *Mlle Romagnesi l'aînée, jouant le rôle de pèlerine*, avant le titre.

(91) Le colporteur, sans titre. 20 p. B. Epr.

— (92) MEZETIN. Du cabinet de M. de Julienne, gravé par B. Audran ; chez la veuve Chereau et Surugue. T. B. M.

(93) LA VILLAGEOISE, du cabinet de M. le comte de Morville, gravé par Aveline; chez la veuve Chereau et Surugue. T. B. M.

— (94) LA RÊVEUSE, grandeur de l'original, gravé par P. Aveline ; chez Gersaint et Surugue. T. B. M.

(95) L'AMANTE INQUIÈTE, pendant de la précédente. T. B. M.; mêmes adresses.

— (96) LA FINETTE, tirée du cabinet de M. Massé, gravé par B. Audran. T. B. M.

(97) L'INDIFFÉRENT, pendant du précédent, gravé par Scotin.

— (98) LA SULTANE, tirée du cabinet de M. de Julienne, gravé par B. Audran ; chez la veuve Chereau. T. B. M.

(99) LA POLLONOISE, du cabinet de M. le comte de Murée, gravé par Aubert; chez la veuve Chereau et chez Surugue. T. B. M.

— (100) **La Marmotte**, pendant du suivant.

(101) **La Fileuse**, gravés par B. Audran.

Pastorales.

Petites pièces en hauteur.

— (102) **Le Rendez-vous**, par B. Audran, avec quatre lignes au bas. 1er état.

— 2e état, avec privilége du Roy à droite.

(103) **Le Teste a teste**, dirigés à gauche, par B. Audran, avec privilége du Roy.

(104) **Le Conteur de fleurette**, dirigés à droite; contre-partie du Teste à teste, par Crespy le fils. B.

(105) Cinq figures de la comédie italienne dans un jardin. Un jeune homme, le genou à terre, touche le sein d'une jeune femme qui tient une guitare. Au bas, 8 vers : *Au faible effort que fait Iris,—agréables moments.* B. M. 5 p.

— (106) **Le Qu'en dira-t-on**, gravé par Crespy le fils.

(107) **La Vraie Gaieté**, danse villageoise, gravée par de Famars.

(108) **L'Escarpolette**. Au bas, 8 vers : *Au jeu d'escarpolette, — autre prix*; chez Declaron. Ce n'est qu'un 2e état; l'on voit les traces de ce que l'on a effacé.

(109) Jeune homme prenant la taille d'une jeune femme, assise, prête à le frapper de son éventail. En bas, quatre vers : *Par la tendresse — sans témoins.*

(110) L'automne, chez Dupin, place Maubert. En bas, 12 vers : *Dans ce beau jardin, — causé par Bacchus.* Un panier de raisin est au pied d'une jeune femme qui tient une bouteille; son amant tient le verre. En haut.

(111) **Le Galant jardinier**, gravé par Jac. de Fauanes. 6 p.

(112) *Quoi ! pas même la main?* pendant du suivant.

— *Un baiser ou la rose.* gravée par Fessard.

La même, avant toutes lettres. — Faible copie, contre-partie, plus petite, avec 4 vers. 4 p.

MOYENNES PASTORALES EN HAUTEUR.

— (113) LA DISEUSE D'AVENTURE, gravé par Cars; eau-forte pure avant toute lettre.

— La même, terminée, chez F. Chereau. B. M.

— (114) LE LORGNEUR, gravé par Scotin. 1er état avant, *du cabinet de M. de Julienne* et avec privilége du Roy à gauche. B. Epr.

— Le même, 2e état. B. Epr. G. M.

(115) LA LORGNEUSE, chez F. Chereau.

— (116) HARLEQUIN JALOUX, gravé par Chedel, avec privilége du Roy. T. B. M.

(117) Galanterie d'Arlequin en bas, 5 vers de chaque côté des armes de Tubiers. *Voulez-vous triompher des belles, — un arlequin*, gravé par Thomassin; chez lui. T. B. M.

(118) L'ACCORD PARFAIT, gravé par Baron; chez la veuve Chereau.

— (119) LA SURPRISE, gravé par B. Audran, avant toutes l. le peu de marge est suffisant. T. B.

— La même avec l. l. avec privilége. T. B. M.

— (120) *La famille*, gravé par P. Aveline, avec privilége du roy. T. B. M.

(121) LE REPAS DE CAMPAGNE, gravé par Desplaces, avant toutes lettres.

— La même avec l. l.; chez la veuve Chereau et Surugue.

— (122) LA SÉRÉNADE ITALIENNE, gravé par G. Scotin; chez F. Chereau. T. B. M.

(123) LE CONCERT CHAMPÊTRE, gravé par B. Audran. 1er état, avant du cabinet de M. Bougi, et le privilége, mais avec; chez F. Chereau. T. B. M.

— La même. 2e état, m.

— (124) LA DANSE PAYSANNE, gravé par B. Audran. T. B., avant toutes l.

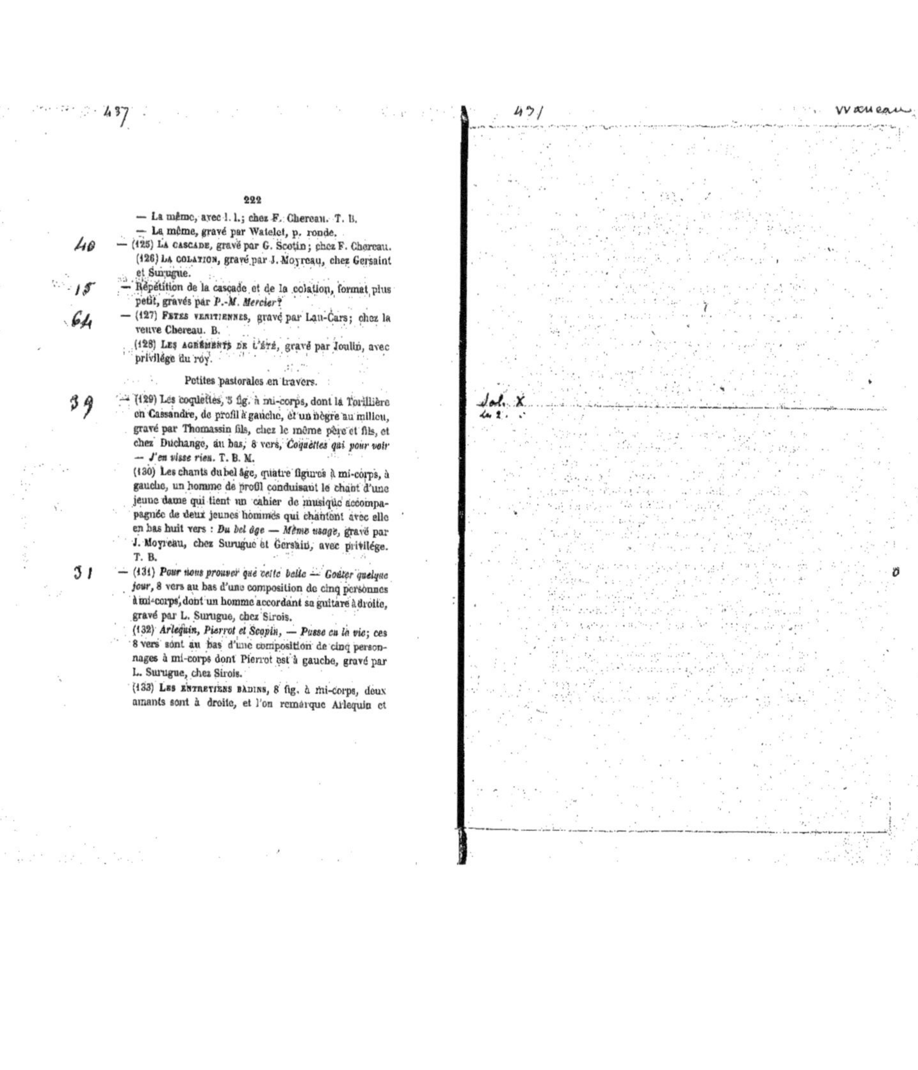

— La même, avec l. l.; chez F. Chereau. T. B.

— La même, gravé par Watelet, p. ronde.

40 — (125) LA CASCADE, gravé par G. Scotin; chez F. Chereau.

(126) LA COLATION, gravé par J. Moyreau, chez Gersaint et Surugue.

15 — Répétition de la cascade et de la colation, format plus petit, gravés par *P.-M. Mercier*?

64 — (127) FETES VENITIENNES, gravé par Lau-Cars; chez la veuve Chereau. B.

(128) LES AGRÉMENTS DE L'ÉTÉ, gravé par Joulin, avec privilége du roy.

Petites pastorales en travers.

39 — (129) Les coquettes, 5 fig. à mi-corps, dont la Torillière en Cassandre, de profil à gauche, et un nègre au milieu, gravé par Thomassin fils, chez le même père et fils, et chez Duchange, au bas, 8 vers, *Coquettes qui pour voir — J'en visse rien*. T. B. M.

(130) Les chants du bel âge, quatre figures à mi-corps, à gauche, un homme de profil conduisant le chant d'une jeune dame qui tient un cahier de musique accompagnée de deux jeunes hommes qui chantent avec elle en bas huit vers : *Du bel âge — Même usage*, gravé par J. Moyreau, chez Surugue et Gersain, avec privilége. T. B.

31 — (131) *Pour nous prouver que cette belle — Goûter quelque jour*, 8 vers au bas d'une composition de cinq personnes à mi-corps, dont un homme accordant sa guitare à droite, gravé par L. Surugue, chez Sirois.

(132) *Arlequin, Pierrot et Scapin, — Passe en la vie*; ces 8 vers sont au bas d'une composition de cinq personnages à mi-corps dont Pierrot est à gauche, gravé par L. Surugue, chez Sirois.

(133) LES ENTRETIENS BADINS, 8 fig. à mi-corps, deux amants sont à droite, et l'on remarque Arlequin et

Pierrot parmi les autres au second plan, gravé par B. Audran, avec privilége du roy, en bas deux lignes latines et françaises. T. B.

— (134) L'AVENTURIÈRE, dirigée à droite, gravé par B. Audran, avant le privilége.

— La même, dirigée à gauche, gravée par Crespy fils.

(135) BON VOYAGE. Les deux amants sont à gauche, fragment de l'embarquement pour Cythère, gravé par par B. Audran.

— Le même, les deux amants sont à droite, gravé par Crespy fils.

— (136) L'ENCHANTEUR, dirigé à gauche, chez Chereau.

— L'AVENTURIÈRE, avec privilége; ces deux pièces gravées par B. Audran, sont imprimées sur la même feuille. T. B.-M.

— (137) Jeune fille au milieu dansant au son de la flûte d'un petit berger assis à droite avec 2 autres fig. en bas 4 vers : *Iris c'est de bonne heure, — Instrumens,* chez Sirois. Je crois le nom de Tardieu effacé.

(138) Cinq enfant dont un petit Gilles au milieu assis sur un tertre, un tambour de basque est à gauche, en bas 8 vers : *Heureux âge! âge d'or, — Prochain*, par Tardieu, chez Sirois, pendant du précédent.

— Le même, chez F. Chereau. T. B. M. 4 p.

— (139) AMUSEMENS CHAMPESTRES. 2 pièces différentes en Pendant, 14 fig. en divers groupes, dont un joueur de flûte au pied d'une statue de Pan.

— (140) 22 fig. dont 3 sont dans un bateau à gauche, sans nom de peintre ni de graveur, chez le sieur Godenesche. 2 p. attribuées.

(141) LES AGRÉMENS DE L'ESTÉ, gravé par Jacques de Favannes, chez Gersaint et Surugue, avec privilége du roy. B. M.

(142) Femme assise sur un baquet tenant son enfant,

regarde une jeune fille qui trait une chèvre, une autre couchée est à gauche, gravé par de Rochefort.

(143) L'amant repoussé, composition de huit figures dont un homme debout à gauche, le point sur la hanche, dessiné et gravé, par P. Mercier.

— (144) L'AMOUR PAISIBLE, gravé par Jac. de Favannes. T. B. épr. avant toutes lettres

— La même, avec 6 vers, *Les ruisseaux — Font la félicité*, chez la veuve Chereau. T. B. G. M.

— (145) L'HIVER. gravé par Fillœul, chez Bocquet. papetier, en bas 6 vers. *Fuyez loin de Daphné*, naufrage.

(146) Jeune homme prenant la taille d'une jeune femme assise prête à le frapper de son éventail, en bas 4 vers : *Par la tendresse — sans témoins.*

(147) L'EMPLOI DU BEL AGE, gravé par Aveline, 6 vers au bas. *Cueillez vite ces fleurs, — Leurs contentements*, au milieu, à Paris chez Vankeck.

(148) L'HEUREUX LOISIR, gravé par B. Audran. 1er état. *A Paris, chez Audran, à l'hôtel royal des Gobelins.*

— 2e état. *Se vend à Paris, chez Audran à la ville de Paris rue Saint-Jacque.*

— (149) Embarquement pour l'île de Cythère, chez Naudet, eau-forte, pour être terminé par le burin.

(150) L'accordée de village? faisant pendant au précécent avant toute l

(151) *Le bal champêtre*, gravé par Couché de la galerie du Palais d'Orléans.

— 1er état, avant beaucoup de travaux et les contretailles sur les jambes de l'homme couché à droite,

— 2e état, avant la bordure, épr. tirée en travers pour l'ouvrage avant la l.

— 3e état, avec la bordure et l'explication au bas.

Moyennes pastorales en travers.

— (152) LA GAME D'AMOUR, gravé par J.-P. Lebas, chez F. Chereau. T. B. M.

— (153) LES DEUX COUSINES, gravé par Baron, chez la ve Chereau. T. B. M.

— (154) L'INDISCRET, gravé par Aubert, eau forte pure, toute marge. T. B. — La même terminée avec l. l. et privilége du roy. T. B. M. 2 p.

— (155) LE PASSE-TEMPS, gravé par B. Audran. Chez F. Chereau. T. B. toute M.

— (156) L'AMOUR PAISIBLE, gravé par Baron. Avant toutes l. T. B.

— La même avec l. l. et privilége du roy. B. M.

— (157) LE BOSQUET DE BACCHUS, gravé par C. N. Cochin, chez F. Chereau. T. B. M.

— (158) LES CHAMPS-ÉLYSÉES, gravé par N. Tardieu, chez F. Chereau. T. B. M.

— (159) LA PERSPECTIVE, gravé par Crespy, eau forte pure.

— La même, terminée avec privilége du roy. T. B. M.

— (160) LA CONVERSATION, gravée par M. Liotard, épr. remargée.

— (161) LE COLIN MAILLARD, gravé par E. Brion.

— (162) LE PLAISIR PASTORAL, gravé par N. Tardieu, avant toutes l. B.

— La même, terminée avec privilége du roy. T. B. M.

— La même gravée par le comte de Caylus.

— (163) PIERROT CONTENT, gravé par E. Jaurat, 1728, chez lui. T. B. M.

— (164) LES JALOUX, gravé par G. Scotin, chez F. Chereau. T. B. M.

— (165) L'OCCUPATION SELON L'AGE, gravé par Dupuis. Epr. d'eau-forte pure. T. B.

— La même avec la l., chez la veuve Chereau. Sup. Epr., toute M,

— (166) LA CONTREDANSE, gravé par Brion, avant toutes l.; les noms à l'encre.

— La même avec la lettre, avec privilége du Roy. T. B. M.

— (167) LA PROPOSITION EMBARASSANTE, gravé par N. Tardieu. Epr. d'eau-forte pure, avec les armoiries. B. M.

— La même terminée avant toutes lettres, avec les armoiries. T. B. M.

— La même avec la l., chez la veuve Chereau. T. B. M.

— (168) LA PARTIE CARRÉE, gravé par J. Moyreau. Epr. d'eau forte pure. T. B.

— La même terminée, chez Gersaint et Surugue. T. B.

— (169) AMUSEMENTS CHAMPESTRES, gravé par B. Audran; chez la veuve Chereau. T. B. M.

— (170) LES CHARMES DE LA VIE, gravé par Aveline; chez la veuve Chereau et Surugue. T. B. M.

— (171) LILLE DE CITHÈRE, gravé par Larmessin; chez la veuve Cherçau.

— (172) L'ISLE DE CITHÈRE, dessiné et gravé par P. Mercier, avec 4 vers : *Pèlerin allant à Cythère, — à leur retours.*

— (173) LEÇON D'AMOUR, gravé par Car. Dupuis, 1734; chez la veuve Chereau. B.

(174) La même un peu plus grande. *P. M. del et sculp.*, eau-forte par P. Mercier, et dédié au comte de Caylus, en trois lignes latines.

— (175) ENTRETIENS AMOUREUX, gravé par Liotard. Epr. d'eau-forte pure, avant toutes lettres.

— La mêm terminée, avec privilége du Roy. T. B. M.

— (176) L'ILE ENCHANTÉE, gravée par Le Bas, superbe Epr. avant la lettre; le peu de marge est suffisant pour le prouver.

— La même avec la lettre, avec privilége. B. M.

Grandes pastorales en travers.

— (177) La Musette, gravé par Moyreau ; chez F. Chereau. T. B.

(178) Rendez-vous de chasse, gravé par Aubert, avec privilége du Roy. T. B.

— (179) Assemblée galante, gravé par Lebas, avec privilége du Roy. T. B. M.

— (180) Promenade sur les remparts, gravé par Aubert, avec privilége du Roy, T. B.

— (181) Le bal champestre, Epr. d'eau-forte pure ; le haut du ciel coupé environ 8 centim. — Le même, Epr. terminée. T. B. M.

Très grandes pièces en travers.

— (182) Les plaisirs du bal, gravé par Scotin. 1er état, avec privilége du Roy.

2e état, adresse de Chereau. B.

— Autre épr. du 2e état avec dédicace à Watteau et signature de Chereau. B. M.

— (183) L'Embarquement pour Cythère, gravé par Tardieu.

— 1er état, avec privilége du Roy.

— 2e état, adresse de Chereau.

— (184) L'Accordée de village, gravé par de Larmesin. 1er état, avec privilége du Roy. B.

— 2e état, avec l'adresse de la veuve de F. Chereau, T. B.

— (185) La signature du contrat de la noce de village, gravé par Cardon. T. B.

— (186) La mariée de village, gravé par C. N. Cochin ; chez Chereau. T. B.

— (187) L'Enseigne de Gersaint, marchand sur le pont Notre-Dame, très grande et belle pièce, gravée par Aveline.

Arabesques.

Dessus de Clavecins, Écrans, Panneaux, Paravents, Plafonds, Trophées, etc., etc.

Pièces en hauteur.

— (188) Les Quatre Saisons, petites p. : le printemps, l'été, l'automne, l'hiver. Ces titres sont en haut, gravés par Huquier, chez la veuve Chereau. B.

(189) Vénus et l'Amour, en bas un singe de chaque côté, gravé par le Cte de Caylus, chez Gersaint et Surugue, petite p. B.

(190) Les quatre Eléments dans un seul petit panneau, la terre est au centre du cartouche, l'eau domine l'air et l'arc-en-ciel emblème du feu, gravé par Huquier; chez lui. — La même, eau forte pure.

(191) Riche composition, danse autour d'un mai; en haut au milieu une cage d'oiseau, sans aucun nom. B.

(192) *La Déesse.* Diane sur un nuage, par Huquier, chez la veuve Chereau et chez lui. B.

— (193) La chasseuse, le bouffon, le berger empressé, — le jardinier fidèle, 4 pièces par Huquier, chez la veuve Chereau et chez lui. T. B.-M.

(194) L'Innocent badinage, le repos des Pélerins, les plaisirs de la jeunesse, les oiseleurs. 4 p. par Huquier, chez la veuve Chereau et chez lui. T. B.-M.

— (195) Apollon, Diane, gravés par Huquier, chez la veuve Chereau et chez Huquier.

(196) Le printemps, les plaisirs de l'automne, chez Dubois, 2 p. en rouge.

(197) Les quatre Eléments, l'eau, le feu, la terre, l'air, gravés par Huquier, chez lui et la veuve Chereau, 4 p. T. B.-M.

— (198) La Pélerine altérée, par Huquier, chez Chereau et chez lui. T. B.-M.

(199) Le théâtre, le Berceau, gravés par Huquier, chez Chereau et chez lui, 2 p. T. B.-M.

(200) Le galant, la grotte, gravés par Huquier, chez Chereau et chez lui, 2 p. T. B.-M.

(201) Paravant de six feuilles gravé par Crespy fils, chez Gersaint.

N° 1. Berger jouant de la flûte près de sa bergère.

N° 2. Berger dansant au son de la flûte d'un berger assis près d'une bergère debout.

N° 3. Musicienne pinçant de la guitare.

N° 4. Pierrot debout sur un tapis.

N° 5. Arlequin debout sur un tapis.

N° 6. Deux amans assis et causant avec les noms et adresses de Surugue et Gersaint. 6 p. T. B.

— Les mêmes, eau-forte pure n°s 2, 3, 4, 5 et 6, plus n° 5, avec le nom de Crespy effacé en tout. 6 p.

(202) Paravant de quatre feuilles.

1. *L'Enjoleur*, par Aveline.
2. *Le Vendangeur*, par Moyreau. T. B. M.
3. *Bacchus*, par Aveline. B. M.
4. *Le Frileux*, par Moyreau.

(203) 1. Momus, par Moyreau, chez Gersaint et Surugue. — Colombine? avant la lettre.

(204) Les Quatre Saisons, panneaux, le printemps, l'été, l'automne et l'hiver, gravés par F. Boucher; chez Cars, en hauteur, chaque pièce contient un groupe de deux amants, au milieu et au haut un médaillon avec tête antique.

(205) Les Quatre Saisons, par Crespy. Les mêmes sujets seulement le milieu.

(206) COLOMBINE ET ARLEQUIN, gravé par Moyreau; chez Gersaint et Surugue.

(207) L'ESCARPOLETTE, gravé par Crespy fils; chez Gersaint. En bas 8 vers. *Au jeu d'escapolette — d'autres prix.* T. B.

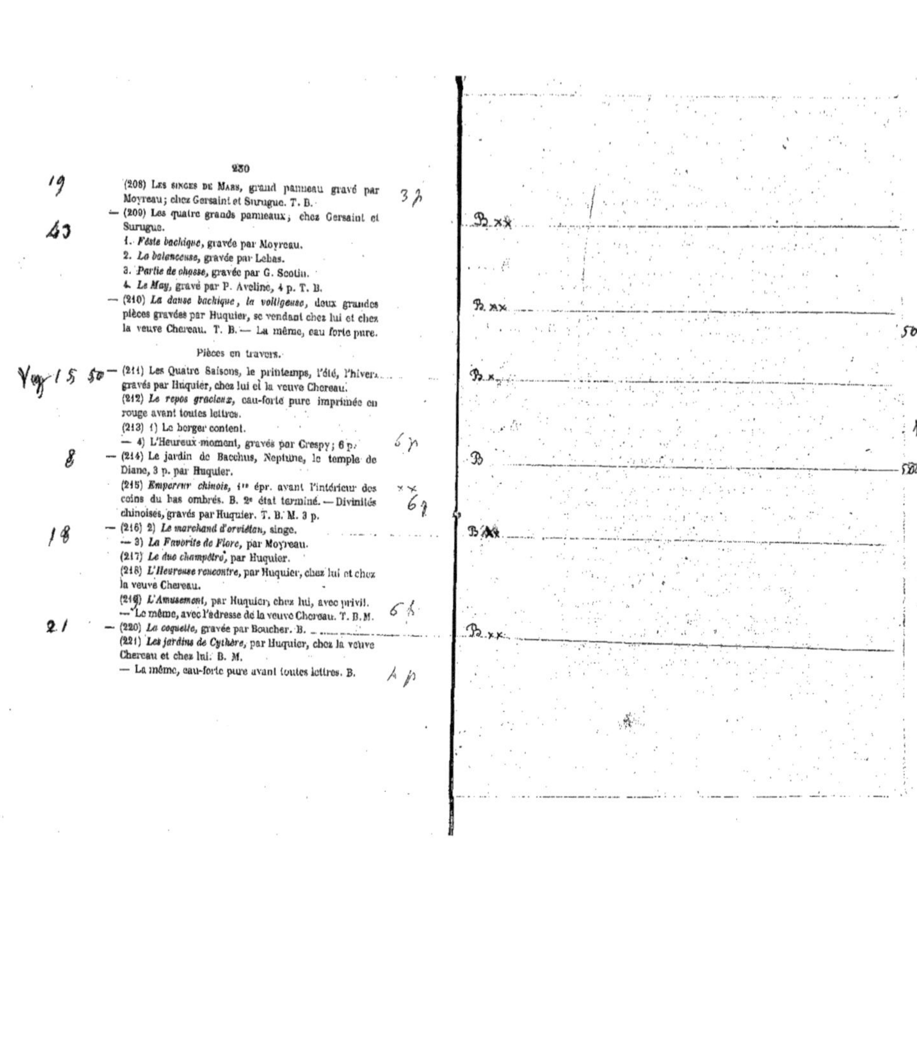

(208) Les singes de Mars, grand panneau gravé par Moyreau; chez Gersaint et Surugue. T. B.

— (209) Les quatre grands panneaux; chez Gersaint et Surugue.

1. *Fête bachique*, gravée par Moyreau.
2. *La balanceuse*, gravée par Lebas.
3. *Partie de chasse*, gravée par G. Scotin.
4. *Le May*, gravé par P. Aveline, 4 p. T. B.

— (210) *La danse bachique*, *la voltigeuse*, deux grandes pièces gravées par Huquier, se vendant chez lui et chez la veuve Chereau. T. B. — La même, eau forte pure.

Pièces en travers.

— (211) Les Quatre Saisons, le printemps, l'été, l'hiver, gravés par Huquier, chez lui et la veuve Chereau.

(212) *Le repos gracieux*, eau-forte pure imprimée en rouge avant toutes lettres.

(213) 1) Le berger content.

— 4) L'Heureux moment, gravés par Crespy; 6 p.

— (214) Le jardin de Bacchus, Neptune, le temple de Diane, 3 p. par Huquier.

(215) *Empereur chinois*, 1re épr. avant l'intérieur des coins du bas ombrés. B. 2e état terminé. — Divinités chinoises, gravés par Huquier. T. B. M. 3 p.

— (216) 2) *Le marchand d'orviétan*, singe.

— 3) *La Favorite de Flore*, par Moyreau.

(217) *Le duo champêtre*, par Huquier.

(218) *L'Heureuse rencontre*, par Huquier, chez lui et chez la veuve Chereau.

(219) *L'Amusement*, par Huquier, chez lui, avec privil.

— Le même, avec l'adresse de la veuve Chereau. T. B. M.

— (220) *La coquette*, gravée par Boucher. B.

(221) *Les jardins de Cythère*, par Huquier, chez la veuve Chereau et chez lui. B. M.

— La même, eau-forte pure avant toutes lettres. B.

(222) Vénus blessé par l'amour, plafond gravé par Caylus et retouché par Aveline, chez Gersaint et Surugue.

(223) *La coquette*, arabesque en travers.

(224) *Le dénicheur de moineau*, en hauteur. Ces 2 p. gravées par Boucher. T. B. avec toute leur marge.

(225) *La canse badine*, grande pièce par Moyreau, chez Gersaint et Surugue.

— La même, eau-forte pure.

(226) Les enfants de Momus, eau-forte pure.

(227) *Dessus de clavecin*, etc., par le Cte de Caylus; chez Gersaint et Surugue.

— Dessus de clavecin, d'après Gillot, par le Cte de Caylus; chez Gersaint et Surugue.

(228) *Livre nouveau de différents trophées*, gravé par Huquier. 11 pièces avec le titre. 7 sont avant les nos, en tout, 13 p. B.

(229) Écrans, *la veue*, avant et avec le titre, — *l'ouie*, — le goût est cartonné, — l'odorat, — *le toucher*, — l'alliance, 2 sont rognées en rond, et tout 9 p.

(230) *IIIe Cahier d'arabesques*, tiré du cabinet de M. le duc de Cossé, gravé par Guyot, 4 pièces en couleur, les mêmes en bistre.

(231) Figures chinoises au château de la Muette, 12 p. gravées par Boucher. T. B. M.

(232) *Diverses figures et tartares, au château de la Meute*, 12 pièces gravées par Jeaurat, et titre. B. M.

(233) Figures chinoises, Viosseu, femme, déesse Thuo Chvu, Ki Mao Sao. Habillements de Soutchovene et Hou Kouan, 6 p.

— Petits sujets d'après diverses compositions, par Duflos, Paris, etc., etc. 31 p. dont plusieurs de différents états.

— Copies allemandes et anglaises, les quatre Saisons, divinités chinoise, etc., etc. 25 p.

(234) Figures de différents caractères d'études dessi-

nées d'après nature, par A. Watteau, gravées par les plus habiles peintres et graveurs du temps, tome 1er, chez Audran et F. Chereau (nº 22 manque), 132 planches dont le portrait de Watteau, par Boucher, et 6 feuilles de texte dont le titre, un vol. in-fol. relié non rogné. T. B.

Pièces séparées

provenant des volumes d'études.

— Têtes et costumes d'hommes et de dames, par Benoît et J. Audran, 1er et 2e état, 20 p.

— Têtes et costumes d'hommes et de dames, gravés par Cars, Caylus, etc., 20 p.

— Costumes d'hommes et de dames, gravés par J. Audran et Desplaces, avec différences, 1er et 2e état avec fond, 53 p. Pourra être divisé.

— Études de figures d'hommes, de dames, de militaires, etc., gravés par Audran, Jeaurat, etc. 1er état, avant les nos. T. B. épr. M. 40 p.

— Études de costumes militaires avec des différences curieuses, 1er, 2e et 3e état avec les fonds, par J. Audran, 26 p.

— Allégories et pastorales, gravées par J. Audran, dont l'Automne. 1er état avant toutes lettres.

2e état avec les initiales de *J. au S.* 223.

3e état, l'adresse d'Huquier et xxix, 5, aux coins en haut, en tout 6 p.

— Études de têtes de femmes, par B. Audran, Cars, Caylus, 10 p.

— Figures en pied, pastorales, etc., dont le Singe sculpteur, par le comte de Caylus, 14 p.

— Études de figures en pied, plusieurs avant et avec les fonds, pastorales, acteurs, par B. Audran, Cochin, Taraval, Trémolière, etc., 19 p. Pourra être divisé.

— Suite de figures en pied, gravées par le comte de Caylus, incomplet, 24 p. y compris le titre.

— (233) *Livres de différents caractères de têtes*, gravés par Filloeul, 30 pièces dont 4 sont rognées en dedans du trait.

Le titre, 1er état avec l'adr. de Filloeul.

Le titre, 2e état avec l'adr. de Chereau, 1752, deux épr., copies par Setletzky, en tout 34 p.

— (236) Portrait de Rubens à 30 ans, têtes de femmes et costumes, gravés à la manière du crayon, par Bonnet, Demarteau, Gonord, 12 pièces diverses y compris un titre.

— Têtes d'études par divers et quelques doubles divers, en tout 16 p.

— Titre de l'œuvre, tiré à 100 exemp., titre du tome 1er, figures de différents caractères, Abrégé de sa vie, épitaphe, préface, l'Art et la Nature, fable, en tout 8 pages de texte gravé.

— Pièces modernes, gravures et eaux-fortes, 24 p., lithographies, 15 p.; Lancret et Paterre, en tout 41 pièces, en plus en bois, Magasin Pittoresque et liv. de l'histoire des Peintres.

438 **Wille** (Jean-Georges). Portraits de, Largillière (marg. Elisabeth, fille de). (L. B. 146) et de Poisson, marquis de Marigny. (L. B. 125), 2 p.

439 **Woeiriot** (Pierre). 2 portraits tirés des rois et ducs d'Austrasie, Clotarius (R. D. 213), Schibertus (215).

ÉCOLE ANGLAISE.

440 **Bonnington**. Son portrait lithographié.

Lithographies par lui pour le voyage dans l'ancienne France, par M. le baron Taylor, 9 p.

— Gravures manière noire d'après lui, par Reynolds. Méditation et l'Antiquaire, avant la lettre Chine, en tout, 14 p.

441 **Fielding** (Newton), d'après Bonnington, — Fécamp et le Crotoy. — La grotte des chèvres, d'après le Cte de Forbin, par Tales Fielding, 3 p. en couleur. T. B. toute M.

442 **Harding** et **Prout.** Lithographies tirées du voyage dans l'ancienne France, 15 p.

443 **Turner** (Charles), d'après T. Lawrence. Portrait de Charles X, en pied. T. B. épr. G. M.

OUVRAGES A FIGURES.

Galeries, Cabinets, etc.

444 Ædium Farnesiarum Tabulæ ab Annibale Caraccio depictæ a Carolo Cæsio æri insculptæ atque a Lucio Philarchæo explicationibus illustratæ. Romæ, 1753, in-fol., fig., dem.-rel., mar. r.

445 La Pitture di Pellegrino Tibaldi et di Niccolo Abbatti esistenti nell' Instituto di Bologna descritte ed illustrate da Giampietro Zanotti... In Venezia, 1756, gr. in-fol., fig., dem.-rel., mar.

40 planches et frontispice gravés par Bartolomeo, Crivellari et Gio. Batt. Brustoloni.

446. Cabinet des Beaux-arts, par Perrault. Paris, s. d., in-f°, obl. fig., v. m.

447 *Recueil* de cent vingt sujets et paysages divers, gravés à l'eau forte par plusieurs artistes, d'après différents maîtres..., dont les dessins originaux font partie de la collection du sieur *Basan*, père, à Paris. In-fol., cart.

448 Recueil d'estampes gravées d'après les tableaux du cabinet de monseigneur le duc de Choiseul, par Basan. Paris, 1771, in-4., fig. (123), cart.

449 Tableaux du cabinet de Poullain, mis au jour par François Basan. Paris, 1780, in-4, fig., dem.-rel.

450 Galerie électorale de Dusseldorff. Estampes du catalogue raisonné, à Basle, chez Mechel, 1778. 1 vol. oblong in-fol. manque le nº 11, 29 p.

451 La galerie du président Lambert, à Paris, chez Duchange, 2 vol. in-fol., v. br.

452 A collection of Prints in imitation of drawings. To with are annexed lives of their authors with explanatory and critical notes by Charles Rogers. London, 1778, 2 vol. gr. in-fol., cart. non rognés.

453 Galerie de Rubens, dite du Luxembourg. Paris, Déterville, in-fol., dem.-rel., mar. r.

454. *Pompa Introitus honori... Ferdinandi Austriaci... a S. P. Q. Antverp. decreta... XV kol. Maii ann. 1635. Antuerpiæ*, J. Meursius, gr. in-fol., v. br.
Planches gravées d'après P. P. Rubens, par T. Van Thulden et autres.

455 *Davidis Teniers... Theatrum Pictorium in quo exhibentur... Picturae... quas ipse Ser^mus^. Archidux... collegit... Antuepiæ*, 1684, in-fol., dem.-rel. 145 planches numérotées.

456 Tapisseries du roi, où sont représentés les Quatre Éléments et les Quatre Saisons, publiées par Ulric Krauss, graveur. Augsbourg, 1687, in-fol., fig., parch.

RECUEILS ET PIÈCES HISTORIQUES.

457 Estampes et dessins ayant rapport à l'animal chimérique connu sous le nom de DRAGON, 61 p. auxquelles M. le baron de Veze a joint nombre de notes et extraits intéressants. Éléments d'une monographie curieuse.

458 Der weis Kunig..... Vie de l'empereur Maximilien (en allemand). Vienne, 1775, in-fol., fig., s. h., dem.-rel. Planches gravées par *Haus Burgmair*. Belles épreuves.

459 Les chasses de Stradan gravées par Ad. Collaert, 13 p. — Americae, Retectio, 4 p. — Ninus, Cyrus, Alexandre et J. Cesar. — Les Quatre Saison, d'après Bassan, Nova

Reperta, 10 p. — Vermis Serieus, 6 p. — Schema, etc., 6 p.. — Triomphe de Paul Emile, etc., 12 p., en tout 50 p. B. épr. petit in-fol., parchem. oblong.

460 *Revelatio ordinis SS^me Trinitatis redemptionis captivorum sub innocentio tertio*, peint en 1633, par *Van Thulden*, dans l'église des Mathurins, à Paris. 24 p. gr. in-4, cart.

461 Confrérie de Saint-Hubert et Saint-Eloy, des maîtres fondeurs de Paris, gravé par Lingé.
Indulgence plénière, confrérie de N.-D. des Peuples. 2 p. rares.

462 Scènes de l'abbaye de la Trappe, 7 p. dont une avec différence.

463 François de Paris et ses miracles, intérieur de l'abbaye de Port-Royal, etc., 11 p.

464 Pièces historiques diverses, 9 p.

465 Réceptions historiques, etc. 20 p.

466 *Le roi à la chasse*, composition de 14 figures. Louis XV; chez Surugue, avec douze vers. B. épr. G. M. rare.

467 Het groote Tafereel der Dwasheid... Recueil d'estampes et caricatures sur le système de Law. Amsterdam), 1720, in-fol., v. br. comp.

468 La reine annonçant à Mme de Bellegarde, des juges et la liberté de son mari, en mai 1777.

469 Expositions des tableaux au salon du Louvre, 1785-1717 et autres. 3 p. rares.

470 Atelier de Jadot, liste des députés à l'assemblée nationale et autres, 6 p.

471 *Bal donné par Mardy-Gras à l'occasion de son alliance avec mademoiselle Goulu, fille de M. Vade la Gueule*, et *le tombeau de Mardy-Gras*, 2 p.; chez Decaché. Très rares.

472 Assignats au nombre de 30 différents, dont, 200 liv. avec le profil de Louis XVI, gravé par Saint-Aubin et autres, 400 liv. de l'an Ier de la Rép. avec l'aigle gravé par Tardieu, d'après Gatteaux. Pièces rares.

473 Collection des drapeaux de la garde nationale de Paris, en 1789, 2 vol. in-4., fig. (60), bas. 28-50.

PORTRAITS

En feuilles et en recueils.

474 *Vitæ et Icones Sultanorum Turcicorum, Principum Persarum... ad vivum... efficta... a Ia.* Jac. Boissardo... *omnia... incisa... per* Theodorum de Bry... *Francoforti ad Mœnum,* 1596, in-4., fig., v. br. 8

475 *Monumenta illustrium Virorum et Élogia cura e studio Marci Zuerii Boxhornii.* Amstelodami, J. Jansonius, 1638, in-fol., cart. 128 planches gravées par *Jobst Amman* 5

476 *Pinacotheca Fuggerorum.* . *Ulmæ,* 1754, in-4., cart. 25
129 planches gravées par *Wolf. Kilian.*

477 Académie des sciences et des arts, contenant les vies et les éloges historiques des hommes illustres, par *Isaac Bullart.* Amsterdam, chez les héritiers de Daniel Elzevier, 1682, 2 vol. in-fol., fig., v. br. T. B. épr. 35 Vig

478 Les hommes illustres qui ont paru en France pendant ce siècle, par *Perrault.* Paris, 1697, in-fol., fig., portr., v. f., arm. T. B. épr. 56-50 Vig

479 Galerie historique universelle, par de P*** (*de Pujol*), 1786, in-4., portr., bas. f. 5-50

480 Portraits par Gallo, Hollard, Simon de Pas, Suyderhoef, etc., etc. 8 p. 3-

481 — par et d'après Cochin, etc. 14 p. B. 28-50

482 — Personnages anglais. 13 p. B. 3-75

483 — Princes Médicis et autres. 40 p. 12-50

484 — Famille royale d'Étrurie, Médicis, petit in-fol., toute M., le titre un peu abimé. 43 p. 14-50

485 — Charles-Quint différents. 6 p. B. 16-

486 — Histoire et portraits des Annes d'Autriche, 1648, par de la Serre. 15 portraits et notices. 15-50

487. Généalogie de la Maison royalle de Bourbon avec les éloges et les portraicts des princes qui en sont sortis, par Charles Bernard. Paris, 1646, in-fol. portr. parch.

Avec la grande planche.

488 — Henri IV différents. 100 p.

489 — Sujets sur Henri IV, 30 p.

490 — Marie de Médicis différents, 32 p.

491 — Louis XIII différents, 9 p.

492 — Louis XIV et autres, 26 p.

493 — Louis XV et autres, 42 p.

494 — Famille royale moderne, 23 p. Sera divisé.

495 — Princes, Militaires, 60 p.

496 — Ecclésiastiques, 100 p.

497 — Grands maîtres de Saint-Jean de Jérusalem, 60 p.

498 — Fonctionnaires, médecins, 60 p.

499 — Femmes célèbres, 75 p.

500 — Acteurs, musiciens, 18 p.

501 — Costumes d'acteurs par Vizentini, d'après Lecomte, lithog. coloriées, 144 p.

502. Les Métamorphoses de Melpomène et de Thalie, ou Caractères dramatiques de comédies Françoise et Italienne. Paris, *s. d.*, (vers 1775), pet. in-4 br. 23 pl. grav. d'après Whirsker.

503. Buste d'homme de trois quart dirigé à droite, coiffé d'un bonnet, ovale, sans nom, petit in-4. Ducreux? peintre.

504. *Pictorum aliquot celebrium præcipuè germaniæ inferioris effigies. Hagae comitis, ex officina Henrici Hondii*, in-4, v. m. 59 planches.

505 — Architectes, 22 p.

506 — Graveurs, 40 p.

507 — Sculpteurs et autres, 35 p.

508 — Peintres, etc., tirés de Dargenville, 50 p.

509 — Artistes, peintres, etc., 100 p.

510 — Artistes gravés par eux-mêmes : Avril, Bellay, Boissieu, Carrache, Desrochers, Hollard, Pitteri, 7 p.

511 — Artistes français peints par eux-mêmes, 38 p.

512 — Artistes flamands et autres peints par eux-mêmes, 60 p.

513 — Artistes italiens peints par eux-mêmes, 40 p.

514 — Amateurs des arts : Dandré Bardon, Delaforest, Félibien, le Prince de Ligne, Mariette, Marolles (Claude de), son épouse et Michel de Marolles, Claude Maugis, le duc d'Orléans, le paysan de Gandelu, Six, Sublet, 18 p.

515 — Littérateurs : Boileau, Marot, Marmontel, Montaigne, Racine, Regnard, Voltaire, 50 p.

516 — Littérateurs divers, 56 p.

— Littérateurs divers, 100 p.

— Les six poëtes italiens réunis : Cavalcante, Dante, Boccace, Pétrarque, Politien, Ficin, pièce très ancienne et rare, petit in-fol. La reproduction tiré de la galerie du Palais-Royal, avant et avec la lettre.

517 — Le Dante, gravé par Coiny, avant la l. sur chine.

518 — Le Dante, gravé par Dien, de profil et de face, avant la lettre, 2 p.

519 — Le Dante différents, 27 p.

520 — Poëtes italiens divers, 42 p.

521 — Galerie Richelieu, 17 p.

522 — Galerie Richelieu, 26 p., complet et relié.

523 — Portraits divers, 100 p.

524 — Portraits divers, 53 p.

525 — Portraits divers, 58 p.

526 — Portraits costumes en pied, par Arnoult, Bonnard, Trouvain, etc., etc.

Madame, Mademoiselle, princesses de Conti, deux différents; douairière, deux différents; duchesses de Bourbon, Bourgogne, Chartres, Foix, La Feuillade, Lauzun, d'Humières, Maine, Savoie, Anne-Marie d'Orléans, d'Orléans Palatine, Roquelaure; marquise de Maintenon, comtesses d'Armagnac, de Tonnerre, Mesdames de Ludre, du Roure, de Valentinois; Mesdemoiselles de Montbrun, de Sens.

Marquis d'Ambreville, Bourbon Conti, François-Louis; Ducs de Bourgogne, de Bretagne en maillot, tenu par sa nourrice; M. Le Noble, Mezetin, Orléans duc de Chartres, Philippe de Vendôme grand-prieur; — Autriche : Marie-Anne, Marie-Elisabeth, Marie-Madeleine; — Bavière : l'électrice, fille de Sobieski; Brandebourg : Éléonore-Marie-Thérèse, Marie-Anne Stuart, Marie-Josèphe de Saxe, princesse de Wolfembutel, dames de qualités en deshabillé, à la promenade, concert, jeux, etc. 55 p. B. épr. dont plusieurs très-rares. Sera divisé.

527 — *Costumes* de cavalerie, mousquetaires, et du Carrousel de Louis XIV, 14 p.

528 — Costumes d'arquebusiers, d'après de Gheyn, 7 p.

529 — Costumes et sujets gracieux anciens, 20 p.

520 — Costumes d'ordres religieux, hommes et femmes, 105 p.

531. *Les Costumes français, accompagnés de reflexions critiques et morales, chez le Pere et Avaulez, 1776.*

I) Le seigneur et la dame de cour.

II) L'évêque et l'abbesse.

III) Le magistrat et le militaire.

IV) Les religieux et les religieuses.

V) Le financier et l'abbé.

VI) Le bourgeois et la bourgeoise.

VII) Le médecin.

VIII) Artisans : le maçon et la blanchisseuse.

IX) Le jardinier et la paysanne.

X) Le pauvre de l'un et l'autre sexe.

10 pièces et titre, rare.

532 **Costumes des règnes de Louis XV et Louis XVI**, d'après les dessins de Desrais, Leclerc et Watteau fils, en 2 vol. in-fol., dem.-rel., publiés par Esnault et Rapilly, 246 p. — Cette très belle collection provient du cabinet de M. le baron Taylor.

533 Collection de costumes italiens. Paris, in-4., fig., br. 48 planches lithographiées par Jul. Boilly.

534 Antiquités, sceaux, tombeaux. 30 p.

535 Titres et frontispices de livres en bois, depuis 1529. Léonard Gaultier et autres. 50 p.

536. Ornements, par Dieterlin, Le Pautre, Meissonnier, etc. 39 p.

537. — Le Pautre, Marot, Pierret, etc. 46 p.

538. Vases, d'après Bouchardon, Joly et autres. 31 p.

539. Architecture singulière, Éléphant triomphal, par Ribart, ingénieur. 7 p. coloriées et texte in-4.

— Projet d'un arc de triomphe, par Jean-Arnaud Raymoud, avec son portrait. 7 p. in-fol.

— Projet de la réunion du Louvre au palais des Tuileries (par Antonin, architecte). Plan lavé, avec 4 pages mss. gr. in-4, cart.

540. **Vues** de Paris diverses. 40 p.

541. Bibliothèque de Sainte-Geneviève. In-fol.

542. La tour du Temple. In-fol.

543. Vues et détails de Saint-Germain-des-Prez. 20 p.

544. Châteaux de Saint-Germain-en-Laye, Gaillon, Anet, Villers-Costret, Folembray, chez Tavernier. 5 p. rares.

545. Château de Madrid et Bagatelle, d'après Moreau. T. B. épr. M.

546. Recueil complet des monuments et perspectives de Versailles, publié par Vaysse de Villiers... Paris, 1830, in-4, fig. cart.

547. Labyrinte de Versailles. Amsterdam, P. Mortier, in-4, obl. demi-rel. mar., r. 39 pl. gravées par Scherm.

548. Description de la grotte de Versailles (par Félibien). Paris, imprimerie royale, in-fol. fig. (20), mar. r. arm.

549. Souvenirs de quelques lieux intéressants de la France, considérés comme berceau ou résidence de personnages illustres par leurs écrits ou leurs talents. 117 p. dans un carton.

Recueil d'estampes, dessins et notes réunis, par feu M. le baron de Vèze.

550. Vues de chateaux, et de France, par Perelle. 26 p

551. — De France, diverses. 21 p.

552. — Diverses, tirées de Laborde. 20 p.

553. — De France, cartes, etc. 38 p.

554. — Horloge de Lyon. — Horloge et maître-autel de Strasbourg. In-fol. 3 p.

555. Nouveau recueil de ce qu'il y a de plus curieux à Strasbourg; chez Boucher, 1706. 15 p., et texte in-4°.

556. Delle Delicie del Fuime Brenta expresse, nd Pallazzi e casini situati sopra le sue sponde disegnate ed incise Da Gian Francesco Costa... Tomo primo. In Venezia 1750. In-fol. obl., demi-rel. mar.

557. Racolta di n. 10 Vedute rappresentanti la villa d'Orazio... Petit in-fol. obl., cart. 10 pl. gravées par François Morel, d'après Philippe Hackert.

558. Le Fontana di Roma nelle piazze e troghi pvblici della citta... disegnate et intagliato da Gio. Battista Falda... In-fol. long, fig. v. m.

559. Le Fabriche, e Vedute di Venetia disegnate, poste in prospettiva et intagliate da Luca Carlevariis... In Venetia. In-fol. obl. fig. (100), demi-rel., mar. r.

560. — Un mois à Venise, ou recueil de vues pittoresques, dessinées par le comte de Forbin et Dejuinne, et lithographiées par divers. Paris, 1825. Gr. in-fol., demi-rel. mar. r.

561. Voyage dans l'ancienne France, par M. le baron Taylor, lithographies diverses d'Auvergne, Franche-Comté, etc., par Athalin, Bouton, Jaime, Jorand, etc. 25 p.

562. École française, sujets gracieux. 12 p.

563. — Sujets religieux. 12 p.

564. — D'après Bouchardon, Fragonard, Peyron, etc. 17 p.

565. — Divers pièces. 44 p.

566. — Pièces gravées et lithographiées par des dames. 13 p.

567. Vignettes, d'après Gravelot, Moreau, etc., etc. 30 p.

568. Vignettes modernes, vues, etc. 30 p.

569. Vignettes anglaises diverses. 20 p.

570. Réunion d'estampes d'après les tableaux qui composaient le cabinet du comte Cl. Alex. de Vence, son portrait, par Watelet, le révérend père Alex. de Paris, par Saint-Non, et 18 p. d'après Boucher, Berghem, Rembrandt, Téniers, etc., etc. En tout 20 p.

571. Traits, Laudon, Réveil, les paysages, Vernet, cabinet du roy, gal. du Luxembourg, etc. 1,000 p.

572. Galeries, Filhol, Palais-Royal, etc., etc. 110 p. séparées.

573. **Les artistes contemporains.** 1re année, 1846, lithographiées par Baron, Français, Le Roux, et l'eau forte par Decamps, les trois ânes sous le hangard. 12 p. T. B.

574. L'artiste et autres. 38 p.

575. Cours complet de lithographie, par Thenot, avec un autographe adressé à M. le baron de Vèze. 10 p. lith. et texte.

576. Les arts au moyen âge. 8 p.

577. Lithog., par Ferogio et Valerio. 5 p.

7-50 578. Études de Têtes, animaux et paysages, par V. Adam, Coignet, Hubert, Jaccotet, Lehnert et Villeneuve, etc. 64 p.

579. Six pierres lithographiques, une de 24 centimètres carré, 27-22, deux de 28-20, 24-31 et 37-26.

580. Sous ce numéro, les articles non catalogués, les doubles, etc., etc.

MAULDE et RENOU, imprimeurs de la Compagnie des Commissaires-Priseurs, rue de Rivoli, 144. 3260

1 100 Vues –
1-25 40 Vues –
2 37 – Cartes – / 15 – Vues
2.25 53 voyage
5 – 9 [illegible]
2. Texte artiste – Vig.
1-75 18 Cartes
1-50 (43 / 58) Plan et cartes
6 1/4 moyenage
Salon 1841
4-75 20 pièces Vig
2-50 13 amateurs [illegible]
1. album et oiseau
Vig 3-50 41 animaux Varios
1-25 Planches carton
8 – 3 Cuivres

47-75

Kant (Emmanuel), philosophe allemand,	Bracquemond.
Lainé (J.-H., vicomte), ministre et académicien,	J. Porreau.
Lamballe (princesse de), dess. d'ap. nature par Gabriel,	id.
Lasource (M.-David-Albin de) député du Tarn,	id.
Marat à la tribune, dess. d'après nature par Gabriel,	id.
Martin (Louis-Aimé), littérateur,	id.
Mazères (Edouard), auteur dramatique.	id.
Mesmer, auteur du magnétisme animal,	id.
Mezerai, actrice, Théâtre-Français.	Normand.
Orléans, duc de Montpensier, (Ant.-Philippe d') 1775-1807,	J. Porreau.
Persuis (L. Loiseau de), musicien, d'ap. Pierre Guérin,	J. Porreau.
Petiet (Claude), député, ministre de la guerre,	id.
Philidor (André-Danican), musicien, aut. du jeu d'échecs,	id.
Pongerville (Sanson de), académicien,	id.
Ramel-Nogaret, ministre des finances, préfet,	id.
Reveillère-Lepaux, botaniste, théophilantrope.	id.
Robert Lindet, député, conventionnel, ministre,	id.
Romme (Gilbert), conventionnel,	id.
Rouget de l'Isle, auteur de *la Marseillaise*, musicien,	Varin.
Saint-Huruge (marquis de),	J. Porreau.
Saint-Prix, acteur, Comédie Française,	J. Porreau.
Saint-Simon (Claude-H., comte de), philosophe,	Perrot.
Silvain Maréchal, poète et littérateur,	Devritz.
Tallien (madame) née Cabarus d'après le baron Gérard,	Massard.
Vadier (A.), député aux Etats-Généraux,	J. Porreau.
Vatout (J.), poète, académicien, bibliothécaire,	Varin.
Vigée (L.-G.-B.-E.), poète et auteur dramatique,	J. Porreau.
Cartouche (Louis-Dominique), fameux voleur,	Lallemand.
Mandrin (Louis), fameux contrebandier,	Delaistre.

Chaque portrait pouvant entrer dans in-8° est tirée in-4°.
Avec la lettre, papier blanc, 1 fr.; papier de Chine, 1 fr. 25 c.
Avant la lettre, papier blanc, 1 fr. 50 c.; papier de Chine, 2 fr.
Dont il n'est tiré que 20 épr. blanc et 5 Chine.

Afin de faciliter les recherches des amateurs de portraits, soit pour les illustrations, soit pour les collections d'autographes ou autres, un *Catalogue détaillé* de quelques collections de portraits qui peuvent se trouver chez moi, classés par ordre alphabétique, sera remis aux personnes qui en feront la demande affranchie.

Maulde et Renou, Imprimeurs de la Compagnie des Commissaires-Priseurs, rue de Rivoli, 144. 3960

www.ingramcontent.com/pod-product-compliance
Ingram Content Group UK Ltd.
Pitfield, Milton Keynes, MK11 3LW, UK
UKHW021100230726
13926UKWH00004B/1954

9 782014 462715